JN024294

スターハウス

戦後昭和の団地遺産

海老澤模奈人 編著
岡辺重雄、川崎直宏、古林眞哉、志岐祐一 著

鹿島出版会

まえがき

第二次世界大戦直後の日本では、四二〇万戸の住宅が不足していたといわれる。住宅不足の解消に加えて、燃えない住まいをつくる必要から、国のイニシアチブで鉄筋コンクリート造の集合住宅の計画が進められた。続く高度経済成長期には住宅団地が都市内やその周辺に数多くつくられていく。

典型的な団地のイメージは、豆腐を切ったような箱型の建物が一定の距離をとって平行に建ち並ぶ風景ではないだろうか。この団地景観の単調さを打ち破るように、まさにきら星のごとく現れた建築がある。スターハウスと呼ばれる個性的な住棟である。その特徴は三角形平面の階段室の三辺に一つずつ住戸が配置され、全体でY字形の平面形状をとる点にある。通例三~五階建ての中層住棟であり、一棟あたりの住戸数は最大で一五戸となる。そのユニークな外形ゆえに、団地景観に変化を与える要素として戦後初期の団地計画でしばしば採り入れられ、草創期の団地を象徴する建築物となった。

スターハウスを特徴づけるのは、このような形の独特さに加えて、その時代性である。スターハウスの最初の型は、建築家の市浦健が建設省住宅局と共に一九五四年に設計した公営住宅の標準設計「54C-2型」である。翌一九五五年に設立された日本住宅公団では、設立後の初期一〇年に集中的にスターハウスが建設された。公営住宅などでは一九七〇年代半ばまで建設例がみられるものの、基本的に高度経済成長期に限定された住棟のタイプといえる。一般的な板状住棟に比べて建設費用がかかることなどから、以後の時代には建設されなくなる。まさに戦後における団地建設の初期に登場した特徴的な建築だった。

今このスターハウスが急速にその数を減らしている。かつては全国各地で建てられたが、老朽化や機能的な劣化に伴い、近年建て替えが進み、稀少なものになりつつあるのである。これはスターハウスに限らず、高度経済成長期に建設された量産的な建築物が近年迎えている状況でもある。

その一方で再評価も進みつつある。スターハウスはその個性的な外形ゆえに建築の専門家以外にも愛好家がおり、インターネットでは特集サイトが組まれるなどしている。さらに二〇一九年一二月にはUR都市機構の旧赤羽台団地のスターハウス三棟が国の登録有形文化財となったことで、歴史的な建築遺産としてのお墨付きも与えられるところとなった。戦後の量産的な団地住棟が文化財になるのは初めてのことであり、画期的なことであった。UR都市機構は二〇二三年九月、この旧赤羽台団地のスターハウス住棟の隣接地に集合住宅の歴史を伝えるミュージアムを開館させた。

本書はこのスターハウスの歴史と現在について論じるものである。編者は日本建築学会が二〇一八年七月にUR都市機構に提出した赤羽台団地のスターハウス等既存住棟の保存活用要望書の作成に関わり、それを機にスターハウスの歴史的な調査を進めてきた。その過程でわかったことは、スターハウスには従来知られているよりもさまざまなバリエーションがあり、有名建築家も関わり、公団・公営・公社・民間などさまざまな事業主体により日本各地で建てられていたことである。その一方でまさに近年建て替えが進み、現存数が急速に減っていることもわかってきた。ゆえに今スターハウスについての本をまとめ、記録を残し、その価値を知らせることが重要と考えた。

書籍の作成にあたり、集合住宅の研究や実務に関わる四名の共著者に協力いただいた。編者の海老澤が全体の軸となる文章(本論)を書き、志岐祐一、川崎直宏、古林眞哉、岡辺重雄の各氏がそれぞれの専門とする視点から各論を寄せている。

全体は3章構成をとる。

第1章ではスターハウスの成立を扱う。スターハウスの成立をめぐる状況やその最初の型である54C-2型について紹介する。そして各論として、戦後初期の公営住宅標準設計の実例や発案者である市浦健の横顔について論じている。

第2章はスターハウスの展開である。日本住宅公団と公営住宅の現存例を中心に、二〇年ほどの短い期間に建設されたスターハウスの特徴や型の変化を描写する。関連して丹下健三や黒川紀章という有名建築家とスターハウスの関わりについても言及している。さらにスターハウスの広がりとして、スターハウスのバリエーションや高層化案などを紹介し、海外の事例にも触れることで、スターハウスの歴史的意義を広い視点で捉えてみた。これに日本住宅公団の団地におけるスターハウスの配置計画の特徴を解説した各論が加わる。

第3章ではスターハウスの変容と現在がテーマである。公営住宅を中心に行われたスターハウスの住戸改善やUR都市機構による保存活用への取り組みを紹介し、スターハウスが現在置かれている状況を展望する。続く各論では、民間で取り組まれているリノベーションの実践例を紹介している。そして最後にスターハウスの価値とそれを将来に継承することの意義を考えてみたい。

本書はスターハウスという、知られているようで実は詳しく知られていなかった建築物を多角的に記録しようとする試みである。

目次

第3章 スターハウスの現在

❶日本住宅公団 旭ヶ丘団地（出典：『日本住宅公団10年史』日本住宅公団、1965年）

②
③

❷日本住宅公団 中百舌鳥団地（出典：『日本住宅公団年報』日本住宅公団、1958年）
❸日本住宅公団 篠原団地（出典：『日本住宅公団年報』日本住宅公団、1957年）
❹日本住宅公団 ひばりが丘団地（出典：『日本住宅公団10年史』日本住宅公団、1965年）

❹

5
6

❺日本住宅公団 春日ヶ丘団地
（出典:『日本住宅公団の御案内』日本住宅公団、1961年）
❻日本住宅公団 霞ヶ丘団地
（出典:『新しいすまい』日本住宅公団、1959年）
❼日本住宅公団 東豊中団地（出典:『建築文化』彰国社、1959年）
❽日本住宅公団 野毛山団地
（出典:『日本住宅公団年報1955–6』日本住宅公団、1956年）

❾日本住宅公団 志賀団地
（出典:『日本住宅公団年報』
日本住宅公団、1957年）
❿日本住宅公団 千里山団地
（出典:『日本住宅公団年報』
日本住宅公団、1957年）
⓫UR都市機構常盤平団地
⓬UR都市機構野方団地

⑪
⑫

⑬
⑭

⑬UR都市機構旧赤羽台団地 43号棟（改修前）
⑭UR都市機構旧赤羽台団地 43号棟（改修後）
⑮UR都市機構旧赤羽台団地 45～49号棟（現存せず）
⑯UR都市機構旧赤羽台団地スターハウス 室内
⑰UR都市機構旧赤羽台団地スターハウス 階段室
⑱UR都市機構旧赤羽台団地42号棟（改修前）

⑲
⑳

㉑

㉒

⑲防府市営松原住宅
⑳香川県営飯山団地
㉑香川県営国分寺団地
㉒愛知県営平針住宅

23

㉓香川県営一宮団地
㉔愛知県営菱野団地
㉕名古屋市営島田団地おおね荘

㉖山形市営天満住宅
㉗旧三方家族寮B棟（福井県三方上中郡若狭町）
㉘福島県営野田町団地
㉙福島県営野田町団地 階段室入口

28
左右確認
29

㉚福島県営野田町団地 階段室
㉛福島県営野田町団地 室内 水平連続窓
㉜福島県営野田町団地 階段室 天井トップライト
㉝福島県営野田町団地 階段室 手すり

第1章 スターハウスの成立

第1章ではスターハウスの成立を扱う。スターハウスという独特な住棟タイプの成立時の状況やその基本的特徴、さらに最初の型である54C-2型について論じていく。続く各論では、スターハウス以前に計画された戦後初期の鉄筋コンクリート造集合住宅の標準設計の展開を解説する。さらに建築家・市浦健に焦点を当て、彼の戦時中の取り組みやスターハウスとの関わりを解説している。

標準設計とスターハウスの成立

第二次世界大戦後まもなくの時期、住宅不足の解消や住宅の不燃化などを主眼として、国の主導で鉄筋コンクリート造（RC造）による集合住宅の建設が始まった。その最初の例は一九四八年に竣工した東京都営高輪アパートとされる。これはRC造の公営住宅における最初の試作的な標準設計の例でもあり、その改良型が同年に全国一四都市の公営住宅で建設された［＊1］。それはしばしば「48型」と呼ばれる。この試行期間を経て、標準設計が全国の公営の鉄筋コンクリート造アパートに使用され、全国に流布されるようになったのは、翌一九四九年に計画された「49型」からだとされる［＊2］。公営住宅への標準設計の導入には、全国レベルで技術水準を確保し、併せて経済性を満たすという意図があったと考えられる。その後毎年、公営住宅では標準設計のバリエーションが生み出され、戦後復興期の公的住宅供給を支えていく。中でも食寝分離と就寝分離を提案した51C型は歴史的によく知られた例である。

RC造による標準設計を用いた最初の公営住宅の住棟形式は、中層の板状住棟（直方体状の一般的な集合住宅の住棟）であった。そこに二階建てのテラスハウス（長屋形式の住棟）が一九五二年に加わる［＊3］。そして一九五四年に登場するのがY字形の平面をもつ「54C-2型」である。これが本書の対象とするスターハウスの最初の例となる。それは日本の公営住宅に標準設計が導入されてから約五年後に成立したものであり、建築家の市浦健（一九〇四〜八一年）が建設省住宅局と共に設計したものであった。一九四九年の標準設計の本格的導入の年から、建設省住宅局に加えて民間の建築事務所が住戸の標準設計に関与するようになり、公営住宅の設計に新しいアイデアが取り入れられるようになっていた［＊4］。54C-2型は、一九五二年に設立された市浦建築設計事務所にとっても初期の公的共同住宅設計の試みだった［＊5］。

スターハウスの発案者・市浦健

市浦は一九二八年に東京帝国大学工学部建築学科を卒業し、日本大学などで教鞭を執るなど、戦前期から活躍した建築家である。早くから住宅計画に関心をもち、戦中の一九四一年に設立された住宅営団に入り、住宅の規格平面の研究や大量生産のためのパネル式組立住宅の試作を行っている。戦後には戦災復興院で戦災復興住宅の建設計画に携わり、一九五二年の個人事務所設立後も公的な住宅設計や団地の計画に関わっていく［＊6］。

彼の遺稿集に再録された「共同住宅の開発」という回想録（一九七九年）には、市浦が最初のスターハウスを設計した当時のことが記されている。それによれば、一九五三年に彼の事務所に公営住宅の標準設計の依頼があり、そのときに設計したのが「私の創意によるいわゆるスターハウスと呼ばれるもの」だったという［＊7］。

一九五四年の『国際建築』八月号には、その「公営アパート54-C-2型」の紹介記事［図1］が平面図と模型とともに掲載されている［＊8］。それによれば、「最初要求された形式は、一棟24戸でメゾネットの4階建であったが、幾つかの原案のうち、このY字型平面の有利性を公営住宅で活かすことに設計委員会の意見が一致した」とある。

さらに前出の一九七九年の回想によれば、この住棟タイプはあくまで彼自身の発案によるも

図1｜市浦健建築設計事務所・建設省住宅局住宅建設課
「公営アパート54-C-2型」
（出典:『国際建築』美術出版社、1954年8月、p.50）

公営アパート54-C-2型 PROJECT OF THE TYPE-54-C-2 FOR PUBLIC HOUSING

公営住宅の標準設計の一つとして、昨年市浦建築設計事務所が依嘱を受けた 54–C–2 型である。最初要求された形式は、一棟 24 戸でメゾネットの 4 階建であったが、幾つかの原案のうち、このＹ字型平面の有利性を公営住宅で活かすことに設計委員会の意見が一致したので、一応一棟 4 階建として完成した。

特長と考えられた点は、1. 配置計画にあたり敷地の形、大さ、方向等の制約が非常に少ない。2. 建物の形がコンパクトであるから不等沈下等の心配がない。3. 構造的に横力に対し頗る安定である。4. 配管・配線等が集約される。

横長形式に比し不利になった点は 1. 外壁の延長が一戸当り長いから建築費が高くなる。2. 東・西端の各戸は日照条件が比較的良くない。

しかし欠点の1は特長の3により相殺され、なお利益が残ることが期待され、欠点の2は横長形式でも正南の可能性が実際には少ないということを考えれば余り問題とも考えられない。

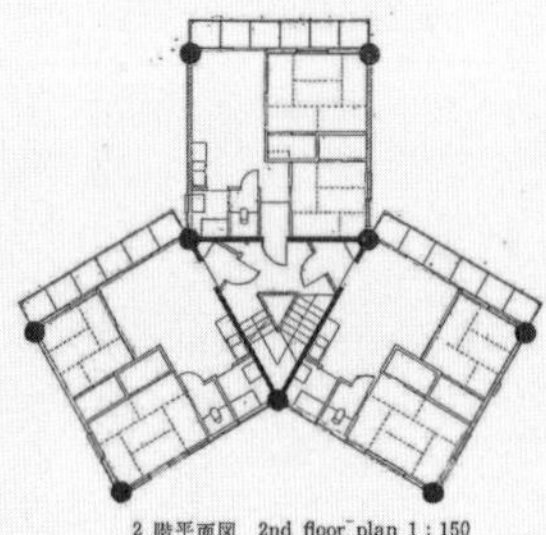

2 階平面図 2nd floor plan 1 : 150

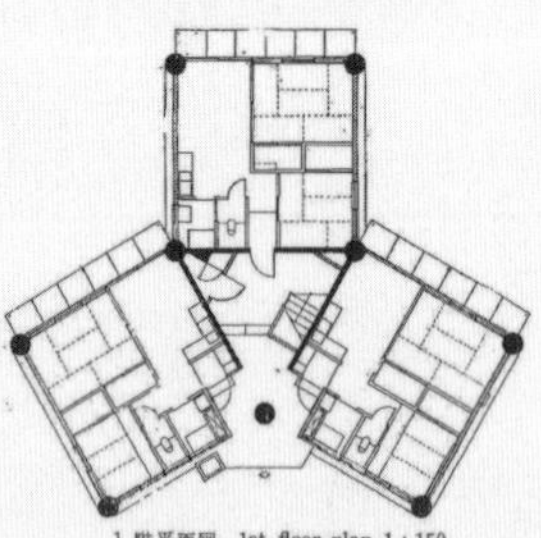

1 階平面図 1st floor plan 1 : 150

一戸当り平面は 12坪、夫婦を含む 4〜5 人家族のために 2 つ寝室をとり、その一つは夫婦のものとして 6 畳、台所、便所、浴室を設け、その他在来のアパート形式公営住宅が具備していた条件を充たすように設計した。二つの寝室はプライヴァシーを尊重して押入で仕切られているが通風は確保される。
中央の 3 角形の階段室の採光は屋上コンクリートスラブに埋込まれた18箇のプリズムグラスブロックによる。
構造は軀体ラーメンと耐震壁となる階段室周壁および床版を鉄筋コンクリート構造とし、壁体はコンクリートブロック造または木造のカーテンウォールとしている。階高を同一にしたため、最上階の天井ふところが十分でないが、この部分の断熱はテックス天井裏の空気層を挟んだ 2 層のアルミ箔によっている。
バルコニーの 3 本のパイプの内、中央の 1 本は竪樋で、左右の 2 本のパイプと共に手摺の支柱として用いられている。
建物の全高は 10.85 m、1 階は地盤より 45 cm、各階は 2.6 m である。
建設費は建設省の方針として、坪当り 55.000〜60.000 円となるよう計画した。
なおこの設計は検討を重ねる余地があり、特により高層のアパートとして利用されるべきであること等、今後の研究に期待したい。

市 浦 健 建 築 設 計 事 務 所 ・ 建 設 省 住 宅 局 住 宅 建 設 課
Ken Itiura, Architects & Engineers・Housing Sect., Housing Bureau, Ministry of Construction

THE KOKUSAI・KENTIKU

のであり、海外など他の事例を参照したものではなかったという。以下に引用したい。

当時採用された大部分の設計は、戦前から同潤会の設計に見られるような二戸一階段の板状タイプであった（表参道のアパートがその一例）。これらは実際にはすぐ役に立ったが、私はそのタイプに追従したくなかった。そこで苦心して考え出したのがあのポイントハウスである。このタイプは既に外国にも現れていたことには気が付かなかったが、森田茂介君から教えられ、ポイントハウス、又はスターハウスと言われていることを知った。［*9］

成立から四半世紀後の回想において、スターハウスが自らのオリジナリティに基づくものであることを強調している点は興味深い。いずれにせよ現在でもスターハウスの発案者が市浦健であることは一般に認められているところである。量産される住宅団地の住棟は、一般に特定の建築家と結びつけて語られることは少ないが、スターハウスに関しては市浦健という建築家の創意と結びついていた。そしてそれが一建築家の創作を超えて匿名的なものとして広がっていったのである。

建築家との関係でさらに興味深いのが、上記の引用に続く市浦の言葉である。彼は、「久米さんが密かに同じタイプを考えておられたので、私の方が一足先に発表したのを悔しがっておられた」と記している。ここで名前を挙げられたのが久米設計の創立者、久米権九郎（一八九五〜一九六五年）である。市浦と久米は民間の設計事務所をそれぞれ主宰し、当時共同して東京都営の桐ケ丘団地（基本計画一九五五年）の計画も行っていた［*10］。戦前にドイツへの留学経験をもつ久米は、戦後間もない時期に欧州諸国の住宅団地を視察し、『住宅』誌の一九五二年九月号［*11］や『建築雑誌』の一九五五年九月号［*12］など日本の雑誌で海外の集合住宅事情を報告していた。この久米と市浦の間でスターハウスの発案をめぐる競争のようなものがあったことは興味深い。

スターハウスという名称

「スターハウス」という名称についても整理しておきたい。まず、「ポイントハウス」と「スターハウス」という二つの呼び名の関係である。上述の市浦の回想録の中でも「ポイントハウス、又はスターハウスと言われている」と書かれているように、本書で対象とするスターハウスは、同時代においてポイントハウスと呼ばれることもあった。当時の資料を見ても、スターハウスと記しているものもあれば［＊13］、ポイントハウスと記すものもある［＊14］。最初のスターハウスの型名称である54C-2型における「C」は、A、B、Cという平面規模の違い（共用通路部分を含みそれぞれ一六、一四、一二坪［＊15］）を表す記号が用いられていたのに対し、翌年に日本住宅公団で採用された標準設計では、第2章で述べるようにポイントハウスの「P」という記号がスターハウスの平面型に用いられた。それもあって「ポイントハウス」という住棟形式の呼称が一般化していったように思われる。

そもそもスターハウスとポイントハウスは名づけの性格が異なっている。スターハウスという呼称は、明らかに住棟の形からつけられている。それに対してポイントハウスは、団地の中でのポイント（点）となるような塔状の住棟を指す、団地の全体計画を視野に入れたより広い概念と考えられる。当時の住宅公団においてスターハウスの型名にスターハウスの「S」ではなくポイントハウスの「P」を用いたのは、上記のような広い意味合いを意識してのものだろう。しかしスターハウスの成立時には塔状の住棟はスターハウスしか存在せず、ポイントハウスとスターハウスはほぼ同義のように用いられていたのではないか。その後、ボックス型など形状の異なるポイントハウスが登場し、名実ともにポイントハウスは板状住棟やテラスハウスと並ぶ、団地計画

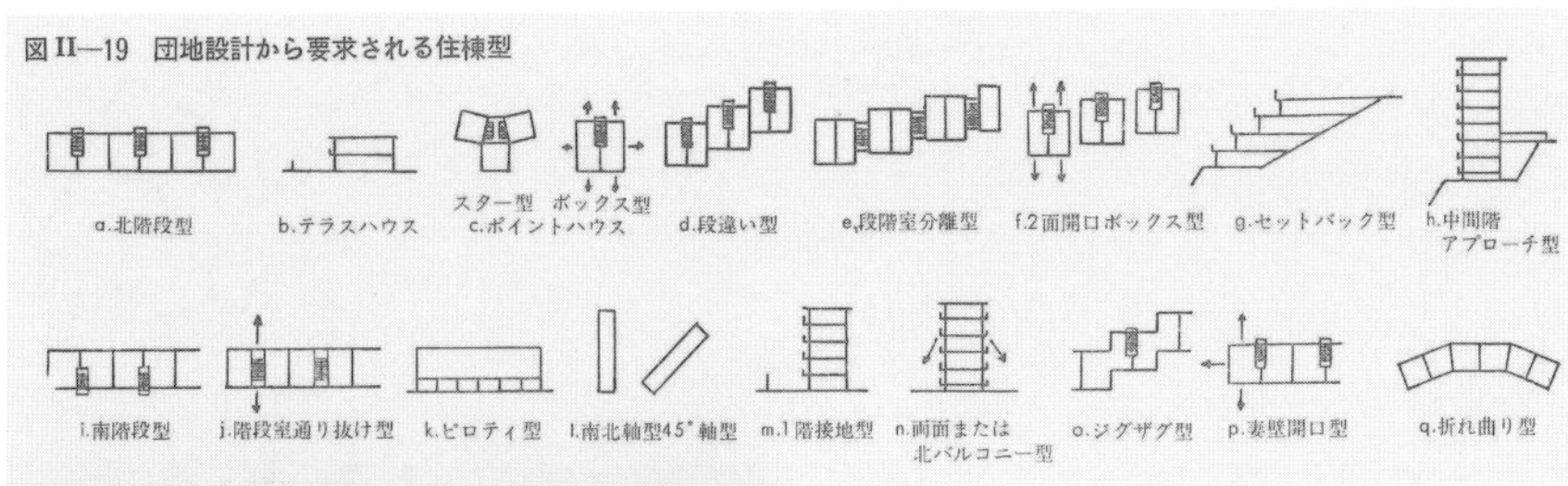

図2｜『日本住宅公団20年史』（1975）に掲載された「団地設計から要求される住棟型」（出典：『日本住宅公団20年史』日本住宅公団、1975年、p.132）

図3｜久米権九郎「ヨーロッパの住宅を見て」に掲載された「スター・ハウス」（出典：『住宅』日本住宅協会、1952年9月、p.6）

上の一つの住棟のカテゴリーを示すより広い概念になっていく。例えば『日本住宅公団20年史』（一九七五年）では、「団地設計から要求される住棟型」の一つとして「ポイントハウス」を挙げ、それを「スター型」と「ボックス型」に分けている［**図2**］［＊16］。

さしあたり本書では、Y字形の平面形状をもつ住棟を指す言葉としては「スターハウス」を用い、「ポイントハウス」はより広く塔状の住棟を表す言葉として使うこととする。

さて、先ほどスターハウスの名称が住棟の形に起因するものだと書いたが、「スター＝星」の一般的なイメージは五芒星であり、Y字形の平面をもつスターハウスとは、形状が少し異なっている［＊17］。ならばなぜスターハウスと呼ばれるようになったのか。そのことにも触れておきたい。ここでも久米と市浦が関わっていたようだ。

現時点で資料から判明した限りでは、日本で「スターハウス」という言葉を用いた最初期の例は、久米が一九五二年九月の『住宅』誌の論考「ヨーロッパの住宅を見て」の中でスウェーデンの集合住宅を紹介した次の文章にある［＊18］。

スウイデンの集合住宅にはも一つ有名な特種形があります。即ち……図の様に各階に三住居を配するスター・ハウスですが何れも三面が外気に接し三方向の眺望を持つ処に特長があります。又此の単位を組合せると丁度蜂の巣を見る様な形となり六角形の中庭が出来て特種な環境を造り出します。

図4｜J.M.リチャーズ『近代建築とは何か』に掲載されたグレンダール（グロンダール）団地（1943–45年）の平面図（出典：J.M.リチャーズ『近代建築とは何か』彰国社、1962年（邦訳第4版）（原書は1953年改訂版）、p.207）

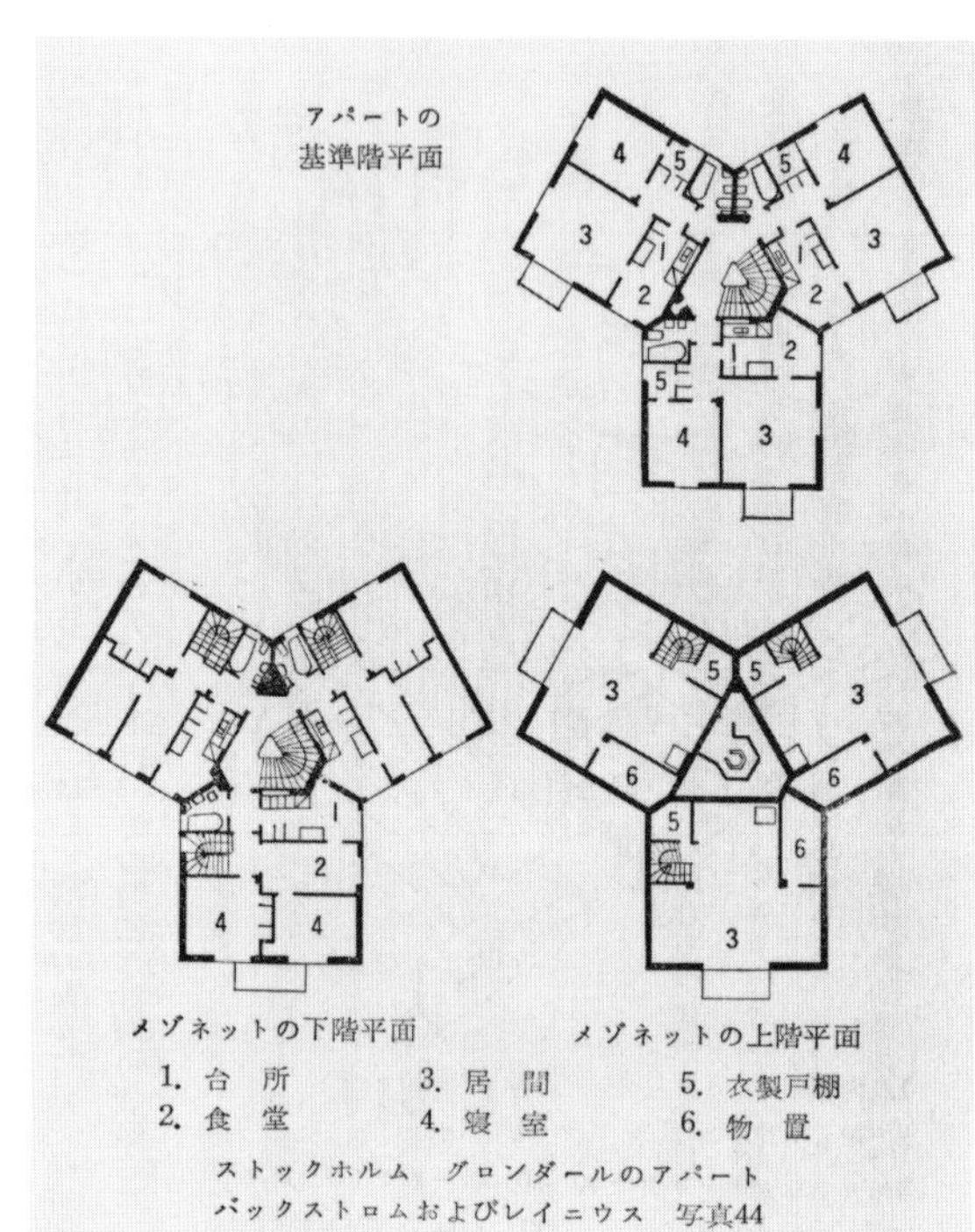

久米のオリジナルな表現なのか、海外ですでにそう呼ばれていたのかはこの文章だけでは判明しないが、Y字形平面をもつスウェーデンの先行事例について、遅くとも一九五二年の時点でスターハウスという呼び名が用いられているのである。おそらくここで紹介された建築が、市浦が前出の一九七九年の回想文の中で、54C-2型の設計後に知ったと述べている外国のスターハウスの例だろう。ちなみに久米の記事に掲載されている写真[図3]から、このスウェーデンの「スター・ハウス」は、ストックホルムのグレンダール団地（一九四三～四五年）のものであることがわかる[*19]。この建築は、J・M・リチャーズの『近代建築とは何か』（一九五三年改訂版）にも写真と平面図入りで紹介されている[図4][*20]。

なお、市浦が54C-2型を最初に紹介した前出の一九五四年の文章では、スターハウスという名称はまだ用いられていない。しかし一九五六年一月の『建築界』の特集記事「新春の夢――事務所めぐり」の中で、彼は「スターハウスの追求」というタイトルの文章を寄せており、このときには「スターハウス」という名称を用いるようになっていたことがわかる[*21]。建設が進められていく中で、スターハウスという呼び名が定着していったようである。

一方で初年度（一九五五～五六年）の日本住宅公団年報では、このタイプの住棟に「星型住宅」もしくは「スターハウス型」という名称が用いられている[*22]。使用頻度からみると、公団では当初、「星型」という呼称の方が一般的だったようである。

なお、資料からは裏づけられないが、スターハウスという印象的な呼び名が広まった背景には、団地景観に変化を与えるこの特徴的な住棟に象徴的な意味合いを込めようという意図が少なからずあったような気がしている。すなわち、団地の建物の中でも花形であり、まさに「スター」としての位置づけをもつ住棟だからこそそう呼ばれたのではないか。

スターハウスの利点と欠点

一般的な集合住宅の住棟と比べて、スターハウスほど利点や欠点が指摘される住棟のタイプはないかもしれない。スターハウスの利点として一般に挙げられるのは、各住戸が三方向に開口部を設けることができる居住環境のよさや、特徴的な外観のために単調な団地景観に変化を与えることができる点、さらに板状住棟が建設しづらい狭小地や斜面地にも対応できる点などである。一方で欠点としては、壁面積が大きいために建設費が割高になる点や土地利用効率が低くなる点、また隣の住戸が斜め方向に存在するため住戸間の視線が気になるプライバシーの問題や、南側と東・西側の住戸で環境が異なる点などが挙げられる[*23]。

このような利点と欠点は、設計当初から指摘されていたことである。初期の市浦の記述を参照し、標準設計としてスターハウスを提案した意図がどこにあったのか、確認してみたい。市浦は前出の一九五四年と一九五六年の文章でスターハウスの利点と欠点を指摘している。

まず一九五四年の『国際建築』の紹介記事では、この54C-2型の特長として、「1配置計画にあたり敷地の形、大きさ、方向等の制約が非常に少ない。2建物の形がコンパクトであるから不等沈下等の心配がない。3構造的に横力に対し頗(すこぶ)る安定である。4配管・配線等が集約される」の四点を挙げている。

一方で不利な点として、「1外壁の延長が一戸当り長いから建築費が高くなる。2東・西端の各戸は日照条件が比較的良くない」を挙げ、「しかし欠点の1は特長の3により相殺され、なお利益が残ることが期待され、欠点の2は横長形式でも正南の可能性が実際には少ないということを考えれば余り問題とも考えられない」とまとめている。欠点も考慮した上で、構造・設備・土地利用の諸点において利点が上回るという主張である。

一九五六年一月の「スターハウスの追求」ではやや論調が変わっている。長所として、構造や設備には触れず、居住性や景観という別の利点を掲げるようになるのである。具体的には以下の三点である。

①敷地の制約が比較的尠い――細長い型のアパートの建てられない場所でも建設出来る場合が多い。（後略）②各戸が3方向外気に接するので、居住性がよい。（後略）③変化に富んだ外形を持ち、巧みな配置計画とあいまって、単調なアパート群の景観に替えるに、特色ある美しい住環境を創り得る。

構造に関する利点が言及されなくなった理由は不明だが、いずれにしても上記三点が現在でもスターハウスの利点としてよく指摘されるポイントである。

一方で解決しなくてはならない点として、「外壁の増加は建設費の増加となり、階段室の閉ぢている事による採光の問題、各戸間のプライヴァシーの問題等」と述べられている。ここで欠点として挙げられたプライバシーの問題は、長所の二番の「居住性」と表裏をなすものとも考えられる。そう考えれば、スターハウスの最大の利点として設計者が考えていた点は、上記の一、三と関連した「狭小地など敷地への対応と景観上の効果」に集約できるように思われる。事実一九

図5｜香里団地の鳥瞰写真
（出典:『日本住宅公団の御案内』日本住宅公団、1961、p.18）

七九年の回想録でも市浦は、「このタイプは戸当り工費が割高であるが、板状のタイプを平行配置する一般の安易な又単調なやり方に比べ、団地の景観に大きな変化を与えるばかりでなく、板状を配置しにくい形の団地にも建てられるという利点がある[＊24]」とまとめている。

同時代の資料をみても、居住性よりも配置計画や団地景観での利点を指摘するものが多い。例えば一九五五年一二月に日本住宅公団建築部設計課の署名により『建築技術』に掲載された「日本住宅公団の標準設計」という記事では、公団標準設計の「55-5P-2DK」型の説明として、「この型式は建物が横に長くならないので、不整形な敷地や高低差のある敷地などにあまり整地することなしに建設することができるが、又一団地の中に適宜緑地帯などと一体として配置し、団地の景観を豊かにすることにも使われうる」と述べている[＊25]。これは設計者の市浦自身による言葉の可能性もあるが、やはり配置および景観上の利点を強調している。

一九五七年に早川和男が『国際建築』に寄せた「標準型設計が直面する問題」でも、「ポイントハウスは、フラット形式が入らず従来なら利用できなかったような狭い地形も、これを並べうることによって敷地利用度を高めている。ポイントハウスは数多くの団地建設において景観に変化を与え緑地のつながりをもたせるだけでなく、敷地利用の上で大きな役割を果している」と記される[＊26]。これは日本住宅公団の団地建設の経験を基に記された言葉と考えられる。また一九五九年の『アパートの標準設計』でも、「一団地計画で景観上の趣きをそえるものである」と景観上の効果を強調している[＊27]。

このようなスターハウスがもつ景観上の効果を追求したのは、公営住

図6｜金岡団地の鳥瞰写真
（出典:『国際建築』美術出版社、1956年7月、p.60）

宅よりも余裕のある配置計画がなされた日本住宅公団の団地だった。一九五五～六五年の間に建設された日本住宅公団の団地では、特徴的なスターハウスの配置計画がさまざまに試みられている［*28］。例えば関西支所の香里団地［図5］や仁川団地のように傾斜地にスターハウスを集中的に建設し、印象的な景観を形成する例、大阪の中百舌鳥団地［口絵2］のように線路近くにスターハウスを建てて電車からの眺めを意識したと考えられる例、最初期の金岡団地のように団地中央のオープンスペースに集中させる例［図6］などである。中でも東京の赤羽台団地では高台の崖線沿いにスターハウスを並べ［図7］、駅からのアクセスにおいて印象的な景観をつくろうとしている。このようにスターハウスの計画で最も創意が込められたのが配置計画にあったことは疑いない。

ただし利点は裏返せば欠点にもなる。スターハウスへの眺めがよいということは、住人にとっては外からよくみられてしまうということでもある。団地内の景観上のポイントとなった開放的なスターハウスは、プライバシーにおいてはマイナス面もあっただろう。

54C-2型

続いて、スターハウスの標準設計として最初に提案された54C-2型の特徴をみてみよう。

54C-2型［図8］は建設省住宅局などが関わった公共性の強い当時の複数の出版物の中でスターハウスの標準設計を示すものとして紹介されており［*29］、当時広く流布されたスターハウスの平面形であったことがわかる。ただしこの型と同じ平面形をもつスターハウスは、実は現存す

図7｜赤羽台団地の鳥瞰写真
（出典:『日本住宅公団10年史』日本住宅公団、1965、p.40）

図8｜公営住宅「54C-2型」平面図（左が1階、右が2〜4階）
（出典:『コンクリートアパート設計図集（第3集）』新建築社、1955、p.14）

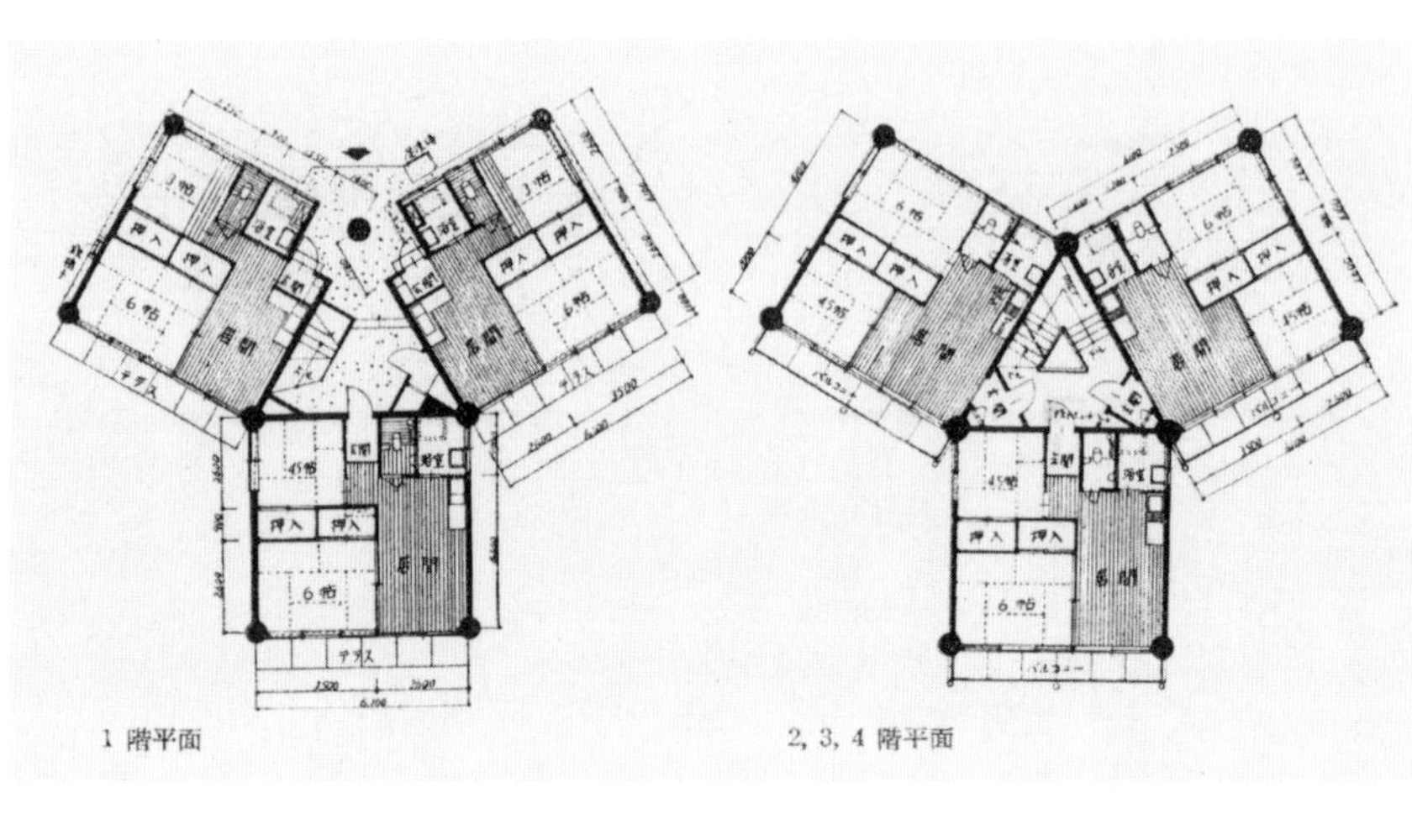

る住棟としてはほとんど見ることがない。なぜなら、そのすぐ後に改良型が登場し、それが後のスターハウスの形式として一般的となっていくからである。

両者の主な違いは、階段室の構成にある。最初の54C-2型では階段室の平面形状が正三角形となり、一階の入り口以外は階段室が外部に対して閉じていた。それに対して翌年からは階段室の北側に開口部を設け、採光や通風を考慮するタイプが現れてくる。前述したように市浦自身も一九五六年の雑誌記事の中で最初のスターハウスの型について、「階段室の閉ぢている事による採光の問題［＊30］」を挙げており、その問題点を解消するべく、日本住宅公団の標準設計の一つとして一九五五年に「55-5P-2DK-2」型（第2章図1参照）という新しいタイプのスターハウスを設計している。その平面では、階段室は二等辺三角形となり、北側が開放されるようになる。それに合わせて東と西の住戸は少しばかり南側に振られている。結果として東・西の住戸においては南面の度合いが少し増している。これはスターハウスの普及段階において居住性の向上を目指した結果だと考えられる。

なお第2章で述べるように、「54C-2型」という型名称は、公営住宅においては、この最初期の階段室が閉じた住棟タイプだけでなく、その後の階段室が開いた標準的なタイプでも用いられていたことが筆者の調査によってわかった。ただし本書で「54C-2型」という場合、基本的に同時代の複数の公刊物で発表されていた上期の初期型を指すこととしたい。

さて、改めて後年の型と比べたときの54C-2型スターハウスの特徴は、その幾何学的な純粋さにある。階段室が正三角形となり、その結果、三方向の住戸は一二〇度ずつ傾く形で配置される。さらにその三つの住戸は六・一メートル（柱芯）四方の正方形となっている（後のスターハウスでは各住戸の平面は長方形になるものが多く、南の住戸と東・西の住戸で床面積を変える例も多い）。さらに54C-2型では構造を担うRCの柱は円形断面となり、室内外に曲面が現れている（柱が円形の例も後のスターハウスでは少ない）。市浦自身がどこまで意図したかはわからないが、正三角形、正方形、正円という三つの基本的な幾何学形態が平面に使われており、純粋形態を用いた理念的ともいえる平面形状となっている。

ここで連想されるのは、ドイツのバウハウスなど近代の造形運動との関係である。モダニズム（近代主義）の建築は、過去の建築様式から離れ、歴史を超越した普遍的な要素である幾何学形態を造形の基盤とした。例えば、造形学校バウハウスのマイスターとして教育を行ったロシア生まれの画家ヴァシリー・カンディンスキーは、三角形、正方形、円などの基本図形と色彩を組み合わせた抽象絵画の創始者の一人として知られているが、彼がバウハウスで学生に対して与えた課題が、正三角形、正方形、正円の基本図形に赤・青・黄のいずれの色を与えるかというものであった。飛躍があるかもしれないが、市浦の54C-2型の純粋幾何学との結びつきを目にして、思わずカンディンスキーの演習とのつながりを連想した。その正否はともかく、頭の中で考えられた理想を形にした最初の提案が54C-2型だとすれば、その後の実用段階での変化が後年のスターハウスに表れていると指摘できるのではないか。

54C-2型の最初の実現例の一つは、市浦が回想録の中で「その最初の採用例は水戸の偕楽園の近くに今も残っている」と記しているように、茨城県営の釜神町アパートと考えられる。残念ながらこの建築は二〇〇七年に取り壊されて現存していない[*31]。このスターハウスは水戸市の

図9｜「茨城新聞」に掲載されたスターハウス建設の記事
（出典:「茨城新聞」1955年1月8日）

千波湖北側の高台に建ち、かつては湖越しに遠くからも望めた様子が公刊された写真集からもうかがえる[*32]。

建設時の茨城新聞を調査したところ、このスターハウスが実際に竣工したのは一九五四年ではなく一九五五年の前半だったようである。取り上げられた三本の記事[*33]ではスターハウスという名称は用いられておらず、「Y字アパート」「Y型鉄筋四階建アパート」「Y字型アパート」などと呼ばれている。最初の一九五五年一月八日の記事には、平面図が掲載され「Y字アパートもお目見得」と見出しにある［**図9**］。説明として、「四月末水戸市富田公園に完成予定の放射線に三方面突きだしたY型鉄筋四階建アパートはスエーデン、ノールウエイなど、北欧型の住宅で、日本では始めて、敷地の節約ができるのがねらいだという」と書かれている。興味深いのは「北欧型の住宅」と記されている点である。先述したように一九五二年に久米がスウェーデンのスターハウスを紹介していたから、当時の設計担当者や県職員の間ではそういう話が広がっていたのだろう。ちなみに外国の先例として、スウェーデンの事例はよく挙げられるものの、ノルウェイにも同様のものがあるかは定かではない。話に尾ひれがついた可能性はある。

関係者の間で「北欧型の住宅」という認識が広がっていたとすれば、最初の54C-2型において階段室が閉じていたこともうなずける。というのも、久米が紹介したストックホルムのグレンダール団地のスターハウスも、北欧の気候に合わせるように階段室は住棟の内側に入っていたからだ（図4参照）。それを直接参照したかどうかはわからないが（少なくとも市浦健はそうではないと書いているが）、54C-2型でも階段室を閉じる形式が採用された。しかし、閉じた階段室は日本の

図10｜「茨城新聞」に掲載された釜神町アパートの写真
（出典：「茨城新聞」1955年7月7日）

気候には合わず、後のスターハウスでは階段室を外に開いていくのである。この点でスターハウスのその後の展開は、海外の近代建築の影響が日本の気候風土に合わせて次第にアレンジされていったものとも捉えられるかもしれない。

同年七月七日の茨城新聞には、竣工後の釜神町アパートのスターハウスの写真が掲載されている［図10］。この写真からは、高台に建つ釜神町アパートの立地のよさがよくわかる。崖下には煙を吐き出す機関車が走っている。この写真は茨城大学の写真部員が撮ったもののようだが、当時市内でも近代的なRC造の集合住宅と機械（機関車）の対比となっており、近代建築と自動車や船舶を対比的に示したル・コルビュジエを彷彿とさせるものになっている。以下の解説文から、スターハウスへの注目度の高さがうかがえよう。

林立する近代アパート群は最近の水戸にとつてまさに偉観である。勤労者の住宅はソ連やアメリカや、中共ばかりではない。わけてもこのY字型アパートは日本に二棟しかないという県御自慢のもの。千波湖を一望に見下し、天井のドームにはステントグラスという念の入れ方である。

筆者が把握できた54C-2型の公営住宅における現存例は、福島市の福島県営野田町団地の二棟（一九五九年）［図11］である。二〇二一年一二月に現地で実物を見学したが、閉じた階段室に天

図11｜野田町団地のスターハウス 外観
図12｜野田町団地のスターハウス 階段室見上げ

井のトップライトからほのかに光が落ちてくる空間は、他のスターハウスとは異なるある種神秘的ともいえるものであった［図12］。円形断面の柱が外観や室内に現れ、建築家のこだわりのようなデザイン性が感じられた［図13・14］。市浦は一九五四年の紹介文で、「構造的に横力に対し頗る安定である」と記していたが、階段室が閉じ、純粋な幾何学形態で均等に三方向に住戸が配置されているから、確かに後のスターハウスのタイプに比べると構造的なバランスはとれているのかもしれない。案内してくれた福島県職員の話では、耐震上の大きな問題はないとのことであった。最近では「ふくしま建築探訪」という公的なホームページで紹介され、建築遺産として認知されつつある。

最初の54C-2型が実際にどの程度建設されたか、今となっては明らかにすることが難しい。54C-2型は公営住宅の標準設計であったため、日本住宅公団では建設されず、公営住宅の中でも最初期の例に限られる。その全容を知るためには、各自治体の保存する資料などを網羅的に確認する必要があるが、今回スターハウスの調査を実施してわかったのは、自治体によって差はあるものの、当時の公営住宅に関して残されている資料が全般に少なく、過去の状況を知る職員もほとんどいないという事実であった。つまり戦後初期の公営住宅を歴史的対象として記録にとどめる行為がほとんどなされていないのである。そのような中で筆者が知ることができた54C-2型の建設例を紹介しておく。

図14｜野田町団地のスターハウス 東側住戸の北側和室

図13｜野田町団地のスターハウス 住棟入り口

図15｜横浜市営法泉町住宅のスターハウス
（出典:『寮・アパート 建築寫眞文庫69』彰国社、1958、p.46）

まず前述の福島県営住宅では、野田町団地よりも早く一九五七年度に桜木町団地で54C-2型が一棟建設されている。その建設計画は、一九五七年八月一八日の福島民報において「東北では初試み」として報じられている［*34］。ちなみにその記事では、スターハウスを「星型アパート」と呼び、採用の理由として「敷地が普通のアパートでは狭すぎるための苦肉の策」と記している。その一方でこの住棟の利点として、第一に「採光がよくなる。とくに南側の部屋は三方があいているため朝から夕方まで一日中、日が当る」と書かれている。しかしながら福島県庁に確認したところ、実際に桜木町団地で建設されたスターハウスは野田町団地と同じ54C-2型で、南側の住戸の側面（東・西面）は大部分が壁になっている（西側のみ一間幅ほどの窓がある）ため、この記述は正しくない。この新聞記事に掲載されているスターハウスのスケッチは54C-2型とは別のもので、確かにそこでは側面に長い開口部が設けられているのだが、おそらく実際に建設された住棟とは異なる計画段階のイメージが記事に使われたのだろう。

一九五八年に彰国社から出版された『寮・アパート（建築寫眞文庫69）』には、横浜市公営アパートとして、三階建てのスターハウスが写真と図面で紹介されている［*35］［図15］。これは横浜市保土ヶ谷区の法泉町住宅で、一九五六年度に三棟建設されたものである［*36］。ただし、一九八四〜八六年という早い時期に市営の法泉ハイツへと建て替えられている。

図16｜名古屋市営住宅山口荘のスターハウス
（出典:『住宅』日本住宅協会、1955年10月、表紙）

この写真文庫は実際に建設された54C-2型の姿を細部に至るまで今に伝える貴重な資料であり、54C-2型において自治体ごとに細部のさまざまなアレンジがなされていた事実がわかるものでもある。例えば各住戸の南面するバルコニーに一間ほどの金属製の縦格子が設けられ、居室の掃出し窓に多くの光が入るように工夫されている。階段室の手すりにはX形の手摺子がつけられていたり、台所の棚のデザインにもこだわりがうかがえる。

『住宅』誌の一九五五年一〇月号では、「スターハウス山口荘」と題して名古屋市営住宅の54C-2型の実現例を図面と写真で紹介している[*37]。ここでのスターハウスの採用の根拠もやはり土地の有効活用にあった。記事によれば、敷地は東西約二〇間、南北約三四間と狭く、通常その広さでは三二戸しか建設できない場所だったという。より多くの住戸数を確保するために、独自の型の設計も考えたが、時間的な余裕がなく、「建設省標準のスターハウスを建設する」ことになったという。その結果、スターハウスを四棟建てることで四八戸が建設できた。掲載された配置図からは、狭い敷地に密にスターハウスが建つ様子がうかがえる。この記事では、「スターハウスは比較的間取りに余裕があり、建設費も格別多くかからないという想定の下にその採用がきまった」と記す。他に利点としてやはり配置に変化が出ることが挙げられ、欠点としては階段室が閉じていることなどが指摘された。全般に高い評価で、「スターハウスは、団地に変化をあたえ周囲に空地がとれるので、今後相当広い採用が予想される」と締めくくっている。なお、写真［図16］を確認したところ、同じ54C-2型でありながら、この団地では南面のバルコニーの両端に袖壁がついており、横浜や福島とはまた違うアレンジが加えられていたことがわかった。

名古屋市営住宅では、その後多くの団地でスターハウスが建設された。さらに独特な増築がなされ、現在まで複数の住棟が残っている注目すべき自治体である。その状況については第2章と第3章で紹介したい。

二〇二三年四月の付記

本書の原稿を書き終えた後の二〇二三年四月、福島市住宅政策課の綿谷彰夫さんより、福島市内の民間アパートで「54C-2型」が一棟現存し、今も入居者を募集しているという驚くべき情報をいただいた。綿谷さんは福島県庁職員として先述の野田町団地の54C-2型を案内してくださった方であり、この四月より福島市に異動になっていた。異動先の職場で新しい同僚職員よりこの情報を得たとのことで、すぐに筆者に知らせてくれたのである。なんと福島市内には合わせて三棟の「54C-2型」スターハウスが現存していることになる。

状況を確認したところ、このスターハウスは日本住宅公団が「特定分譲住宅[*38]」というかたちで、ある企業のために建設したものらしい。その後所有者が移り変わり、現在も賃貸住宅として住み継がれている。不動産業者のサイトで見る限り、外壁は補修され、内装や水まわりもきれいに維持されている。民間の賃貸住宅は筆者の調査の対象外であったため、ほとんど事例を把握できておらず、今回の事実はまさに「青天の霹靂」といえるものであった。一九五八年竣工の建物とのことだが、次章で述べるように、当時すでに日本住宅公団は独自の標準設計をもっていた。ならばなぜ公団が公営住宅の「54C-2型」のスターハウスを建設したのかという疑問も湧くが、おそらく当時の日本住宅公団は特定分譲住宅という独自の制度の中で、公的な標準設計を用いて民間の社宅等をしばしば建設していたのだろう。そうだとすれば、日本全国には知られざる初期のスターハウスがまだ残っている可能性がある。

註

*1——志岐祐一「戦後の住宅団地・集合住宅の価値と保存」『戦後昭和の建築——その価値づけをめぐって』日本建築学会建築歴史・意匠委員会、二〇二一年、四六—四七頁

*2——規格住宅研究会編『アパートの標準設計』住宅研究所、一九五九年、一〇—一一頁および建設省住宅局住宅建設課「公営アパートの設計について——標準設計の背景と展開」『建築雑誌』日本建築学会、六七巻七八二号、一九五二年一月、二一—一一頁

*3——52TB-1型と52TB-2型(住宅金融普及協会編『コンクリートアパート設計図集(第2集)』新建築社、一九五三年、二四—二五頁)。同年には二階建ての低層住棟でありながら一階と二階が別の住戸となる52FC型(フラット)と52DC型(デュプレックス・ハウス)も設計されている(前掲書、二二—二三頁)。

*4——野々村宗逸「公営アパートのプランの変遷」『建築界』理工図書、四巻一一号、一九五五年一一月、三五—三九頁

*5——株式会社市浦ハウジング&プランニング　ホームページ(http://www.ichiura.co.jp/about/history/01/)では、市浦自身の回想を元に54C-2型スターハウスを市浦建築設計事務所にとっての最初の公的共同住宅設計と記すが、志岐氏の各論1でも触れられているように、同事務所は一九五三年度に建設省住宅局住宅建設課と共同で公営住宅53TB-1型と53TB-2型という二つのテラスハウスの標準設計を作成している(住宅金融普及協会編『コンクリートアパート設計図集(第3集)』新建築社、一九五五年、七八頁)。そのため、ここでは「初期の」という表現にした。

*6——神代雄一郎、佐藤由巳子編『日本住宅開発史——市浦健遺稿集』井上書院、一九八四年の年表などを参照

*7——神代、佐藤編、前掲書、一三七—一四八頁(該当箇所は一四〇頁)。この文章は最初『こもんすぺーす』(社内親睦誌)一九七九年冬季号に掲載された。

*8——『国際建築』美術出版社、二一巻八号、一九五四年八月、五〇頁

*9——神代、佐藤編、前掲書、一四一—一四二頁

*10——日本住宅公団赤羽台団地の北側に広がる、五七・八ヘクタール、収容戸数四二〇〇個の東京都営の大規模団地。基本計画は両事務所の共同設計として行い、久米建築事務所が北地区、市浦建築事務所が南地区の実施設計を担当した(『市浦都市開発建築コンサルタンツ』一九七〇年、三八頁)。

*11——久米権九郎「ヨーロッパの住宅を見て」『住宅』日本住宅協会、一巻三号、一九五二年九月、六—九頁

*12——久米権九郎「外国の高層アパートをみて」『建築雑誌』日本建築学会、七〇巻八二六号、一九五五年九月、二七—三一号

*13——例えば、前掲の『アパートの標準設計』や野々村宗逸「公営アパートのプランの変遷」など。『アパートの標準設計(一三七頁)』では、「スターハウス型式」というタイトルでその標準平面例が紹介されているが、その説明文には、「ポイントハウス型式ともいい」と注釈がつけられている。

*14——例えば、早川和男「標準型設計が直面する問題——日本住宅公団の経験から」『国際建築』美術出版社、二四巻七号、一九五七年七月、五五—六四頁

*15——鈴木成文『建築計画学6——集合住宅・住戸』丸善、一九七一年、二二九頁

*16——日本住宅公団20年史刊行委員会編『日本住宅公団20年史』日本住宅公団、一九七五年、一三二頁

*17——メルセデス・ベンツのエンブレムのように逆Y字形の星の表現(three-pointed star)もあることから、Y字形平面の住棟をスターハウスと呼ぶことは必ずしも矛盾しないともいえる(二〇二一年五月二二日のURまちの暮らしコンペティション第一回ウェビナーでの大月敏雄氏のご指摘による)。

*18——久米、前掲記事、一九五二年。志岐祐一氏のご教示による。

*19——似た写真が、フレデリック・ギバード著、高瀬忠重他訳『タウン・デザイン』鹿島出版会、一九七六年、三八〇—三八二頁に掲載されている(古林眞哉氏のご教示による)。

*20——J・M・リチャーズ著、桐敷真次郎訳『近代建築とは何か』彰国社、一九六二年

(邦訳第四版)。訳者あとがきによれば、原書の初版は一九四〇年だが、一九五三年の改版にあたり大幅に内容が変更された。その際にグレンダール団地のスターハウスが加わったと考えられる。同書については、福島県庁の綿谷彰夫氏にご教示いただいた。

*21 市浦建築設計事務所「スターハウスの追求」『建築界』理工図書、五巻一号、一九五六年一月、三頁。同じ特集記事の八頁で久米は、「丘陵地の住宅団地計画」として公団の大阪・千里山の団地計画を紹介しており、その配置図には数多くのスターハウスが計画されている。スターハウスの提案で市浦に先を越されて「悔しがって」いたとされる久米だが、すぐ後にその標準設計を自身の団地設計で用いていた。

*22 『日本住宅公団年報1955–6』日本住宅公団、一九五六年。「星型住宅」は野毛山団地、金岡団地、志賀団地など各団地の紹介で用いられている。「スターハウス型」という呼称は、巻末の標準設計平面図集の前(一〇八頁)に「星型の中層のアパート」という注釈つきで用いられている。

*23 さらに開口部が多いために家具が設置しづらいことや夏の暑さや冬の寒さなど外気の影響を受けやすいといった欠点も想定される。これらは、三方向で外気に面して居住性がよいという利点と表裏の関係にあるものである。

*24 神代、佐藤編、前掲書、一四二頁

*25 日本住宅公団建築部設計課「日本住宅公団の標準設計」『建築技術』一九五五年一二月、三一—四五頁(該当箇所は三九頁)

*26 早川、前掲記事

*27 前掲の『アパートの標準設計』一三七頁

*28 詳細は、時久賢矢『1950–1970年代日本の住宅団地におけるスターハウスと配置計画——日本住宅公団を中心として』東京工芸大学二〇二〇年度修士論文、二〇二一年三月を参照

*29 例えば、住宅金融普及協会編『コンクリートアパート設計図集(第3集)』新建築社、一九五五年、一四頁、『アパートの標準設計』一四〇頁、建設省住宅局編『公営公庫公団住宅総覧1957年』住宅総覧刊行会、一九五七年、二三〇頁など、スターハウスの標準設計が取り上げられるとすればまずこの54C-2型の平面が掲載されている。

*30 市浦建築設計事務所、前掲記事「スターハウスの追求」

*31 神代、佐藤編、前掲書、一四〇頁。二〇〇七(平成一九)年一〜三月に解体された(二〇二三年二月六日に茨城県庁都市局住宅課に電話で確認)。

*32 写真集「水戸百年」編集委員会『水戸百年』茨城新聞社、一九八九年、一六四頁

*33 「続々建つ公営住宅　今年は二千六百戸　Y字アパートもお目見得」『茨城新聞』一九五〇年一月八日、「公営住宅　質量とも戦後最大」同一九五〇年二月二四日、「カメラルポ水戸　近代アパート群」同一九五〇年七月七日

*34 『福島民報』一九五七年八月一八日(夕刊)。日本大学工学部の速水清孝教授に情報提供いただいた。

*35 彰国社編/責任編集・北尾春道『寮・アパート(建築寫眞文庫69)』彰国社、一九五八年、四六—五三頁

*36 横浜市建築局市営住宅課の二〇二二年九月二九日のメール回答

*37 「スターハウス山口荘」『住宅』日本住宅協会、四巻一〇号、一九五五年一〇月、二八—三〇頁(ローコスト住宅特集)。写真は同号の表紙に掲載。

*38 『日本住宅公団20年史』によれば、「特定分譲住宅」とは、「あらかじめ企業等から譲受申込みを受け付けて、企業の所有地(公団用地をあわせて譲渡したこともある)、または借地に建設をする制度である。この制度は、他機関の類似制度と異なり、単に融資にとどまらず、設計から工事まで、一貫した技術供与の利点が買われ、昭和三〇年度以来、企業等の給与住宅(社宅)として全国的に大いに利用されてきた」ものである(『日本住宅公団20年史』一九七五年、一一一頁)。なお、『日本住宅公団10年史』(一九六五年)の時点では、「特定分譲住宅」の名称だったものが、『同20年史』(一九七五年)では「一般特定分譲住宅」と「民営賃貸用特定分譲住宅」の二種に分けられており、上記の引用は「一般特定分譲住宅」の説明の一部である。福島の54C-2型が建てられた時点では、前記の二種類の区別はまだなかったと考えられるため、ここでは「特定分譲住宅」という言葉を用いた。昭和三〇年代に東北地方で建設された日本住宅公団の団地は、宮城県の一団地(仙台花壇団地、一九五八年入居開始)のみであるが、一方で「特定分譲住宅」は一九五六年度以降、東北地方の各県で

建てられており、福島県でも一九五八年度には三六一戸建設されている（『日本住宅公団20年史』四〇四頁）。

［各論1］

標準設計成立期の集合住宅

志岐祐一

はじめに

スターハウスは一九五四年度の公営住宅の一つの型として誕生した。翌一九五五年には都市部で勤労者向けの住宅を供給する組織として日本住宅公団が設立され、鉄筋コンクリート造の集合住宅が建ち並ぶ団地が普及していくのだが、本稿ではそれまでの戦後一〇年間における鉄筋コンクリート造の集合住宅について公営住宅を中心にたどってみたい。

一九四五・一九四六（昭和二〇・二一）年

長かった戦争が終わった一九四五年八月、日本では四二〇万戸の住宅が不足していると推計された。「全人口の凡そ四分の一に当る二〇〇〇万余の人々は家を失い、荒廃した焦土に放り出された。」[*1]のだった。内訳は戦災による損失、戦地からの復員、外地からの引き上げであるが、人口の集中する大都市の多くは戦災により文字どおり焦土となっていて住宅不足は極めて深刻であった。

ともかくまもなく訪れる冬をどう乗り切るかが喫緊の課題となり、九月に「罹災都市応急簡易住宅建設要綱」が定められて国庫補助住宅の建設が始まる。まずは厚生省住宅課により住宅営団が戦争末期に建設していたものを受け継いで六畳、四・五畳、六・二五坪の応急簡易住宅を三〇万戸建設する計画が立てられた。一一月には戦災復興院が発足し、住宅緊急措置令も出されたが、実際には昭和二〇年度にあたる九月から翌一九四六年三月までに新築できたのは四万三〇〇〇戸足らずで、これに被災したが躯体は焼け残った鉄筋コンクリート造の学校や軍施設などの転用を含んでも総戸数は約八万一〇〇〇戸であった。二一年度は新築二万五八一五戸で、総戸数は四万七六〇五戸。二二年度は新築三万〇九三二戸、総戸数は四万一八一一戸と遅々として進まなかった。このように緊急措置の住宅建設を行っている中で、二二年度から鉄筋コンクリート造集合住宅の建設が始まる。まだまだ雨露をしのぐことさえできないたくさんの人々がいる状況で、当時の世論は一見迂遠な住宅政策に厳しい批判を加えたが、その取り組みは後に「都市不燃化の構想を推進すると共に、計画及び配置計画の上にも、斬新な技術を導入して、質的向上を企図し、恒久対策としての第一歩が踏み出された」[*2]と振り返るように、厳しい状況の下で新しい時代を切り拓こうとする熱意と覚悟がうかがえるものであった。

一九四七（昭和二二）年

最初に建てられたのは都営高輪アパートの二棟四八戸である。一九四七年度の計画のため47型［図1］と呼ばれる。資材の調達が思うようにいかない中、実現できたのは戦災復興院二代目総裁の阿部美樹志（一八八三〜一九六五年）によるところが大きい。阿部は民間設計事務所出身の技術者で、戦前のアメリカで鉄筋コンクリート工学を学び、占領軍にも名が知られており、自らセメントや鉄材の確保を行ったという。また従来のラーメン構造は材料も多く必要とし、小規模な住宅にはそぐわない大きな柱型が生じるため、技術的蓄積がほとんどなかった壁式構造を採用した。建物は一つの階段に二住戸がつながる階段室型で、三階段四階建て二四戸を単位とする。中央の階段室棟屋は受水槽が組み込まれて背が高い。屋上には共同の洗濯場が設けられていた。階高は二五〇〇ミリメートルで、窓には庇もなく、壁も打ち放しに色をつけただけだが、材料を節約しながらもとにかく鉄筋コンクリート造の集合住宅をつくったということが重要であった。

間取りは戦前の同潤会アパートとほぼ同じで、階段室から玄関を入ったところに台所、便所、洗面の水まわりがまとめられ、これに二つの居室がつく。同潤会アパートの居室は最後に建てられた江戸川アパートメントを例外として、大半は六畳、四・五畳もしくは三畳という小さなものであったが、高輪47型は八畳、六畳と大きかった。二つの居室は、建物の正面にあたる階段室入り口側に八畳間、反対側の台所に隣接して六畳間が置かれ、半間の床の間がついた八畳間が客間、六畳間が茶の間の役割を担っていた。問題は間取りの向きで、同潤会では通りに面して正面を向けて住棟の配置を行い、方位は重視していなかったが、高輪では戦時中の住宅営団時代に確立した冬至の日照時間確保を基準にした南面配置を採用したため、全ての住戸の台所は北向きとなったことである。四八戸のうち二戸は板の間の洋風仕様でつくられ、自らの居住体験から実質的なデータを得ようと研究者も入居した。基本設計は戦災復興院住宅建設課で、実施設計は施工を請け負った朝日土木株式会社が行った。

高輪アパートは一九四七年一〇月に着工して、一九四八年八月に竣工。工期は一一か月である。なにしろ戦争により鉄筋コンクリート造の建築は著しく制限され、一九三四年の同潤会江戸川アパートメントから一三年のブランクで「仮枠の組み方、外し方を知らない大工、タワーの鉄骨の建方を知らない職人、ネコの扱いも危い人夫、一々進駐軍に放出を申請するセメント、輸送等になやんだ砂利等々」［*3］と大変な工事現場であった。

同年、コンクリートブロック造の簡易耐火二階建ての試作住宅が川崎市、横浜市、広島市、門司市に建てられた。

一九四八（昭和二三）年

一九四八年の二三年度は、高輪の二棟の試作を踏まえ全国展開が図られた。鉄筋コンクリート造集合住宅の設計、施工技術の蓄積も余裕もなかったため、戦災復興院から示された48型の図面を基に各地で建設が行われた。このようにプロトタイプである標準設計を本部で定めて、それを現場の敷地状況などに応じて調整していく、いわゆる「型計画」は大量供給の手法として同潤会や住宅営団で行われていた方法である。なお高輪一期の竣工が八月であったため、二三年度の48型は47型の竣工を待たずして着手された。47型を踏襲しつつも、①外気温の影響を和らげるため最上階住戸に天井懐を設けた、②階高を一〇〇ミリメートル上げて二六〇〇ミリメートルとした、③地下室に各戸収納を設けた、④妻壁に窓を設けた、⑤床の間をやめて押入れを増設した（床の間の代わりに雲板をつけている）。また台所は造作家具を増やし、ダストシュートを設け、隣接する六畳間につながる配膳用ハッチを備えている。さらに、窓には小庇を設けるなど改良が加えられた。

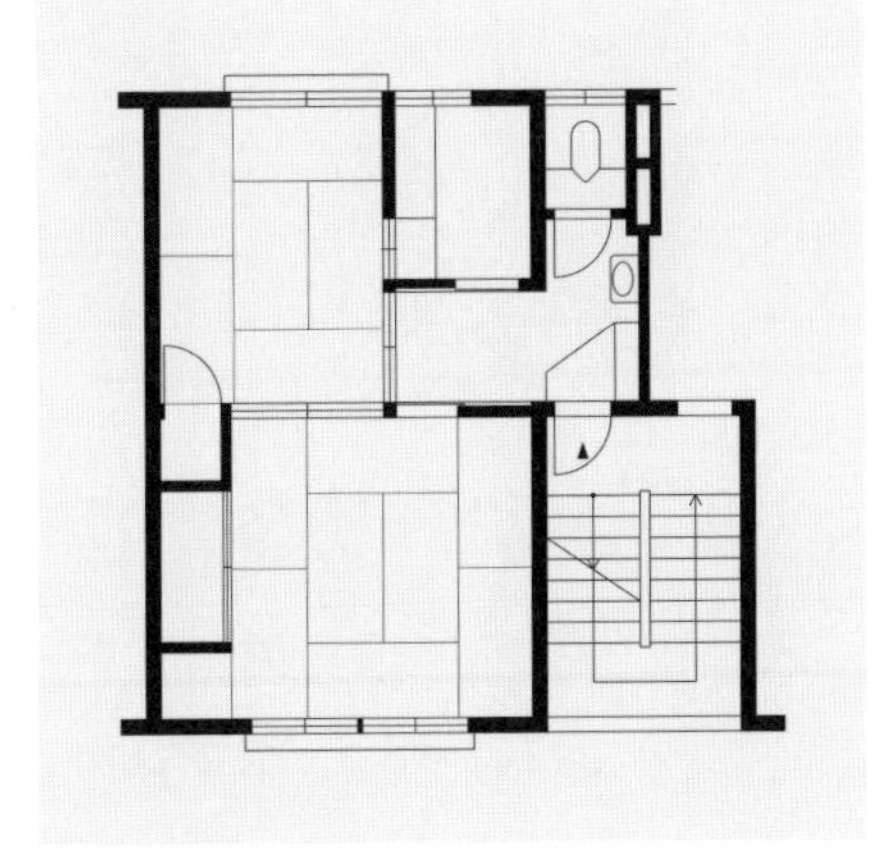

図1｜公営住宅47型

資料によると六大都市および広島市、長崎市など大都市に一七二五戸が建設されたと記されているが、実際には東京都、横浜市、川崎市、静岡市、名古屋市、大阪市、堺市、神戸市、西宮市、広島市、下関市、福岡市、八幡市（現北九州市）、長崎市の一四都市に計一九一九戸が建設されたようである。ここで気づく方も多いと思うが、一棟三階段室四階建てなので総戸数は少なくとも偶数戸であるはずなのにどちらも奇数で数が合わない。建設例をみていくと、一階を店舗としたり、一つの建物を年度をまたいで供給した例もあり戸数の把握は簡単ではない。また管理人や関係者の住戸をカウントしないという例も考えられる。ちなみに47型はすでに解体されているが、48型は二〇二二年に確認したところ静岡、下関、福岡、長崎に現存していた。下関では長大な六階段一棟で、階段室を利用した通り抜け通路がとられていた。また福岡では一階が店舗で張り出しており、二階以上の住戸は水まわりにバルコニーが設けられ階段室から通り抜けできるようになっている。このように、標準設計は示されたものの各地でさまざまなアレンジが加えられており、全国的な把握ができていないと思われる。長崎の魚の町団地は標準設計図面に近い形でつくられた保存状態のよい住戸が複数現存している。部屋が大きいこともあり長期居住が多かったと聞く。台所には棚が造り付けられ、配膳台には六畳間につながる小窓が設けられるなど、同潤会江戸川アパートメントに似た丁寧なつくり込みが行われていた。

48型は47型を引き継ぎ全国展開した試作であった。戦災復興院は一九四七年一二月三一日に内務省の解体により廃止され、翌一九四八年一月一日に旧内務省国土局と統合して建設院となり、七月一〇日に建設省と改称されていた。新生の組織である建設省は、47、48型を廃止し、新たに開発する49型をスタートに据えて、公営住宅の標準設計の開発に取り組んだ。

一九四九（昭和二四）年

47、48型は戦災復興院住宅建設課が設計を行ったが、49型の設計は日本建築設計監理協会に委嘱されコンペが行われた。結果、A型（一四坪）は久米建築事務所、B型（一二坪）は石本建築事務所の案が採用され、建設省と協議して基本設計がまとめられた。これに加えさらに小規模なC型［図2］が建設省住宅建設課によって作成された。49型の主な特徴は、台所を南に配し、バルコニーを設けて主婦が気持ちよく働けるようにした。玄関の入りを横向きとして、居室に直結するように改め、正面に便所の扉が見えることを避けた。居間の窓建具をガラス戸と紙張障子との二重にして入居者がカーテンをつける手間を省き、インシュレーションをよくし、和室としての柔らかい気分をつくるようにした。さらに、スチールドア、スチールサッシの規格を統一し、一括購入によりコストダウンなどを図った。注目すべきは、台所を南側にしてバルコニーをつけたことである。当時、民主主義や女性の地位向上の流れを受けて、住宅も戦前の封建的な住まいからの脱却、家族本位で機能的な住まいを求める動きが盛んになっていた。西山夘三の『これからの住まい――住様式のはなし』（相模書房、一九四七年）、浜口ミホ『日本住宅の封建制』（相模書房、一九四九年）などを読み返すと当時の様子がうかがえる。今日的にみると「家事をするのは主婦」といっているあたりはまだまだではあるが、冬至日照の確保による住棟配置により北向きになりがちだった台所を南に置き、ダストシュート、竈、外流しなどを備えたバルコニーを添えて家事空間を集約化したあたりは戦前のプランを引き継いだ48型までとは明らかに違うものである。泥つきの大根などの食材を洗う外流しや、ガス以外の補助熱源として屑物などを燃やせる竈があるのは時代を感じる。また単純な箱型だった48型に比べ、階段室は北入りで南面はバルコニーの凹凸ができ陰影が加わったことも外観デザインの大きな変化といえよう。

翌一九五〇年に住宅金融公庫が設立され住宅建設資金の融資を始めるが、鉄筋コンクリート造などの不燃住宅は法人向けの融資であったため、今日の住宅供給公社につながる組織が各地で鉄筋コンクリート造の集合住宅建設を始めた。東京都住宅供給公社は、当時は戦前からの組織を引き継ぎ東京都住宅協会として木造の都営住宅の管理を行っていたが、法人向けに不燃中高層住宅建設の融資が始まり、あわせて東京都も賃貸住宅建設事業に対する融資制度を創設したことにより、公庫制度による鉄筋コンクリート造不燃中高層賃貸共同住宅建設経営法人として東京都から認可を受け、鉄筋コンクリート造の賃貸集合住宅建設に取り組

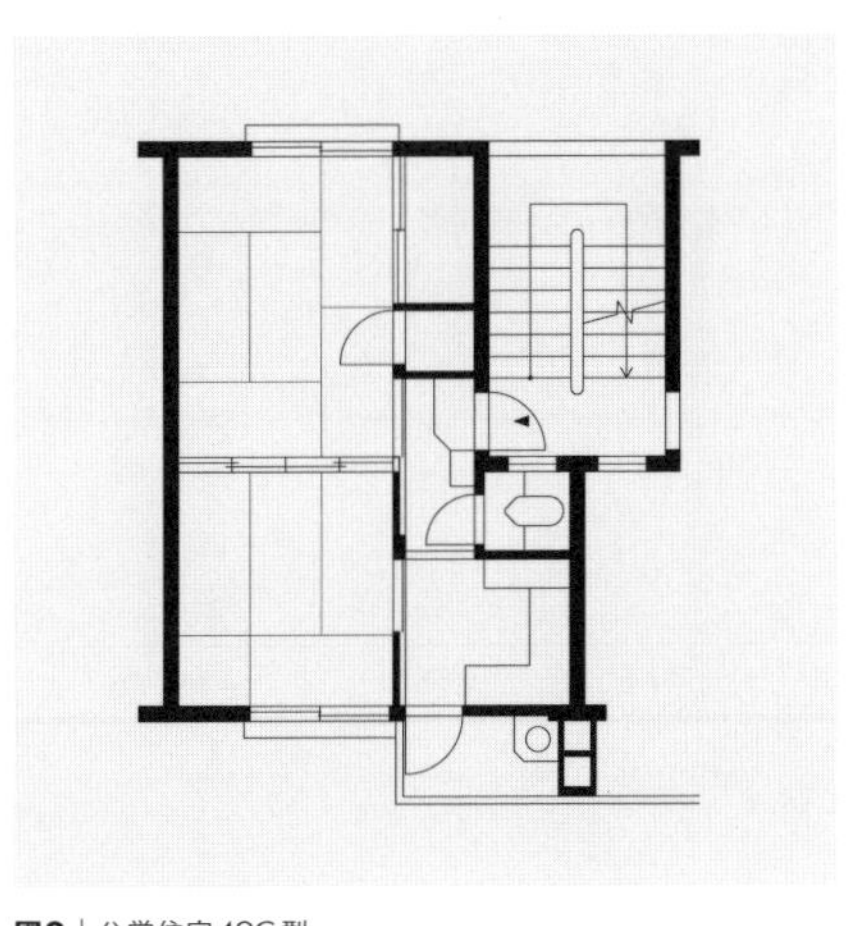

図2｜公営住宅49C型

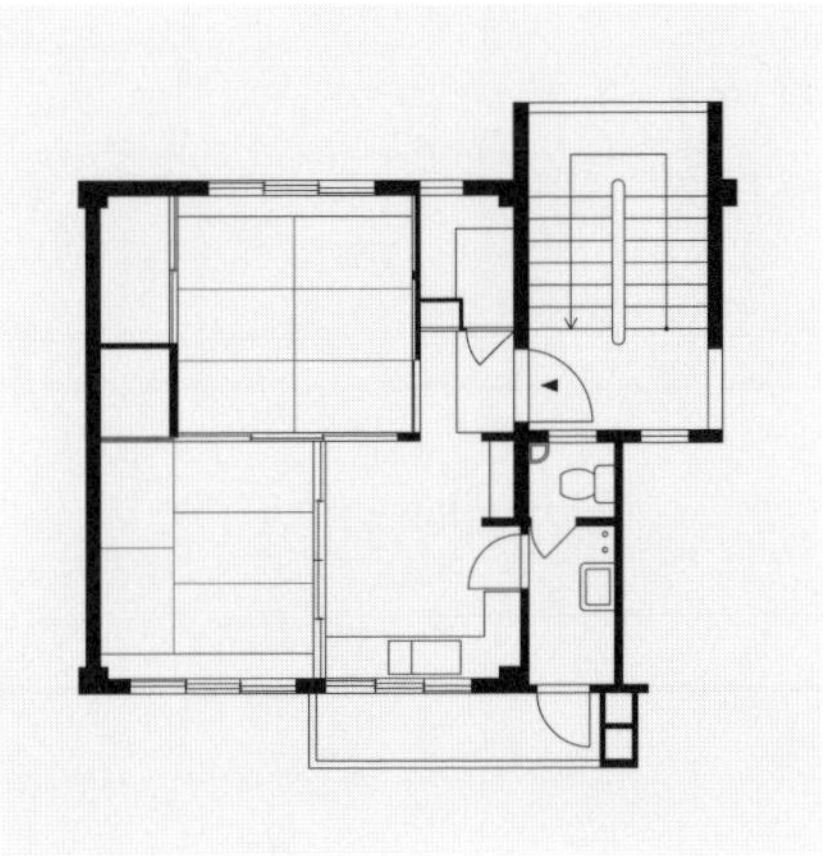

図3｜公営住宅51C型

むことになった。当時の協会理事吉野専一は「現在の事業は鉄筋アパートの建設経営たゞ一筋である」[＊4]と記している。このときの下敷きになったのが49型である。都A2型は平面寸法、プランなどから49C型を基にしたと考えられる。一九五〇年設立の神奈川県住宅公社は、初年度は建設省49C（N）、50B（S）、50D型をそのまま採用。翌年からは建設省型を応用し51C型[図3]に浴室を設けるなど建設会社の協力を得ながら県公社独自型を設計していった。

一九四九年から公務員住宅でも鉄筋コンクリート造の集合住宅がつくられるようになった。壁式の公営に対し、技術的要因からラーメン構造が採用され、規模は一四坪と大きく子供の勉強部屋や応接間として使える板の間を加えた三室のプランがつくられた。その後、この板の間の空間は次第に台所と隣接して食寝分離の影響を受け食事室となり、規模を縮小

して台所兼食事室とした公務員住宅55型に至り、公団55型［図4］2DKの原型となった。

このようなことからも一九四九年は戦後集合住宅の起点といえよう。

一九五〇（昭和二五）年

50型は49型と同じく建築設計管理協会のコンペにより、それまでの二居室に対し、家族構成の関係から三室（50BN型：久米建築事務所）、一室（50D型：創和建築事務所）のバリエーションが加わった。ただし台所は北側に配置された。また南入り住棟がつくられた。これにより北入り南入りを組み合わせたいわゆるNSペアの配置が可能になった。建設省による『配置計画の手法』も出版され配置計画にも意識が向いてきた。構造は相変わらず壁式ではあるがところどころに柱型状のものが現れる。久米建築事務所はすでに49A型において妻側の壁を厚くして斜めにした躯体をつくっていたが、50型でも採用されて窓上下の水平の庇、窓台と相まって特徴的な外観デザインをつくり出している。

一九五一（昭和二六）年

根拠法となる公営住宅法が施行された記念すべき年であった。標準設計の検討は日本建築設計監理協会に委嘱した点は同じであるが、設計→実施→改良の段階を繰り返すにはコンペ形式はそぐわないということで先に適任の四社を選定して、学界、民間および官公庁の有識者による委員会を設けて意見交換をしながら進める方法がとられた。特に食事用のスペースと寝室を確保、寝室間のプライバシー確保に注意が払われた。いわゆる「食寝分離」「適正就寝の確保（寝室分離）」である。こうして有名な51C型が登場する。実施設計は久米建築事務所であるが、委員であった東大の吉武研究室の案がほぼ採用されている。全体の面積バランスを調整し、台所を広くとって食事ができるスペースを確保。これが公務員住宅などにも影響を及ぼし、公務員住宅55型は転生して日本住宅公団によりダイニングキッチンと命名され公団55型2DKの誕生につながる。ただし51C型は玄関や二つの居室への動線が交錯していて落ち着いて食事ができる場所が確保されているとはいいがたい。その点は未成熟ではあ

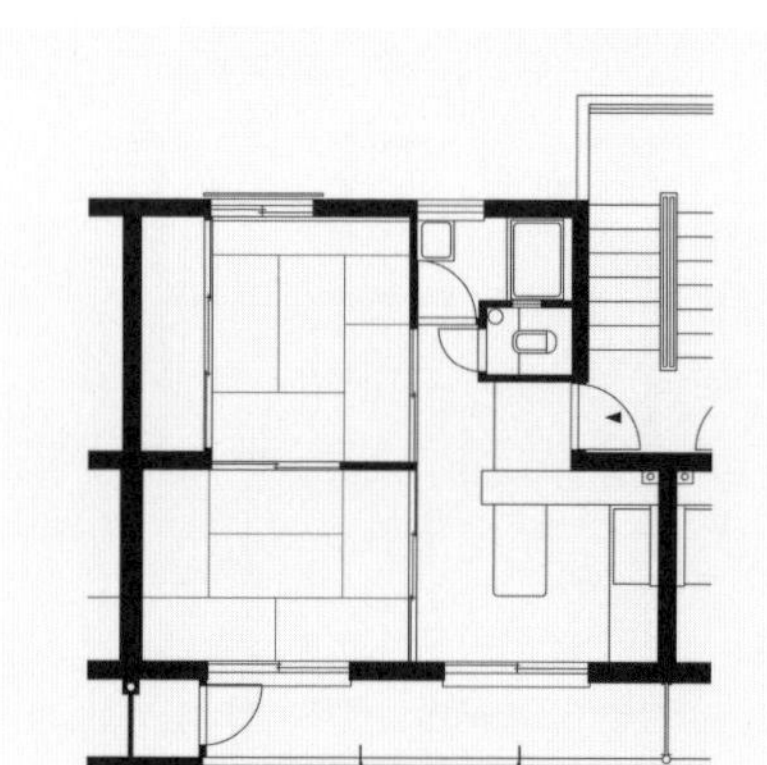

図4｜公団住宅55型

るが50型でいったんは北側に戻された台所を49型に倣って南側に置き、NHKの生活時間調査に示された長時間の家事労働を軽減するため、家事空間を集中させるなど戦後の新しい住まいへの意思が感じられる。二つの居室はプライバシーに考慮して壁によって隔てられている。ただし食事スペースを確保したことにより北側の居室は六枚の畳が敷かれているが通常の六畳間よりは小ぶりになっている。畳数をごまかしているという非難もあったというが、鉄筋コンクリート造ということもあって伝統的な寸法体系にとらわれず、布団を敷いて寝るのに十分な広さの居室としたというわけである。

しかしこれはあくまでも標準設計であり、居室間のプライバシー確保のために設けられた壁は、一九五四年に福岡県住宅協会（現福岡県住宅供給公社）により建設された馬寄団地（現北九州市門司区）では風通しのよさを重視して引き違いの襖に改編されるなどの例がみられる。

材料だけでなく手間も含めた工事費に大差はないということで、構造は壁式でなくラーメン構造が採用された。

一九五二（昭和二七）年

食寝分離を条件に51C型を改良し、板の間の食堂兼台所のレイアウトを見直した52C型、台所の脇に三畳間をとって食事室とした52B型がつくられた。またこの年からテラスハウスが登場する。土地の取得が思うようにいかず建設地が郊外にならざるを得ない状況に合わせ、せめて専用庭をもったテラスハウスをということであった。構成は一階が居間と台所、便所で、二階が六畳と四畳半の居室。食寝分離がなされ居間は板の間で椅子座の生活であるが、二階の居室は階段の位置により一室が通り抜けになって就寝分離ができていない。またメゾネットとするために一四坪規模であった。

51型ではラーメン構造になったが、52型は壁式に戻る。低層である二階建てのフラット（FC型）とメゾネット（TB型）のテラスハウスの構造は鉄筋コンクリート造より簡便なブロック造も採用された。登録有形文化財（建造物）となっている一九五三年竣工の旧芦屋市営宮塚町住宅（52FC型）は石造だが、ブロックを石に置き換えた例と考えられる。

一九五三（昭和二八）年

設計者に前川國男、坂倉準三、市浦健が加わり住宅問題に建築家が取り組むという動きを示すとともに、バリエーションを増やす取り組みが行われた。前川は片廊下アクセスの53A［図5］、53B型。坂倉はメゾネットを三層積み上げた53MB、53MC型。市浦はテラスハウスである。

ちなみに型式名の、Cであるが、49型開発の際に、一四坪規模をA型、一二坪規模をB型としていたところに一二坪より小さいものとしてC型がつくられたが、51型開発のときにA型は一六坪、B型は一四坪、C型は一二坪に整理された。解消されない住宅不足の下では予算上戸数を稼げるC型が主流であり、建築家たちが取り組んだA、B型はリッチな条件であった。設計を終えた後の「建築家の課題としての住宅問題」[*5]と題した座談会で、前川は「住宅問題屋」とデザイナー（建築家）、エンジニアの間に橋がない。そもそも建築をつくる基礎的な技術すら確立していないことを嘆いている。二つの大戦後の欧州をみている前川は、戦後の住宅復興に多くの建築家が関わることの重要性は理解しつつも、わが国では近代建築をつくる技術が未成熟であり、また多くの人は戸建てを求めており集合住宅の文化も根づいていないというのである。前者は前川が取り組んでいたテクニカルアプローチだが、後者については53型をみる限り公営住宅に求められる庶民住宅像をつかんでいるとはいいがたい。前川の担当は53A型と53B型。ともに室内だけだと一二坪であるが、バルコニーや廊下を含めると二〇坪とかなり大きい。わずかな開口しかない壁がちの片廊下を通って玄関を開けると手前の台所と居間が一体となった空間が広がり、奥の大きなガラス窓から光が差し込む。居間から続くゆったりとしたベイバルコニーには二つの居室が並び確かに素敵なプランである。しかし二つの居室の関係は奥の間と次の間であって、居間からの動線が突き抜けており、独立性のある二つの居室ではない。夫婦二人で暮らすならまだしも、家族以外に親族も同居していたような当時の住宅事情を鑑みると公営住宅の標準設計としてはかなりずれたプランである。53型とこの座談会にかみついたのが、若手研究者であった鈴木成文や内田祥哉である。吉武の下で51C型を生み出した鈴木は「53年型を悲しむ：これが今年度の公営住宅の標準設計だといって示されたプランを見て、ああまたかと暗い気持になったのは私一人でない」[*6]から始まる論考で、53型は①住戸の発展（近代化）を考えていない、②計画が個人的経験や好みに多く依存し、

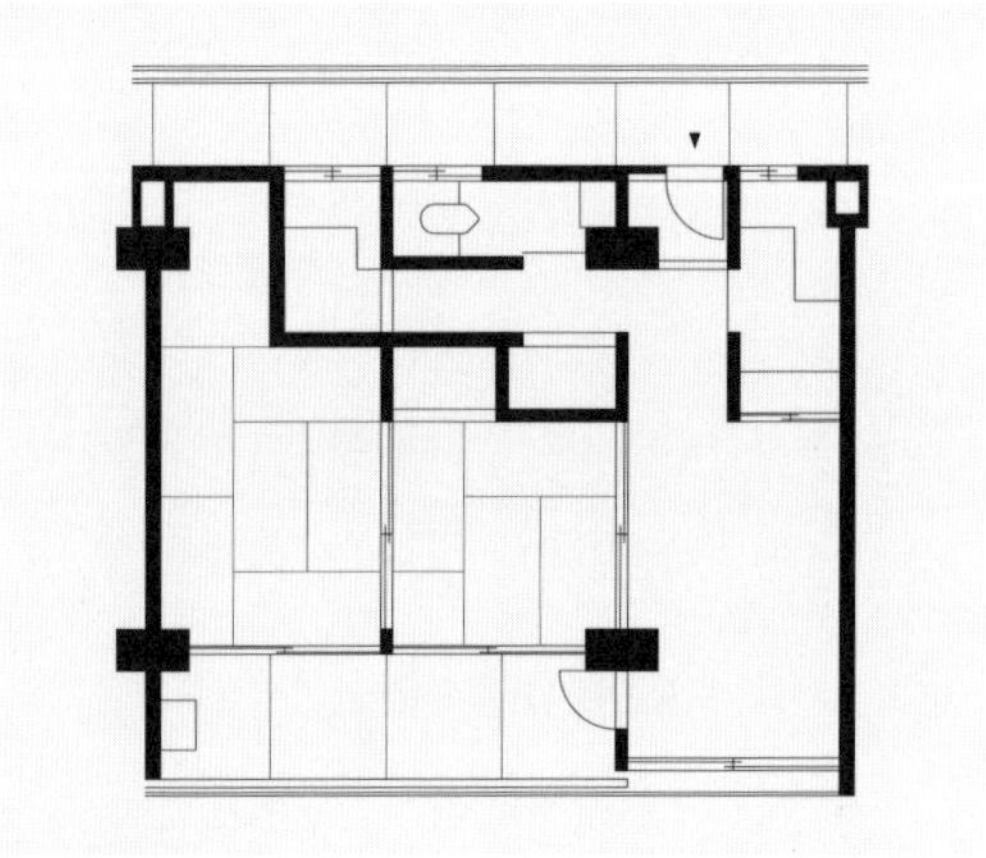

図5｜公営住宅53A型

客観的なものに基づいていない、③計画の対象としての居住者に関する理解がはなはだしく貧弱である。住宅は就寝室・食事室の確保が重要で「人間生活を大事にする態度を貫いてほしいと思う。これがわれわれの願いである」[*6]と手厳しい。ちなみに渋谷駅近くに建てられた一一階建ての宮益坂アパートについては「なぜこんなものを建てねばならなかったか——現実を全く遊離した一般論からの産物であろう。プランもラフである」[*7]とバッサリである。価値観が大転換した戦後は、若者が戦前に価値観を押しつけていた年長者に物申すことは多くあった。しかし戦前から旧来の建築に対抗して近代建築を推し進めてきたと自負していた前川、坂倉、市浦にしてみれば、いつの間にか批判の対象となっていたことに驚いたのではないだろうか。

一九五四（昭和二九）年

そのような論争の翌年、それまで大小あった標準設計は最小一二坪のC型のみになる。公営住宅事業の経済的な枠の厳しさ、まだまだ数を優先せざるを得ない状況を認めざるを得なかったのである。前年の建築家に依頼して夢を描く路線から一転して、前川の言葉を借りるなら「住宅問題屋」の問いに答える堅実路線に変わった。その54型の一つとして、市浦健によるスターハウス、54C-2型が誕生する。面積は一二坪台で、居間からそれぞれアクセスでき、各々一間の押入れを挟んだ独立性の高い六畳間と四畳半の二居室。食事室を兼ねる台所と一体の居間。浴室までついている。合格である。それ以上にラーメン構造の正方形の住戸ユニットを正三角形の階段室で結んだ無駄のない安定した構造体。柱は丸柱として階段室の六〇度の取り合いを吸収するとともに、階段室入り口の丸柱だけは人研ぎの特別な仕上げ。採光のためにプリズムガラスのトップライトがついた閉じた空間の階段室から玄関ドアを開けると、居間と四畳半の居室が連続した空間。柱間いっぱいに広がる南面のガラス掃き出し窓からは光が差し込み、バルコニー越しに眺望が開ける。北側の六畳間にも二面の開口があるが、北面は高窓になっていて、北側にくる住棟からの視線を遮り、下には家具なども置ける。そのような機能的形態以上に白いプラスター塗りの室内、丸柱の間いっぱいの細長い高窓は、まるで一九二〇年代欧州の白い近代建築。面影を感じる。建築家市浦健の答えであった。

一九五五（昭和三〇）年

戦後一〇年を迎えようとしていたが、特に都市部の住宅不足はまだまだ解決せず、政治課題となって五五年体制と日本住宅公団を生み出した。公営住宅は、「住宅に困窮する低額所得者に対して低廉な家賃で賃貸し、又は転貸する」［＊9］という法の目的に立ち戻り質より量を求められ、集合住宅のけん引役は公団住宅にバトンタッチされた。俗に「一二坪の公営住宅より公団住宅は一坪多い一三坪」といわれるが、公団の初期の代表的な間取り55型2DKの専有面積は、実は公営住宅と大差ない約一二坪。一三坪とは戸あたり予算規模のことで、そのやりくりでダイニングキッチンと命名した台所兼食事室には椅子座の新しい生活様式を促すためにテーブルを備え、浴室を備え、庭代わりのバルコニーをつけた。本所設計課長の本城和彦によるとケチケチ作戦といって、屋上の利用をやめ、そこに上がる階段を省略し、防水も簡易にして何とか成立した案であった。後に公団も高度経済成長の波にもまれて大量供給を求められるようになるが、少なくとも最初の五年間は、戸数はつくりつつも新しい住宅、都市を求めて自由闊達な空気の中で奮闘していた。その公団創成期に前川國男は二つの集合住宅を設計した。一つは晴海高層アパート［図6］。もう一つは鷺宮、阿佐ヶ谷、烏山につくられた勾配屋根のテラスハウスである。前川は「2DKとやら」［＊10］をつくってやろうじゃないかと設計に取り組んだという。そうして生み出された晴海高層アパートの非廊下階住戸は、食寝分離や独立性のある二居室などを実現しながら、生産性に配慮した変形の畳により間取りの線を整え、精度の高い打ち放しの躯体にプレキャストコンクリートの手すりやブロック、プレカットのインフィルを組み込むという提案であった。坂倉はおもに民間の集合住宅を手がけながらも公団の木場三好などの名作を生み出している。

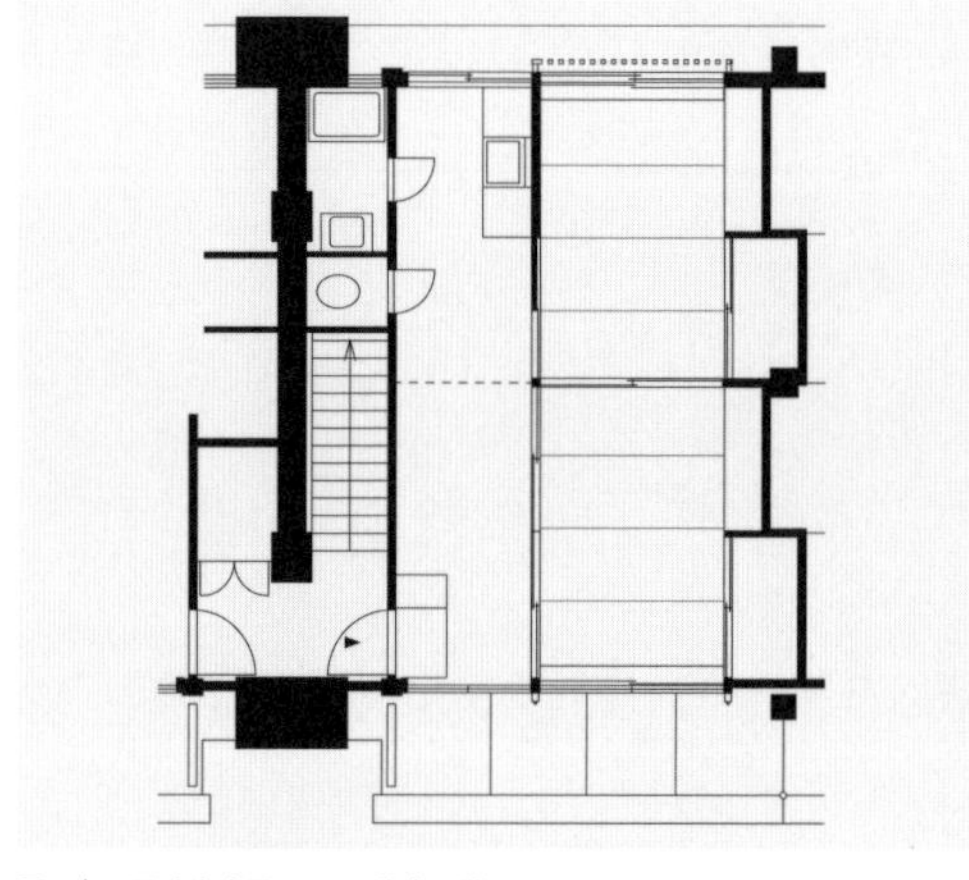

図6｜公団晴海高層アパート非廊下階

おわりに

二一世紀に入った頃、公営住宅標準設計の51C型は再びクローズアップされた。ある研究会で鈴木成文が戦後の熱いやり取りを回想した後、「でも現在は住戸規模が大きくなって建築計画楽勝時代なんです」と述べたように、戦後の約一〇年の公営住宅を中心とした取り組みは遠い過去のことかもしれない。しかし限られた面積条件の下でのせめぎ合いは、ときに建築家に若手研究者が痛烈な批判を浴びせ、後に建築家たちはそれぞれの答えを返しているなど、歴史的にみていくと興味深いものがある。少なくとも今日の集合住宅に与えた決して小さくない影響を忘れることはできない。

註

*1・2——建設省住宅局編『住宅年鑑1951』彰国社、一九五一年

*3——建設省住宅局住宅建設課「公営アパートの設計について——標準設計の背景と展開」『建築雑誌』日本建築学会、六七巻、七八二号、一九五二年一月

*4——吉野専一「東京都住宅協会の沿革と活動の現況（二）」『住宅』日本住宅協会、一九五三年六月

*5——市浦健、前川國男、森田茂介、高山英華、宮内嘉久、田辺員人「建築家の課題としての住宅問題」『国際建築』美術出版社、一九五四年一月

*6・7・8——内田祥哉、大場則夫、菅野義孝「生活の近代化をはばむ平面構成——公営住宅1953年型標準設計の盲点をつく」『国際建築』美術出版社、一九五四年一月

*9——『公営住宅法』

*10——住宅・都市整備公団『晴海高層アパートの記録』日本建築学会、一九九六年

参考文献

・二見秀雄「鋼筋コンクリート公営アパートの設計と構造」『建築雑誌』日本建築学会、六四巻七五三号、一九四九年七月

・建設省管理局営繕部「国家公務員宿舎の設計について」『建築雑誌』日本建築学会、六七巻、七八三号、一九五二年一月

・鈴木成文「庶民住宅の過去が教えるもの——日本のアパート平面計画の歴史とその批判」『国際建築』美術出版社、二一巻一号、一九五四年一月

・東京都住宅局『都営高輪アパート調査研究報告書』日本建築学会、一九九一年

・神奈川県住宅供給公社編『公社住宅の軌跡——神奈川県住宅供給公社50年史』信山社、一九九二年

・西山夘三記念すまい・まちづくり文庫住宅営団研究会編『幻の住宅営団——戦時・戦後復興期住宅政策資料目録・解題集』日本経済評論社、二〇〇一年

・鈴木成文『五一C白書——私の建築計画学戦後史　住まい学体系101』住まいの図書館出版局、二〇〇六年

・松井渓『昭和20年代における不燃造集合住宅——標準設計の展開に関する研究』東京理科大学二〇〇九年度修士論文、二〇一〇年

・志岐祐一編著『世界一美しい団地図鑑』エクスナレッジ、二〇一二年

・志岐祐一「戦後初期集合住宅の歴史研究（その1）——東京都住宅供給公社と中野住宅」『日本建築学会大会梗概集』二〇二〇年

・熊谷雅也他「日本住宅公団の初期2DKプラン成立の背景に関する考察（その2）——1坪は、どのように使われたか」『日本建築学会大会梗概集』二〇二二年

・安武敦子「戦後の公営住宅の間取りおよび施工の標準化への道程——地方都市へ展開した試作型「48型」の検証」『住総研研究論文集・実践研究報告集』四九号、二〇二二年

［各論2］市浦健とスターハウス

川崎直宏

1 市浦健の住宅営団時代

戦前、市浦健［図1］は公共住宅の黎明といわれる住宅営団に参画し、住宅に関わる建築技術者の先駆けとなった。市浦は一九三五年頃、大村巳代治（みよじ）の知遇を得て、日本建築学会の住宅委員会の委員に参画し、佐野利器・内田祥三を始め、高山英華の感化を受け、市浦の関心は次第に庶務住宅（公共住宅）へ向けられていった。一九四一（昭和一六）年に住宅営団法に基づき住宅営団が設立されたが、大村巳代治（厚生労働省）より研究部規格課長のポストへの推薦を受け、就任した。

住宅営団は、その目的は労務者その他庶民の住宅の供給を図ることであった（第1条）。市浦は建築雑誌への寄稿文「住宅営団の全貌」（一九四三年九月）において「住宅営団が与えられた使命は地域的にいっても数量的にいっても日本の住宅問題に対し実質的効果的な成果を与えることであり、その政府との関係においてもずっと国家的色彩が濃くなっている（中略）政府の責任において実質的に国民の住宅問題を解決するという政策がとられたのであって、その事業を代行する機関として住宅営団が設立されたと考えてよかろう」と記しており、国として本格的に住宅問題に取り組む姿勢とその実行部隊としての住宅営団の役割を説明している。市浦はこの住宅営団での成果を関係機関誌に積極的に公表している。

住宅営団設立後、太平洋戦争が始まり、戦時色の影響を受けた計画や設計を行うこととなった。西山夘三、森田茂介らと規格平面（標準設計）や基準寸法（モデュール）などの研究を行っている。

また、戦時の資力・労力不足を補うため住宅の大量生産の必要性を営団上層部に説き、「パネル式組立家屋」の生産実施に取り組んだ。住宅営団では、木造の住宅しか建てられなかったが、市浦は、「日本で始めて大きい集団住宅地の計画が実現して、その計画技法もこの時はじめてスタートしたといえる」と後の回想録「私の設計歴」で記している。

住宅営団で市浦の同僚として研究を担った西山卯三（後の京都大学教授）は「特定の建築主の建築ではなくて、（中略）不特定の居住者がもつ要求条件を科学的につかみだし、住宅の『型』を確立し、提供しなければならぬ」「建築はここでは単なる建築技術者であるだけでなく、住宅供給の企画に参加する経済学者・社会学者・財政学者であり政治家でなければならない」と説いた。また、住宅営団で設計実務を担った市浦は「建築技術者に要求される分野がこのように広く、困難であることをはじめて知ったこと、早急に現在に処して最大の努力を払うばかりでなく、将来の建築技術者の心構えにも技術にも大きな変革を与える努力を尽くすべきである」と述べ、こうした公共住宅に取り組む姿勢がその後の公共住宅事業に反映されていくことになる（引用はともに『幻の住宅営団』日本経済評論社、二〇〇一）。

2 市浦建築設計事務所の創設

市浦は戦後、戦災復興院の住宅建設課の主任技師となり、復興院住宅の建設行政に携わることになる。その後、復興院が改組され、特別建設部を創設。建設省の創設と同時に特別調達庁（後の防衛施設庁）という特殊法人となったが、そこで指令部の命令で二万戸の軍人家族住宅を一年間で全国各地に建設することとなり、市浦は役人の立場としてこの全体の企画・運営・調整を担当した。当時、日本の建設業は占領軍の仕事によりり急成長し、そのため人材が不足していた。市浦も後輩の勧めで鹿島建設に入社することになる。沖縄でのプロジェクトや名古屋支店長なども経験するが、請負業の仕事は自分には合わないことを感じ、一九五一（昭和二六）年に退社した。

一九五二（昭和二七）年に市浦健は市浦建築設計事務所（後の市浦ハウジング&プランニング）を創設した。市浦は、戦前から住宅や工法について関心が深く、日頃「われわれの仕事は、町医者のようなもので、庶民住宅が相手だよ」と語っていた。戦後のこの時期、市浦は「住宅の復興が日本の復興の決め手の一つであるという認識から、公営住宅がスタートし、（中略）公営住宅の促進のためには、良い標準設計を作って普及させる政策がとられる一方、量産化も積極的に進められる時代になり、再び私の出る幕となった。（中略）良質の住宅の大量生産が生活の向上にばかりでなく、社会の発展にも深い関わりあいがあるという常識がもっと建築家の内にも広がるべきであるというのが私の信念であり、（中略）その信念を生かす時期が到来してからは、現在のように他に例のない設計事務所に固まったのである」と語っている（「事務所小史」社内親睦誌『こもんすぺーす』一九七六年秋季号掲載）。

図1｜市浦健（1980年ごろ）

市浦建築設計事務所は、当初は商業業

務ビルや、米軍基地の計画など、種々の業務を行ったが、一九五五年頃から、当社の業務も公共住宅の団地や住宅に専門化し、公営のRC共同住宅標準設計は数多くつくられ、全国各地に建設されている。最初に手がけた公営住宅のRC造共同住宅のひとつが、建設省（当時）の標準設計54C-2型の設計である。

3 スターハウスの誕生

建設省（戦災復興院）では、一九四七（昭和二二）年より戦後の住宅の大量需要に対応するため標準設計が作成され、住戸型や住棟形式などが数種類作成された。公営住宅法が制定されたのは一九五一年で標準設計は早くから作成されたが、市浦建築設計事務所に初めて標準設計の依頼があったのは一九五三（昭和二八）年であった。

　一九五一年の51C型は限られた住戸規模の中で食寝分離のためDK型が初めて導入された意義深いものであるが、板状住棟ばかりの標準設計の中で、オープンスペースを確保し、配置に変化をつけるポイント型住棟として公営住宅の標準設計54C-2型（いわゆるスターハウス）が設計された。

(1)54C-2型

54C-2型はこの型ではわが国最初の標準設計であり、一九五四（昭和二九）年に初めて設計されて以来、各地で建設された。それまで板状シリーズしかなかった中層標準設計に初めて棟状の型が追加された。

　第一章本論でも述べられているようにスターハウスは、集合住宅でありながら各住戸の三方向が外気に面し、居住条件は独立住宅に近い。そのコンパクトさから、斜面地や狭く不整形な敷地にも建てやすく、ユニークな外形は単調になりがちな団地の景観アクセントとなり、団地計画における景観変化や土地利用上欠かすことのできないものであった。しかしながら、工事費に対する建設住戸数などの費用対効果が低く、大量生産に向かない、住宅の量的要求に応えられないなどの理由から、日本住宅公団では一九六四（昭和三九）年の名和団地（愛知県東海市）を最後に、以降はボックス型住棟が建設されるようになった。

　当時、採用された標準設計の大部分は、戦前から同潤会の設計にみられるような二戸一階段の板状タイプであったが、そのタイプに追従したくなかった市浦が苦心して考え出したのがこのポイントハウス（当時の呼び方）であった。

(2)I型（公営住宅）

一九五七（昭和三二）年に名古屋市千種台団地に建設されたスターハウスの変形で、スターハウスは市営住宅と市住宅公社住宅との二種類が建設され、そのうちスターハウスI型（名古屋スターI型）は公社住宅として建設され、丘の頂上に位置し、団地全体を眺望できるように屋上に展望台が設けられた。R型（バルコニーの形状を曲線にしたタイプ）のバルコニーや庇などの特徴的な外観に加え、住戸規模が大型の2LDKと3DKの二タイプがあった。［図2-5］

（3）日本住宅公団標準設計

54C-2型を五階建てにして、階段室に北側からの採光を考え併せて両翼の住戸を南に振ったもので、各地の日本住宅公団の団地に建てられた。一九五六（昭和三一）年、大阪の金岡団地（一九九二年にサンヴァリエ金岡として建て替え）での導入を皮切りに、全国的に多数建設された。以後、一九六〇年代まで各年度、各支所で種々のスターハウスが建てられ、それらの多くは市浦建築設計事務所（当時）の設計による。赤羽台団地は、日本住宅公団の津端修一が携わり、計画には市浦建築設計事務所も名を連ねている。高台立地の地の利を活かして崖線付近にスターハウスを配置し、下からのビューポイントをつくり出すなど、さまざまな配置手法が試みられた。現在、建て替えにより高層囲み配置のヌーヴェル赤羽台へと生まれ変わりつつあるが、駅側の

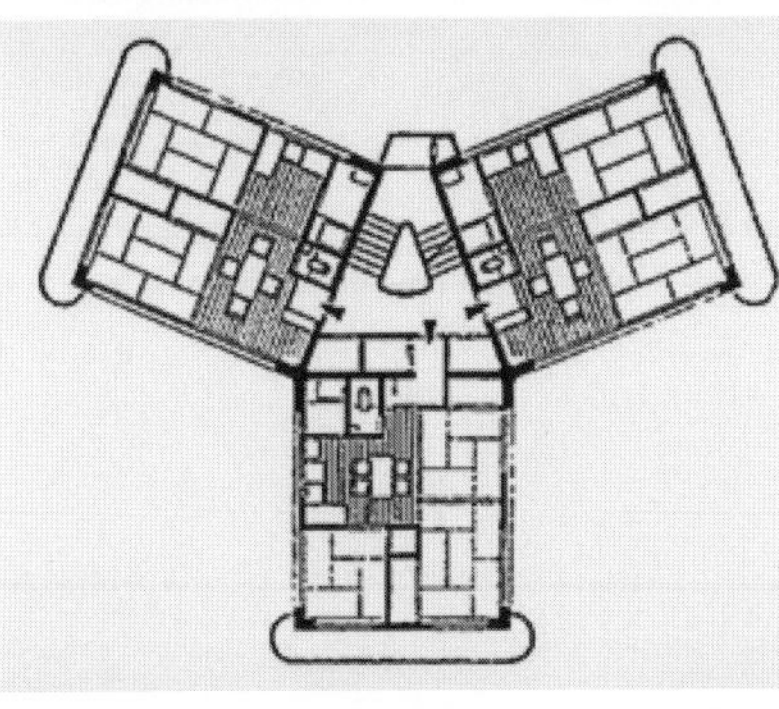

図2｜千種台団地北部配置図（当時）
図3｜千種台団地の標準スターハウス（当時）
図4｜スターハウスI型（千種台団地）
図5｜展望台のあるスターハウスI型（千種台団地）

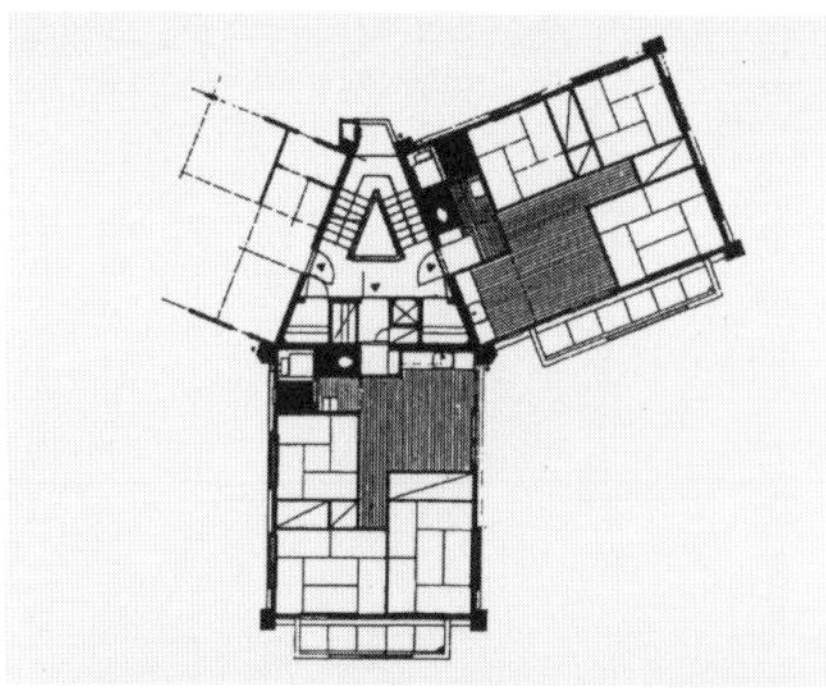

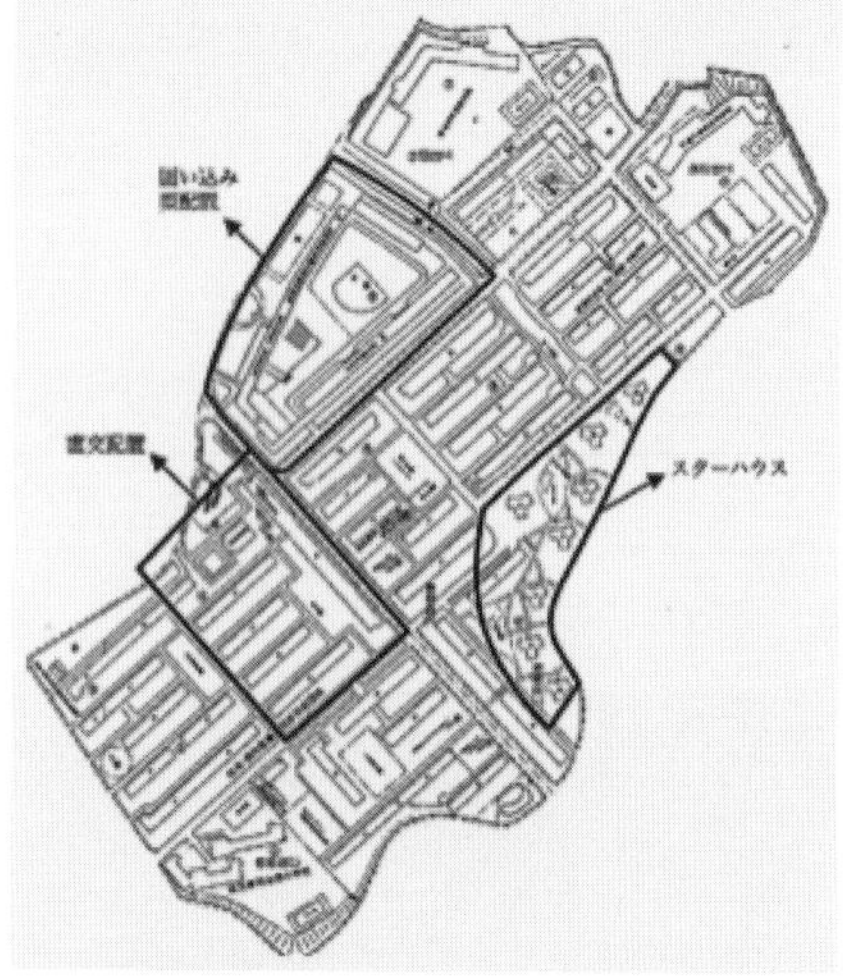

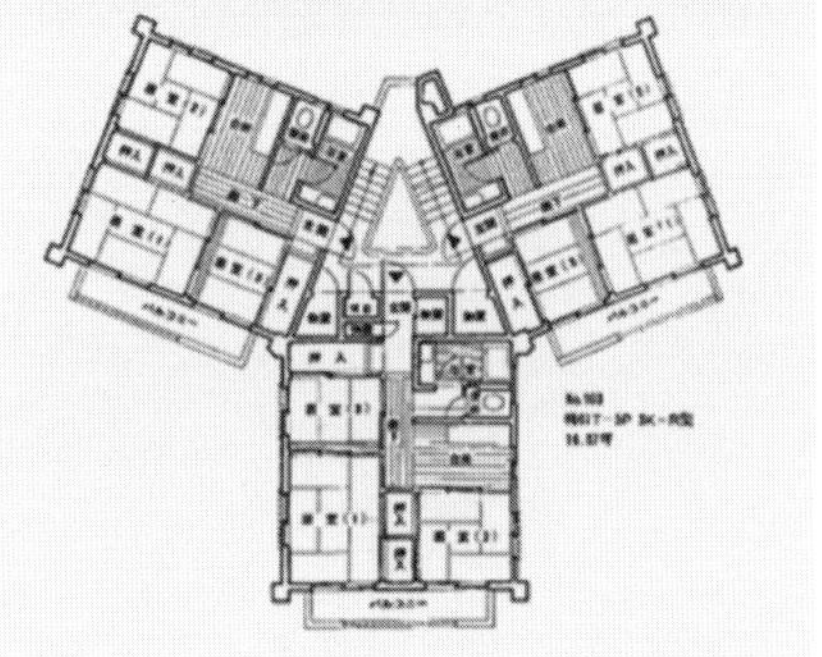

図8｜大阪府住宅供給公社S型

図9｜千里桜ヶ丘団地

図10｜大阪府営千里青山台住宅のT字型スターハウス(当時)

図6｜当時の赤羽台団地配置図

図7｜赤羽台団地のスターハウス平面図

(出典:『日本住宅公団10年史』)

不整形な敷地にポイントを形成していた八棟のスターハウスのうち三棟が残っており、全国的にみてもスターハウスが連棟して残存している希少な例である。[図6・7]

(4)大阪府住宅供給公社——S型

千里ニュータウンJ住区の住宅供給公社分譲住宅団地内に建設されたもので、面積が六三・八五平方メートル、3LDKとスターハウスの中では大型の規模となっている。

なお、大阪府営住宅では一般的なY字型ではなく、府営千里青山台住宅のような変則的なT字型のスターハウスを採用していた時期もあった。[図8-10]

4 高層スターハウス

中層スターハウスは、三面通風開口がとれるメリットの反面、隣戸との見合い、窓が多すぎて家具が置きづらいといったプラン上の難点や費用対効果の低さの点から、建設された期間は日本住宅公団では一〇年ほどと短かったものの、そのユニークさや景観・空間的魅力は後に高層のスターハウス型、ボックス型やポイント住棟へと引き継がれていく。当時、市浦は標準設計による低・中層住宅を高層住宅に置き換える研究を行っており、高層のスターハウス型の可能性にも着目していた。

一九七〇年には神奈川県公社により横浜市戸塚区のドリームハイツにおいて高層スターハウスが実現した。高層スターハウスは一層四戸の、3LDKで構成され住戸内に梁型が出てくるようになるが、スラブ厚を大きくとることによって床版に剛性を持たせるなどの構造的配慮を行った。

横浜市の若葉台団地の基本設計(一九七一～一九七四年)においても、高層スターハウス型が提案されていたが、高層化することによってアスペクト比が高くなりこれらに対応するとコスト高になることなどから、設計見直しにより高層ボックス型に変更されている。なお、若葉台団地では変更前の住棟計画は「幻の高層スターハウス」と呼ばれている[図11-16]。

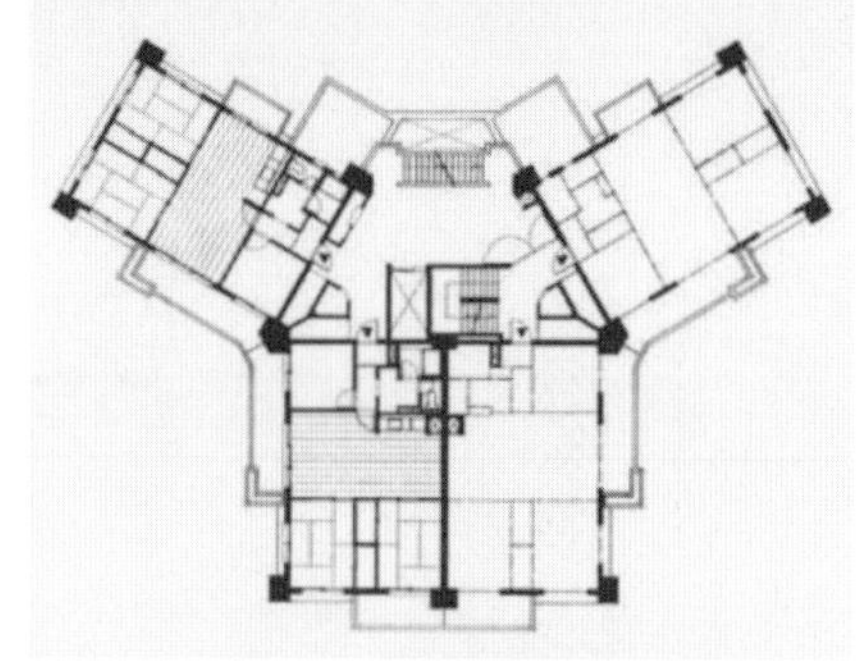

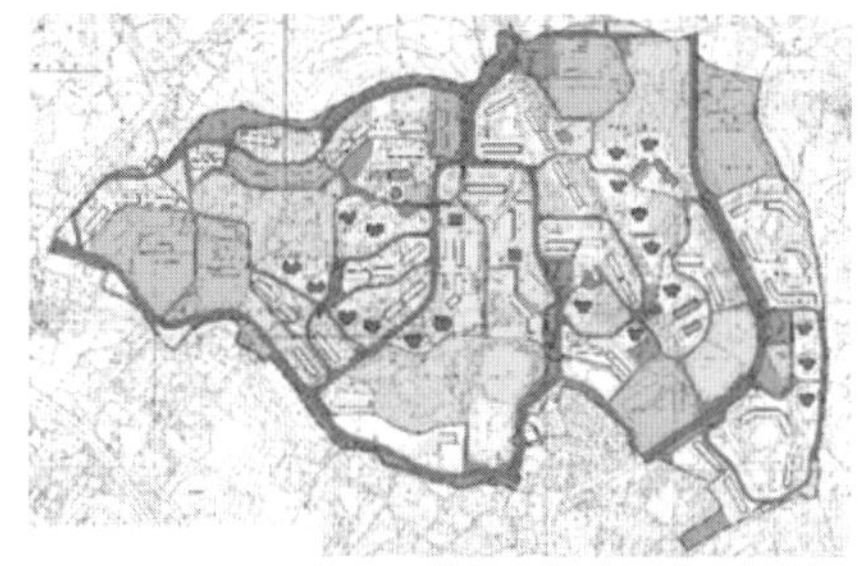

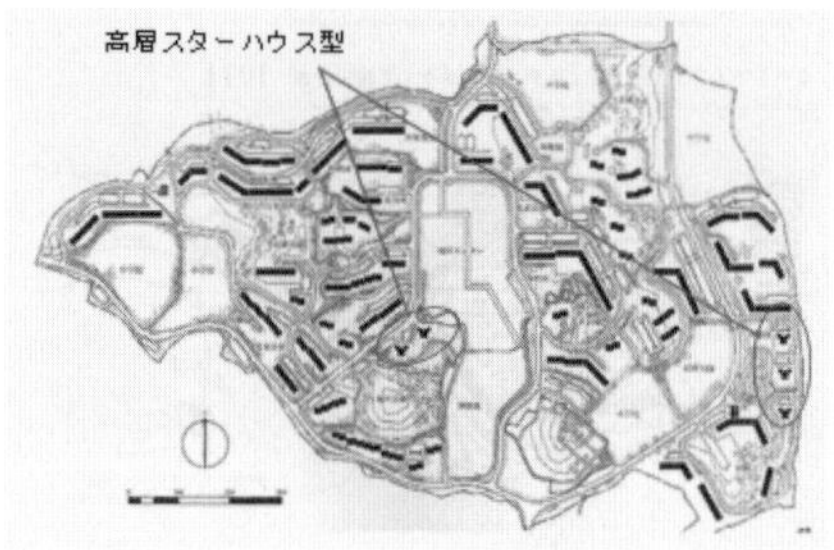

図14｜現在の高層ボックス住棟(若葉台団地)
図15｜高層スターハウス住棟 ドリームハイツ(1970年)
図16｜ドリームハイツの高層ポイント棟(14階)

図11｜幻の高層スターハウス住棟(若葉台団地基本設計)
図12｜横浜若葉台団地基本設計配置図(1974(昭和49)年時点)
図13｜現在の横浜若葉台団地配置図

第2章 スターハウスの展開

第2章では、54C-2型以降のスターハウスの展開の様相を解説していく。スターハウスを建設した主な組織は、公営住宅を建設した地方自治体と一九五五年に設立された日本住宅公団である。後者は単独の組織としては最も多くのスターハウスを建設している。一つの組織であるため資料が集中しており、さらにスターハウスが初期の一〇年に集中的に建設されていることからも建設状況が比較的把握しやすい。そのため本章では最初に日本住宅公団におけるスターハウスの建設状況を解説することとした。なお、公団による団地建設の概要とスターハウスの配置計画の特徴については、本章末の各論3を参照いただきたい。

続いて公営住宅におけるスターハウスを扱う。公営住宅は事業主体が多く、まとまった資料も乏しいことから、スターハウス建設の全容を正確に把握するのは難しかった。そのため、筆者が把握できた現存事例を中心に公営住宅のスターハウスの展開を解説するかたちをとった。ただ、事業主体が異なるということは自治体ごとに計画に違いがあるということでもあり、建設時期にも幅があることから、日本住宅公団以上に多様なスターハウスが建てられていたことが調査からわかった。

公営住宅に加えて、各自治体に設けられた住宅公社や住宅協会(現在の住宅供給公社)も、数は多くないもののスターハウスを建設していたことが判明した。その中には個性的な計画もみられ、併せて紹介することとする。さらに電電公社や民間で建設されたスターハウスについても簡単に触れている。

後半では、丹下健三や黒川紀章ら有名建築家が公営住宅で取り組んだスターハウスに関するケーススタディや、スターハウスのバリエーションと高層化、海外の塔状住棟との関係など、スターハウスの広がりについて論じている。

1 スターハウスの展開1——日本住宅公団

公団のスターハウス計画と建設状況

日本住宅公団でも公営住宅の試みを引き継ぎ、当初より標準設計が導入された。スターハウスについては、市浦建築設計事務所（現 市浦ハウジング&プランニング）の考案したタイプが標準設計として採用され、型を変化させていく。公団の初期の例を除けば、市浦建築設計事務所の名が設計者として記されることはないが［＊1］、同事務所のかつての所員であり、後に社長となる富安秀雄氏が二〇〇九年に語ったところによれば、公団スターハウスの標準設計はいわば専売特許のようなかたちで市浦事務所が作成していたとのことである［＊2］。そのことを裏づけるのが、『建築技術』誌に一九五五年に発表された「日本住宅公団の標準設計」という文章である。そこには、公営住宅の標準設計を日本住宅公団で用いる場合、著作権の問題があったと記されている。すなわち、「公営住宅の標準設計は（日本住宅公団で使用する際に）その訂正作業を原設計者が担当し、それによって著作権に対する処置をすることが設計監理協会との間で了解をみた」（括弧内は引用者による）とのことである［＊3］。そのような配慮もあり、市浦事務所の専売特許のようなかたちでスターハウスの標準設計が日本住宅公団においても展開していくのだろう。前章で、久米権九郎が市浦にスターハウスの提案で先を越されたことを悔しがっていたというエピソードに触れたが、そのこともうなずける［＊4］。

とはいえその後の全てのスターハウスを市浦建築設計事務所が設計したわけでもなく、例えば市浦が一九六二年に著した『共同住宅の平面計画』には、「住宅公団（大阪）」が設計した「56O-4／3P-3DK」の型名をもつスターハウスの平面も掲載されているから［＊5］、市浦建築設計事務所による標準設計を基に公団各支所がアレンジを加えることもあったようだ。

図1-1｜55-3・4・5P-2DK型
（出典：『日本住宅公団10年史』日本住宅公団、1965年）

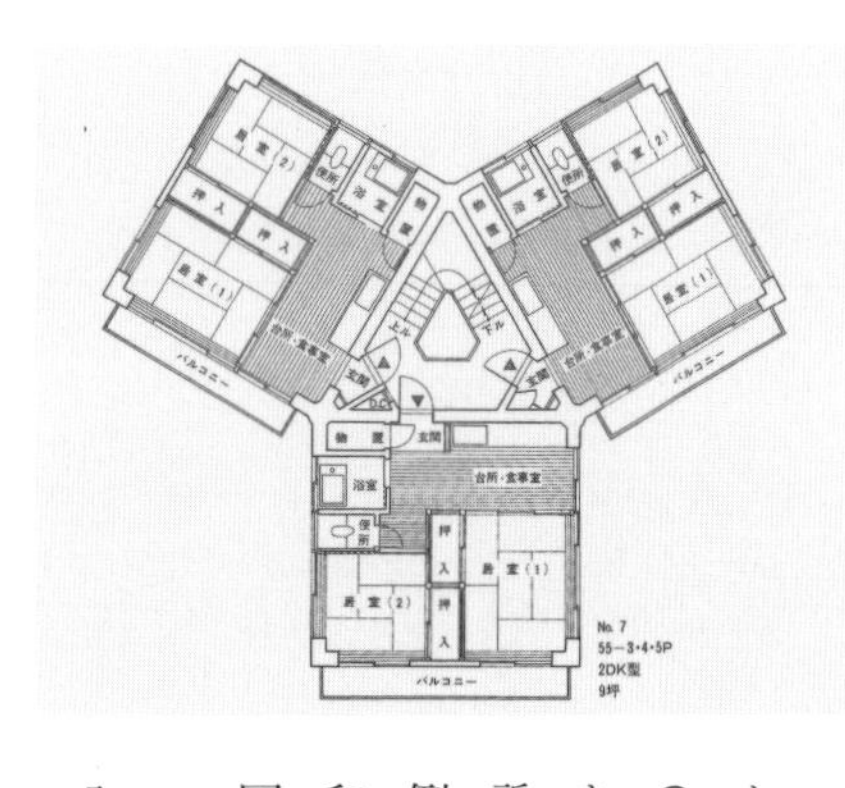

筆者らの調査では、日本住宅公団におけるスターハウスの竣工時期は一九五六年から一九六四年の九年間に限られ、建設された団地は計六三団地、住棟数は二八六棟（推定）である（巻末データの表1参照）。一九五六年四月入居開始の関西支所の金岡団地を皮切りに、東京・大阪・福岡・名古屋・関東の各支所（関東支所は一九五七年四月に東京支所より分離して設立）でスターハウスは建設されていた。一九六〇年代に入ると竣工事例が少なくなり、最後の例が一九六四年一二月に竣工した名古屋支所の分譲住宅の名和団地である。日本住宅公団の団地には賃貸と分譲があったが、スターハウスの建つ団地は各支所の初期の例や名和団地など一部を除けば大部分が賃貸住宅であった。

これらの日本住宅公団で建設されたスターハウスのうち、二〇二三年二月時点で八団地に三三棟（転用保存を含む）が現存している。

型の展開

日本住宅公団が採用したスターハウスの平面の基本形は、公団年報の図面や『日本住宅公団10年史』（以下『10年史』）に掲載された「公団標準設計平面図集」から知ることができる［＊6］。『10年史』には計一〇タイプのスターハウスの平面図が掲載された。その特徴を順番に見ていきたい。なお、以後、スターハウスの平面の特徴を描写する際、階段室から離れた住戸の端部を「妻面（もしくは妻側）」と呼ぶこととする。一方で階段室から放射状に突き出た住戸の長さを「突出の長さ」と表現する。

最初が一九五五年の「55-3・4・5P-2DK型」［図1-1］である。これは公営住宅の54C-2型と同様に、中央の階段室が正三角形に近い平面をとり、外部に対して閉じている。しかし同じ年の「55-5P-2DK-2型」［図1-2］では北側が開放された二等辺三角形の階段室が提案されている。

図1-2｜55-5P-2DK-2型（出典：『日本住宅公団10年史』）

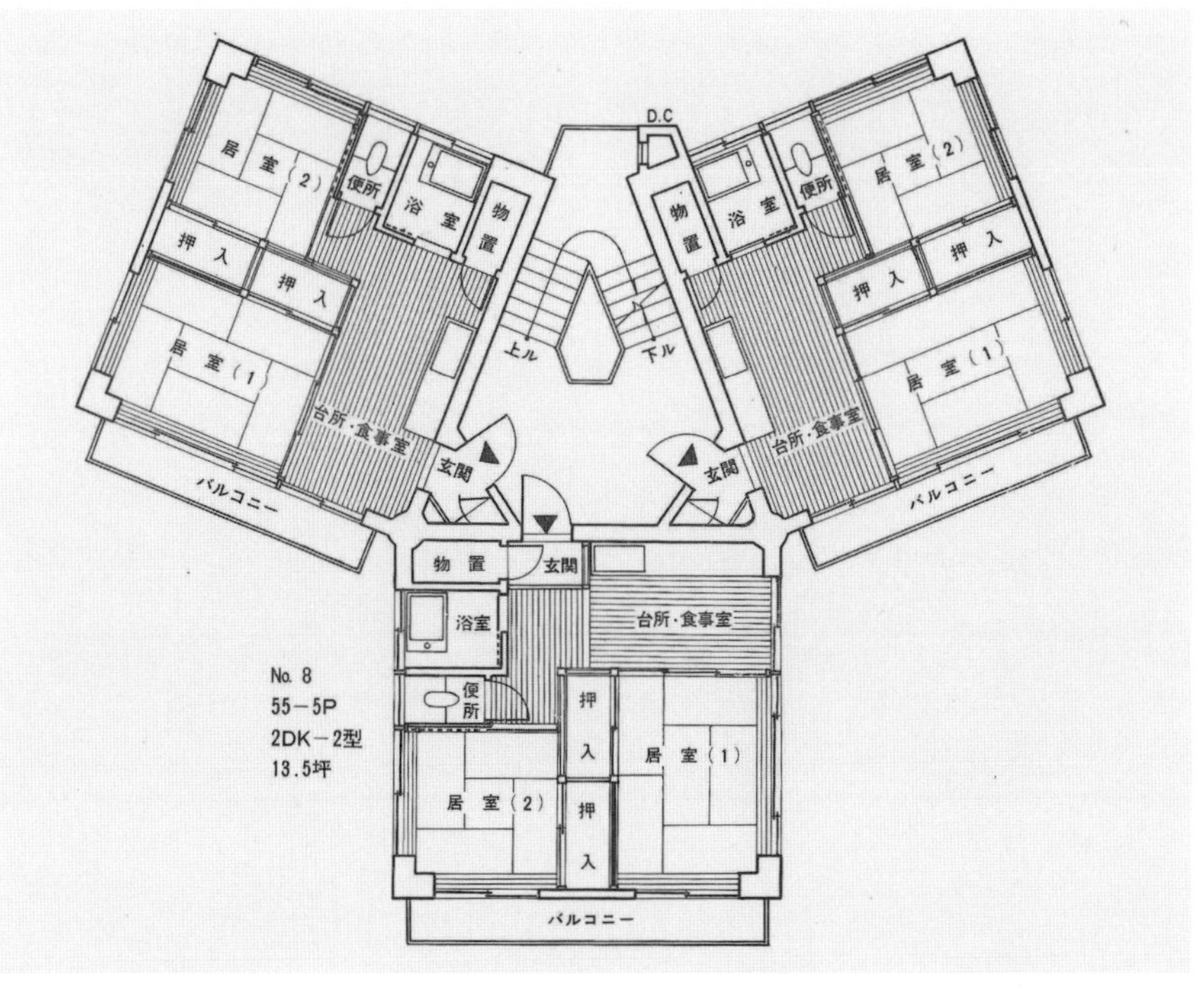

この階段室の形式が以後の主流となる。

ちなみに型の記号にあるPは、「ポイントハウス」を表している。公団初期の団地は一般に中層の板状住棟、中層のスターハウス、低層のテラスハウスの三種類の住棟タイプを組み合わせて構成されていた。板状住棟には北入りか南入りかでNもしくはSの記号が用いられ、テラスハウスではTN、TSが用いられた。ポイントハウスとしてのスターハウスはそれらと並ぶ住棟カテゴリーとして位置づけられていたことが、このタイプ記号からわかる。なお、最初の二桁の数字は西暦を、Pの前の数字は階数を表しており、「2DK」は間取りを示す。階数に関しては、図1の標準設計の名称からは四階建てが主流のようにみえるが、実際には公団のスターハウスの多くは五階建てであった。具体的には巻末の表1で示すように、六三団地中、四階建てのスターハウスが建てられたのは七団地と一割程度に過ぎず、住棟数ではわずか七パーセント程度であった。残りは五階建てである。

さて、上記の二つのタイプは、階段室の構成を除けば、間取りの構成はほぼ同じである。三住戸と

図1-5｜55-ST-F型（出典：『日本住宅公団10年史』）
図1-6｜56-4P-2DK型（出典：『日本住宅公団10年史』）

図1-3｜55O-5P-2DK型（出典：『日本住宅公団10年史』）
図1-4｜志賀5P型（出典：『日本住宅公団10年史』）
（図面の縮尺は同一ではない）

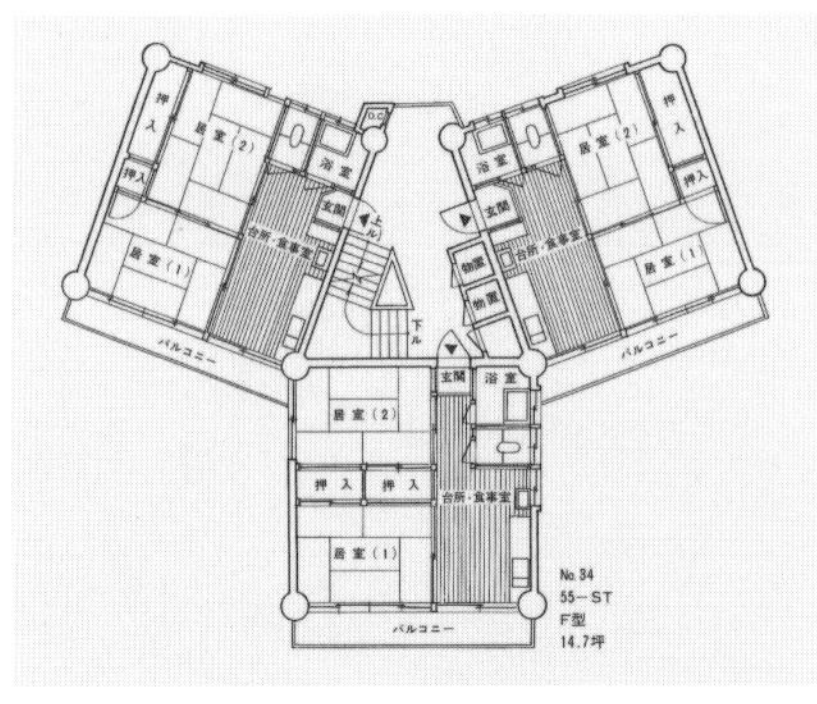

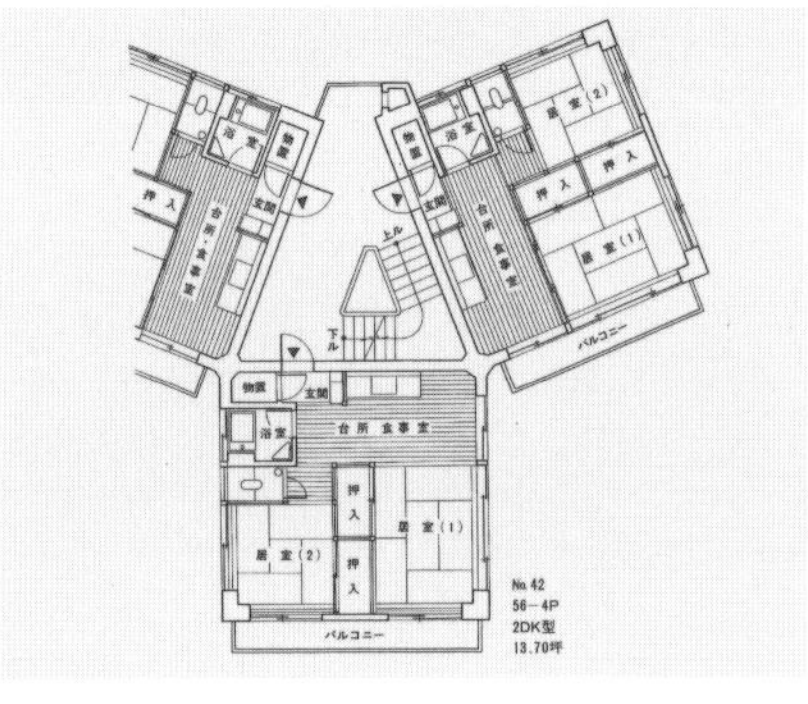

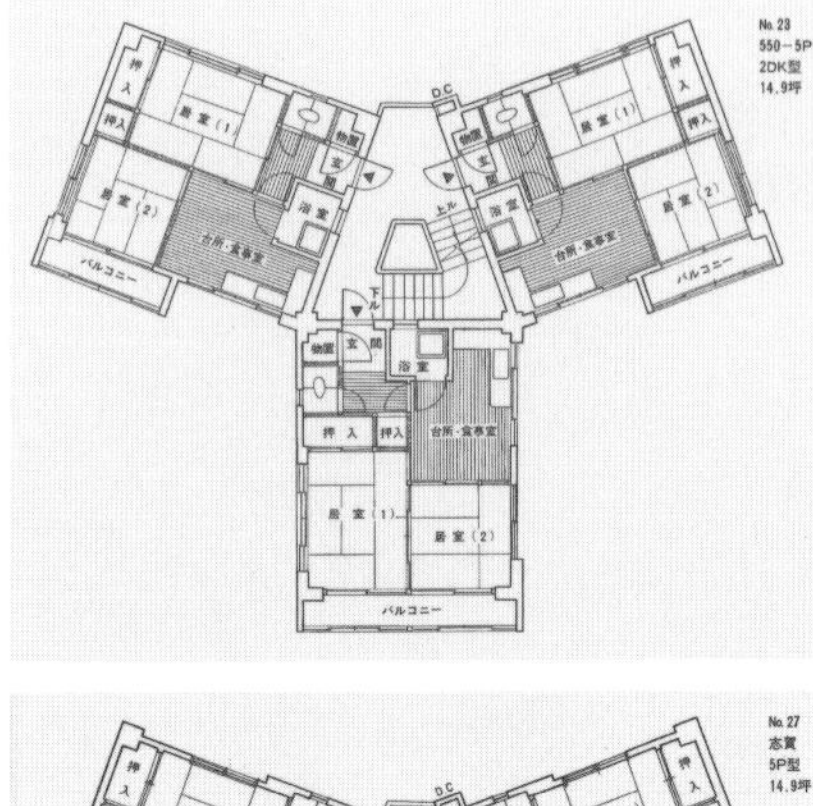

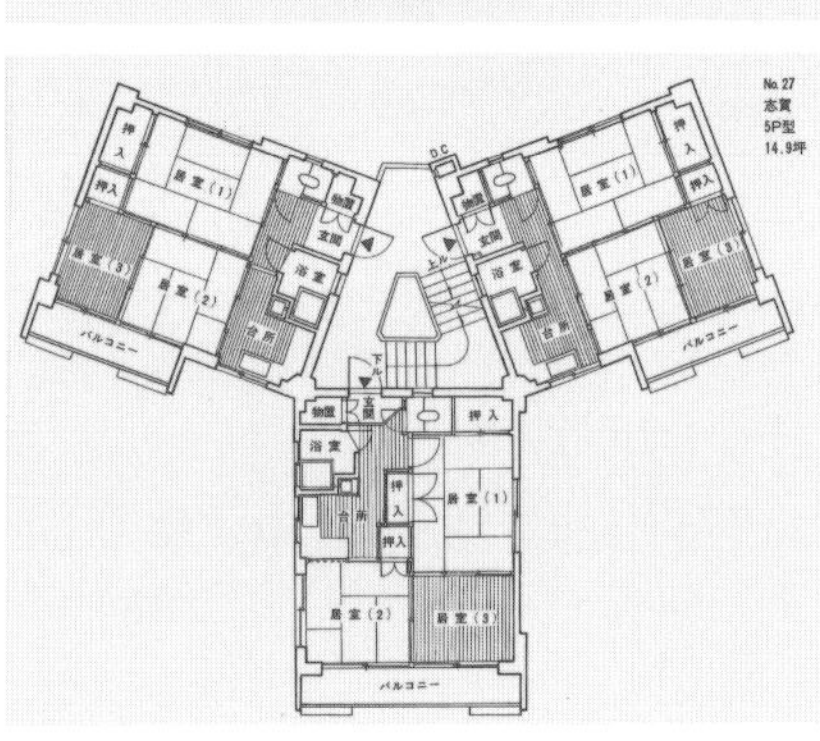

も階段室側に台所・食事室（以下、DK）を設け、玄関から直接DKに入る構成である。そして妻側に六畳間と四畳半が配置される。三面に開口部がとられ、各住戸の南側全面にバルコニーが設けられている。

ところで、日本住宅公団で最初にスターハウスが建設された金岡団地のスターハウス（現存せず）は、階段室を開いたタイプであったことが確認できている。階段室を閉じた「55-3・4・5P-2DK」型は、筆者が確認した資料や残された写真からは建設例を特定できなかった。ゆえにこの型は標準設計にはあったものの、実際には建設されなかった可能性が高い。

三番目に掲載された「55O-5P-2DK型」（**図1-3**）は、金岡団地などで採用されている。『10年史』では、「550-5P-2DK型」と記されているが、「55」の後は「0」ではなく、「O」であり、大阪支所を表すものと考えられる。この型では、先の二例に比べて住戸の突出が長くなり、妻面の幅が狭くなる。このようにすることで東・西の二住戸では南面する面積が大きくなる利点があったと考えられる。東・西住戸ではDKの南面幅が広い構成である。その一

図1-9｜57-4P-2DK-2型（出典:『日本住宅公団10年史』）

図1-10｜特61T-5P-3K-R型（出典:『日本住宅公団10年史』）

図1-7｜56-4P-2D型（出典:『日本住宅公団10年史』）

図1-8｜57-4P-3K型（出典:『日本住宅公団10年史』）

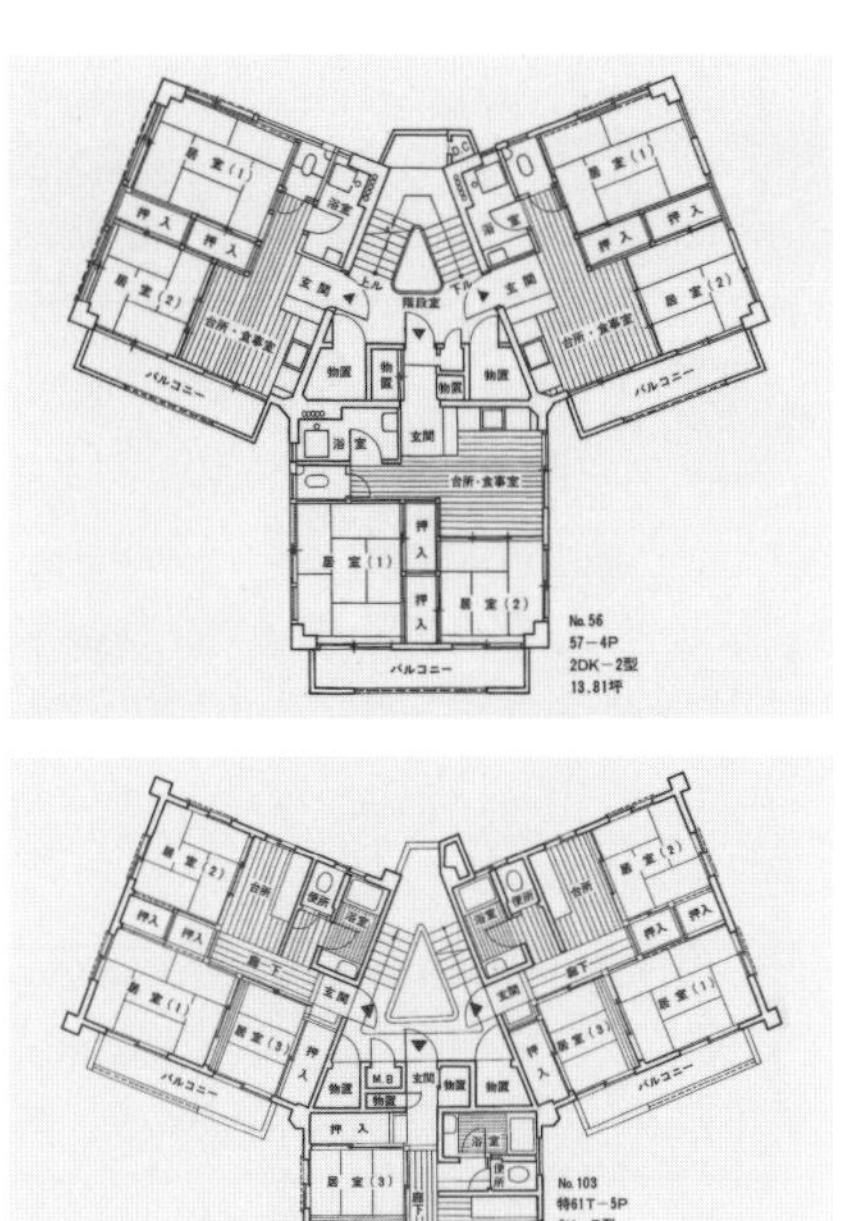

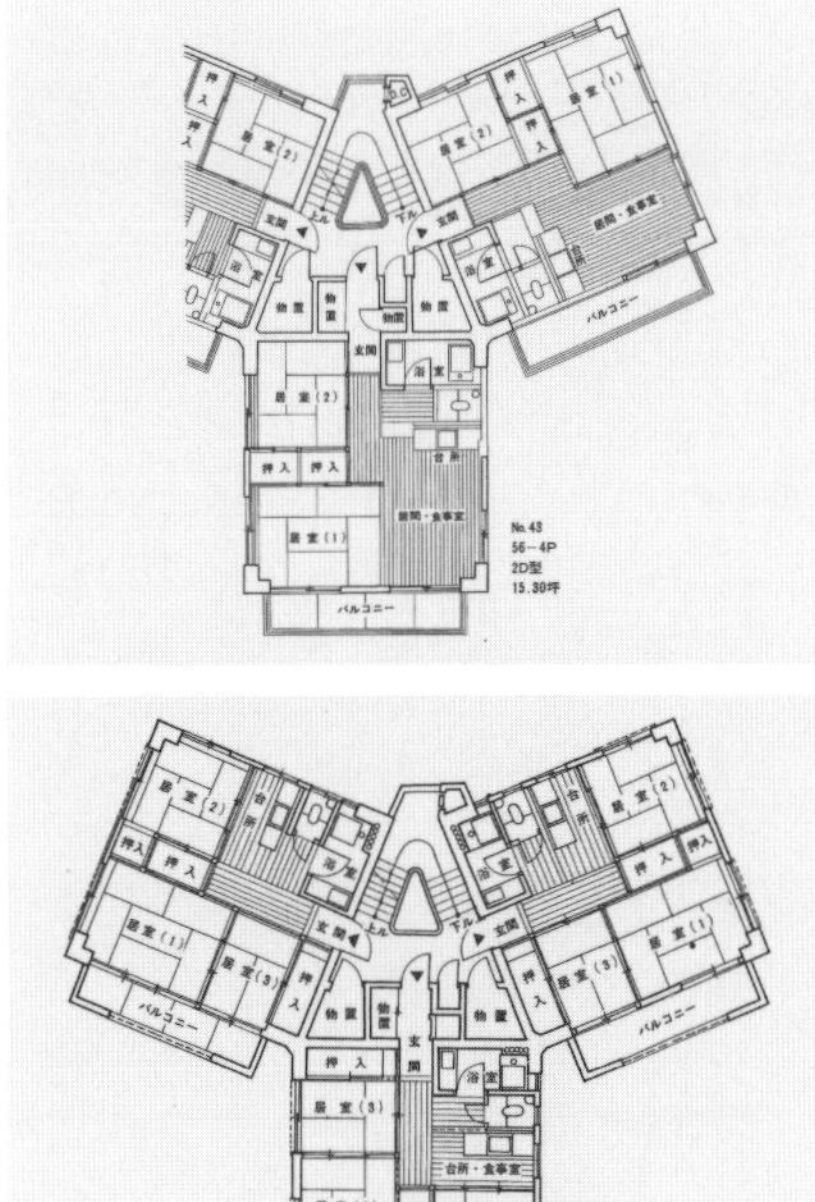

方でバルコニーの幅は短くなっている。また玄関に続く独立した空間が設けられ、外部から直接食事室に入る構成はなくなった。RCの柱の断面が正方形となるが、柱を押入れに隠し、居室に極力現れないようにする工夫もみられる。

ちなみに金岡団地のスターハウスは初年度の『日本住宅公団年報』でスターハウス（ポイントハウス）の代表例として紹介されている［＊7］。平面図の説明に添えられたスターハウスの室内を撮影したと思われるダイニングキッチンの風景［**図2**］は後の出版物にも再録され、広く流布したものである。ラジオやミキサー、ポットなど新しい家電製品に囲まれた若い夫婦がイス式の食卓で向かい合う様子は、新しい生活様式を宣伝するのに十分なものだった。「中層フラットとテラスハウスが公団住宅の型の樹幹であるとするとこのポイントハウスは花とも言えよう」との解説文も、当時の公団のスターハウスに対する意気込みを示すものとして注目される。

四番目の「志賀5P型」［**図1-4**］は一九五六年入居開始の名古屋支所の志賀団地で用いられたものと考えられる。三番目の型に近いが、DKではなく台

図2｜金岡団地のダイニングキッチン風景
（出典:『日本住宅公団年報1955-6』日本住宅公団、1956年）

所とし、代わりに居室を三室として板敷きの部屋も設けている。

五番目の「55-ST-F型」［図1-5］は二番目の「55-5P-2DK-2型」に近いが、一回り大きく、居室が六畳二室となっている。大きな違いは構造にあり、柱が円形断面の特殊な例で、さらに東西二住戸の妻面が壁で閉じている。また、それまで各住戸の玄関横に配置されていた物置が階段室にまとめて設置されている。この型のみスターハウスを表す「ST」の記号が用いられている。「F」は福岡支所の略号だろう。この型は福岡支所で最初に建設された曙団地で用いられている。

六番目の「56-4P-2DK型」［図1-6］も「55-5P-2DK-2型」に近い、玄関とDKが直結したタイプである。違いは、両翼の玄関を階段室に出さずに住戸の長方形平面に収める点で、階段室が広くとられているのが特徴である。

七番目の「56-4P-2D型」［図1-7］では、「居間・食事室」という室名表記が現れ、LDKの初期例となる。各住戸南側に広めのLDKが設けられている。一方で東西の二住戸では、便所・浴室の水まわりが南に置かれており、個室は北側に配置された。玄関から中廊下のような空間が延びている。物置を階段室の南側に並べる形式が確立されている。

八番目の「57-4P-3K型」［図1-8］は、規模としては七番目の「56-4P-2D型」に近いが、部屋数を増やした3Kの間取りが特徴である。台所は北側に置かれ、全住戸で南側に居室が並べられている。三畳という極小の個室も設けられているが、六畳間と続き間として使うことも意図していたのであろう。ここでも中廊下的な空間がある。

九番目の「57-4P-2DK-2型」［図1-9］は、玄関とDKを直結させるこれまでのタイプと近いが、四畳半の居室を南側に置くことで食事室を広くとる点が特徴的である。小規模の平面に対して、それまでのさまざまな試みをまとめたタイプのようにみえる。東京のひばりが丘団地などい

図3｜名和団地のスターハウス（愛知県東海市）

くつかの団地でこれに近いタイプが用いられたようである。

一〇番目の「特61T-5P-3K-R型」［図1-10］は東京の赤羽台団地のために用いられたタイプである。ここで「R」の記号が用いられているが、これはラーメン構造を表すものと考えられる。それまでのスターハウスでも鉄筋コンクリート造のラーメン構造は用いられていたが、このタイプではRCの柱型を住戸の外側に出して住棟全体の構造をつくり出している。その結果、室内に柱型が現れないので、居住性が高まったと考えられる。三つの個室をもち、床面積はこれまでのスターハウスの標準設計では最大である。住戸内に中廊下が計画され、便所は洋式便所（他の九タイプは和式）となっている。後述するように公営住宅でも後期のスターハウスでは柱梁を外側に出す形式が主流になる。公団ではそれをひと足早く実践していたことがわかる。

ここまで一〇タイプの平面をみてきたが、タイプ名称からわかるように、一〜九番目のタイプは、一九五五〜五七年という初期三年間に設計されたものである。東京支所（T）の特別仕様（特）である「特61T-5P-3K-R型」は例外的に一九六一年のものだが、一〜九番目のタイプと比べて平面の計画に大きな変化があるわけではない。ここで公表されている平面タイプ以外にも、団地もしくは支所ごとに変化が加えられていたようだが、間取りの特徴としては標準設計平面図と比べて大きな変化はない。日本住宅公団におけるスターハウスの平面は、基本的に初期の数年でバリエーションが検討されたと考えてよいだろう。

そのような中、日本住宅公団で建設された最後のスターハウスである名和団地（P-5N-3DK型）では、分譲住宅ということもあり特別仕様とみなせるような設えがいくつかなされており注目される［図3］。階段室は三角形平面の螺旋階段ではなく、折り返し式の階段であり、階段室中央の吹き抜けがない。賃貸住棟と比べて住戸規模が

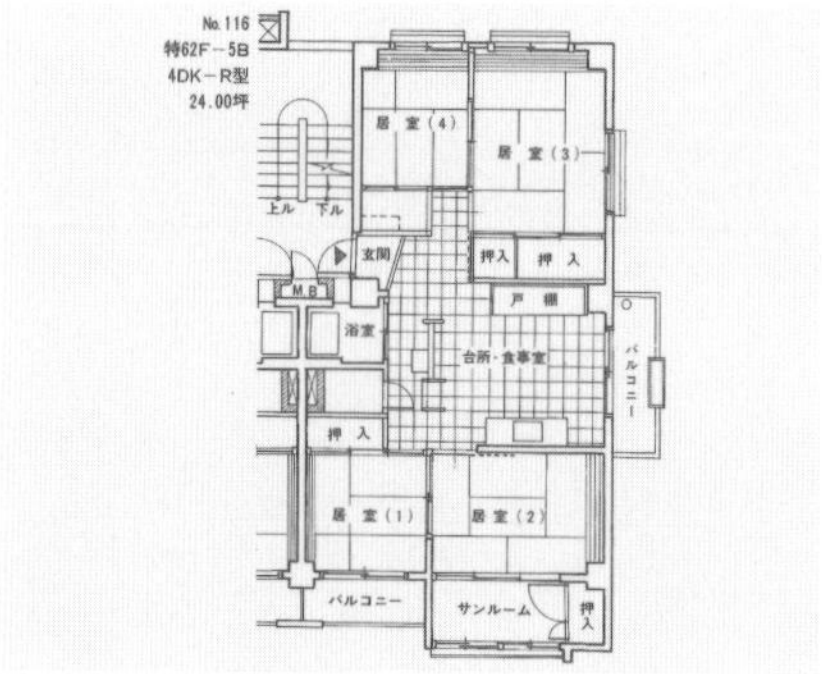

図6｜ボックス型住棟標準設計の一例
（出典：『日本住宅公団10年史』）

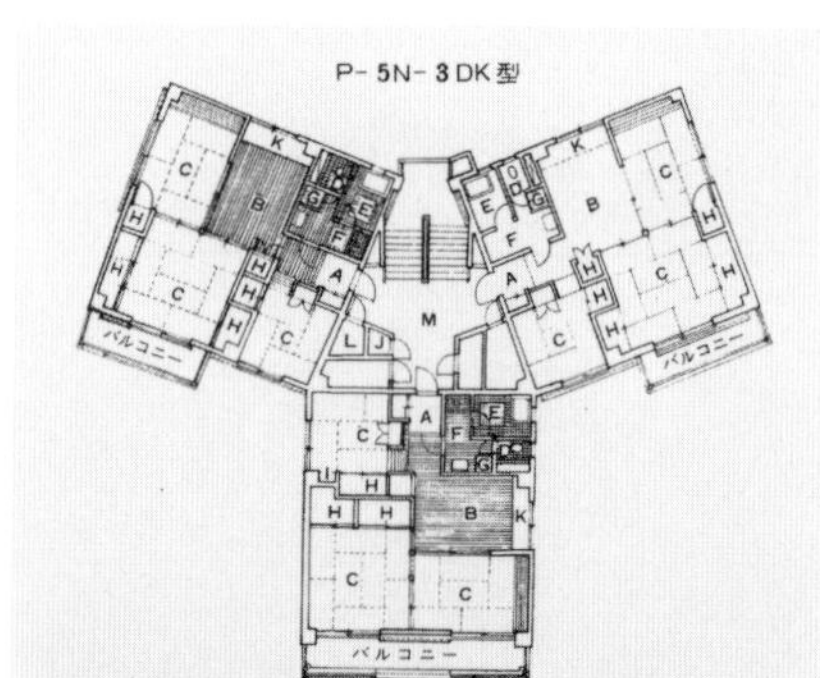

図4｜名和団地のスターハウス平面図（P-5N-3DK型）
（出典：『日本住宅公団名古屋支所 '63事業と展望』1963年）

図5｜ボックス型住棟の例（UR都市機構善行団地、神奈川県藤沢市）

だいぶ大きく、八畳、六畳、四畳半の三室からなる構成である（紹介記事に記された計画時の床面積は七五・七八平方メートル）［図4］。側面の窓にはフラワーボックスが設置され、特製と思われる雨戸もついている。型記号の「N」は「名古屋支所」を表していると考えられるが、このように分譲住宅としてのアレンジを加えたり、支所の裁量で間取りに変化をつけたりすることもあったようだ。

一九六〇年代に入ると日本住宅公団ではスターハウスの建設数が少なくなっていく。この時期に新たなポイントハウスの形式として登場するのが、各フロア二住戸で正方形に近い平面形をもつ塔状の住棟、ボックス型住棟［図5］である。『10年史』の「公団標準設計平面図集」でも、一九六二年から「B」という記号をもったボックス型住棟の標準設計が出てくる［図6］。日本住宅公団におけるボックス型の初期の例は東京支所の高根台団地（一九六一年入居開始）である。ボックス型はスターハウスの後継のポイントハウスと位置づけられるが、移行期においては名古屋支所の鳴子団地（一九六二〜六四年入居開始）のように一つの団地の中にスターハウスと組み合わせて建設される例もみられる。

第1章でも触れたように、日本住宅公団のスターハウスは特に団地の配置計画において特色をもつ。当時の設計者に対して二〇〇二年に行われたヒアリング記録によれば、「スターハウスは団地内に空間の広がりを持たせたい場所や、不整形な敷地形状

図7｜野方団地のスターハウス

図8｜常盤平団地のスターハウス

のヘタ地に配置するなど、一定の理由があれば比較的容易に採用することができた」とのことである［*8］。

現存例

日本住宅公団のスターハウスと配置計画の詳細は本章末の各論にゆずることとし、ここではスターハウスが現存し活用されている旧日本住宅公団（現UR都市機構）の三団地を紹介しよう。

野方団地（東京支所、東京都中野区、一九五九年四月入居開始、スターハウス建設数二棟、現存数二棟）［**図7**］

都心近くにスターハウスが残る希有な例である。公団初期にみられる小規模団地の一例であり、住宅街の中に良好な居住環境が確保されている。緩やかな傾斜地の低地側に二棟のスターハウスを配置し、そのうちの一棟を起点に板状住棟が放射状に伸びていくような独特な配置をとっている。後の常盤平や赤羽台団地の住棟とは異なり、スターハウスの外観にRCのフレームが出ないため控えめな印象を受ける。住戸平面は3Kタイプである（57-4P-3K-T型）。

常盤平団地（東京支所、千葉県松戸市、一九六〇年四月入居開始、スターハウス建設数一〇棟、現存数一〇棟）［**図8**］

一〇棟のスターハウスが残る首都圏有数の大規模団地である［*9］。スターハウスはなだらかな傾斜のある土地に分散して配置された。住棟間隔が広くとられ、長い年月の間に成長した樹木により良好な自然環境が形成されている。公団初期の余裕のある配置計画を現在に伝える例として文化財級の価値がある。スターハウスは共用施設とともに団地中心部の印象的な空間をつくり出す。同時に鉄道駅からのアクセスに対してランドマークとなるように配置されたことが推測される。住戸平面は標準設計の57-4P-3K型に近い3Kタイプである（58-5P-3K-T型）。

香里団地（大阪支所、大阪府枚方市、一九六二年二月入居開始、スターハウス建設数二三棟、現存数四棟）［**図9**］

かつて火薬製造所であった土地を中心に開発された大阪郊外屈指の大規模団地である。開発のマスタープランは京都大学西山研究室に委嘱されている［*10］。二三棟という公団では最大数のスターハウスが建設され、現在は四棟残り、修繕され住宅として活用されている。西山研究室による基本計画の配置図には、さらに多くのスターハウスが描かれていたが、そのとおりには実現しなかったようだ。現在も高台に見えるスターハウスの姿は赤羽台や常盤平団地以上に印象的な景観を形成している。斜面地のさまざまなレベルにスターハウスを点在させる方法は、スターハウス配置計画の王道といえよう。外観が修繕され、新たにロゴや看板などがデザインされている。住戸平面は、2DK（六畳と四畳半）の複数のタイプ（標準設計平面図の55-5P-2DK型、56-4P-2DK型、57-4P-2DK-2型に近いもの）が用いられている。

図9｜香里団地のスターハウス

2 スターハウスの展開2――公営住宅・公社住宅を中心に

続けて日本住宅公団以外のスターハウスの展開について述べていこう。

公営住宅では、第1章で言及した54C-2型の初期の建設例とされる茨城県水戸市の一九五五年竣工の県営釜神町アパートを皮切りに、一九七〇年代半ばまでスターハウスの建設事例がみられる。他にも各地域の住宅供給公社の団地に加えて、公務員住宅や電電公社の社宅、民間の社宅やアパートでもスターハウスが建設されている。建設した組織が多岐にわたるため日本住宅公団以外のスターハウスの建設実態の把握は難しく、その正確な建設数は特定できていない。インターネット上で有志により公開されている情報[*11]や福山市立大学の岡辺重雄教授の調査資料、さらにわれわれの調査結果を加えれば、全国で一二〇を超える公団以外の団地(社宅や単独のアパートも含む)でスターハウスが建設されていたようである(この数は正確なものではなく、大まかな見込みである[*12])。日本住宅公団と合わせれば、二〇〇か所近い団地などでスターハウスが建設されていたことになる。

ここではその中でも都府県市町などの地方自治体の公営住宅と住宅供給公社(かつての住宅協会、住宅公社)におけるスターハウスの展開を、建設の実態を把握できた現存例を中心に解説していきたい。筆者が把握し、本書で言及する公営・公社住宅のスターハウスのデータについては巻末の表2・3に示した。

さて、先述した日本住宅公団は、支所ごとの違いはあるものの基本的に一つの組織であり、建設されるスターハウスは全体としてみたときに統一感があった。それに対して公営住宅や公社住宅は、事業主体となる組織がそれぞれ異なるため、スターハウスの住棟や間取りに少しずつ変化が加えられるなど多様性がみられる。日本住宅公団ではスターハウスの配置計画に見所があったとすれば、公営・公社住宅では事業主体の違いを背景とした計画全般にみられる多様性こそが面白い。

公営住宅と公社住宅

最初に公営および公社住宅の組織的な背景について説明しておきたい。

第二次世界大戦後に住宅不足が深刻化した日本において、公的な住宅政策は一九五〇年代に制定された三つの法律を基に進められた。住宅金融公庫法（一九五〇年）、公営住宅法（一九五一年）、日本住宅公団法（一九五五年）の三本柱である[*13]。最初の住宅金融公庫法により設立された住宅金融公庫とは、おもに個人の持ち家建設に向けて長期・固定・低利の住宅ローンを供給するための組織であり、加えて賃貸住宅建設にも融資を行った。続く一九五一年の公営住宅法により、地方自治体が建設する公営住宅のための制度が整えられた。そして一九五五年の日本住宅公団法によって設立されたのが、前節でみた日本住宅公団である。

住宅金融公庫が供給する住宅ローンは、中間層の持ち家取得を支えるものであった。それに対して日本住宅公団は大都市に流入する勤労者層（中間層）の受け皿としての住宅団地を開発した。一方で公営住宅制度は、低所得の住宅困窮者向けの賃貸住宅を供給することが主目的であった[*14]。前段でみた日本住宅公団とここで扱う公営住宅では、上記のような供給対象の違いがあった。とりわけ一九五五年の日本住宅公団設立後、公営住宅はより低所得者層向けへと住宅供給の対象をシフトしていったとされる。

ちなみに公営住宅には第一種と第二種の区別があった。第一種と第二種では、住宅の床面積や家賃が異なり、第二種公営住宅は第一種の家賃が支払えない、より所得の低い世帯向けの住宅となっていた。住宅の規模は第一種が延床面積三三〜五〇平方メートル以下、第二種が二六〜四〇平方メートルとされていた（この床面積の基準は後の時代に引き上げられていった［*15］）。筆者が把握した限りでは、スターハウスは第一種の住宅が主だったようである［*16］。この一種と二種の区別は一九九六（平成八）年の公営住宅法改正により廃止された。

公営住宅とは別に、同じ戦後期において、住宅協会もしくは住宅公社と呼ばれる公的な住宅供給機関が各都府県や主要市に財団法人として存在し、集合住宅の建設を行った［*17］。この組織の中には東京府住宅協会のように戦前に遡る例もあるが、多くは第二次世界大戦後の住宅不足を背景に地方自治体によって設立されていく。その背景には、上述した住宅金融公庫法により一九五〇年に発足した住宅金融公庫の存在があった。公庫の安定した貸付金の受け皿として、これら住宅協会、住宅公社という機関が活用されたのである。一九六三（昭和三八）年までに全国で五一の住宅協会、住宅公社がつくられたとされる。ただ、それらの組織には土地収用権の付与や所得税などの減免がなされておらず、住宅政策を進める上での制限があった。そのため建設省の主導により、一九六五年に地方住宅供給公社法が制定され、住宅協会、住宅公社はそれぞれの地域の住宅供給公社へと特殊法人化された。それが現在みる住宅供給公社（以下、公社とも呼ぶ）である。公社の住宅は、一般に公営住宅よりも所得の高い層が対象となっている。

以上述べたように、住宅供給公社は、かつての住宅協会もしくは住宅公社が一九六五年の法律制定を機に移行したものであり、厳密には両者の間で名称の使い分けが必要となるが、ここではこれらの組織の総称として、現在の名称に基づき公社もしくは住宅供給公社と呼ぶこととしたい。ちなみに現在では、住宅供給公社がそれぞれの地域の公営住宅の管理を行っている例もあり、公社と公営は近い関係にあるといえる。

図10｜「公営住宅54C-2型　標準設計図」（後期の54C-2型）の図面情報（所蔵：防府市役所、提供：防府市役所）

公営住宅スターハウスの型名称――「54C-2型」の二つの形

ここで公営住宅におけるスターハウスの型名称について触れておこう。

繰り返し述べているように、戦後日本におけるスターハウスは市浦建築設計事務所と建設省住宅局が設計した54C-2型が始まりである。その改良型として階段室が開放されるタイプが翌年につくられ、以後の主流になっていくのはすでに述べたとおりである。つまり、最初に提案された54C-2型は間もなく過去の標準設計となり、それに代わって新しいタイプのスターハウスが展開していく。

だが今回、公営住宅のスターハウスの調査を進めていて興味深かったのは、第1章で紹介した最初の54C-2型とは異なる、階段室が開放される後継のスターハウスにおいても、設計図面において「54C-2」という型名を記載する例がいくつかみられたことである。具体的には愛媛県営石井団地（一九六三年）、山口県の防府市営桑山住宅（一九六五年）、栃木県の足利市営春日団地（一九六七〜六九年）、岡山県営東岡山団地（一九六九年）などの例があった。いずれも一九六〇年代の事例である。このことから推測されたのは、「54C-2」という型名称が、第1章で紹介した一九五四年の初期型だけではなく、公営住宅においてはスターハウスという住棟形式一般を指すものとして一九六〇年代に入っても使われていたのではないかということである。しかしながら同時代の公刊物においてスターハウスの標準設計として紹介されるのは、最初の（階段室の閉じた）「54C-2型」であり、他には日本住宅公団の標準設計図面が紹介されることはあるものの、公営住宅の別のタイプが紹介される例は、筆者が確認した限りでは見当たらなかった。なぜ後の時期の、平面形の異なるスターハウスも54C-2型と表現されているのか、疑問は募っていた。

そのような疑問を抱いていたところ、二〇二二年一一月に調査のために訪問した山口県防府

図11｜「公営住宅54C-2型　標準設計図」（後期の54C-2型）の一般階平面図（所蔵：防府市役所）

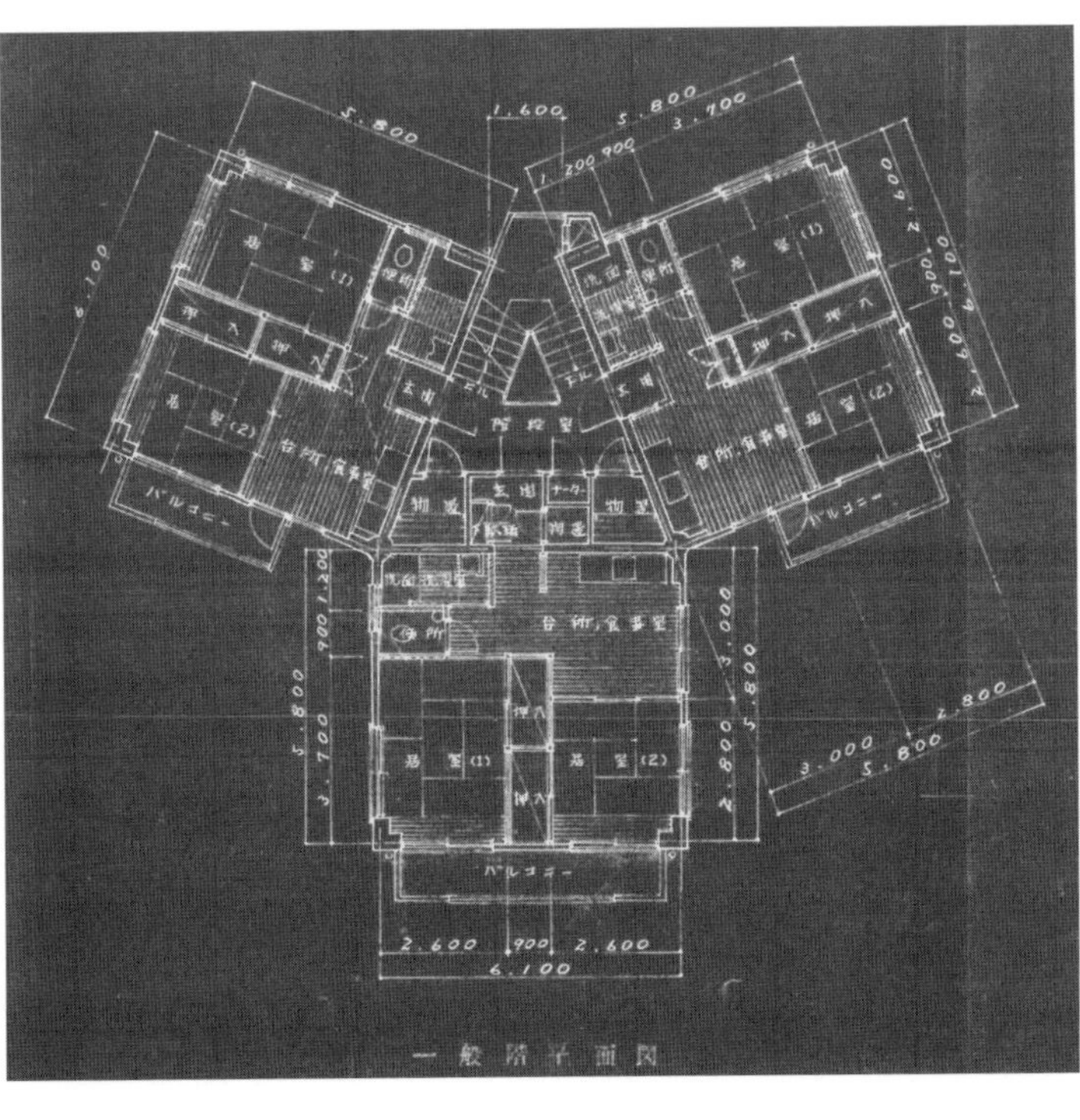

市役所で決定的な証拠を見つけた。そこには、「公営住宅54C-2型　標準設計図」と題した青焼き図面が所蔵されていたのである。設計者は建設省住宅局住宅建設課と市浦建築設計事務所の連名［**図10**］で、設計内容は、一九六〇年代の公営住宅で標準的に見られる2DKの間取りをもつ階段室の開いたタイプのスターハウスであった［**図11**］。この図面が使われた当時の状況を証言できる市の職員はいなかったが、どうやら建設省から提供されたこの標準設計図面を基に、若干のアレンジを加えつつ、防府市では一九六〇年代に三団地で計九棟のスターハウスが建設されたようである。この図面の存在により、市浦建築設計事務所と建設省住宅局が、「54C-2型」という名称を用いて最初の型とは異なるスターハウスの図面を後に作成していたことがわかった。前節でみたように、日本住宅公団ではわずかな違いでも細かく標準設計の型名称を変えていたが、公営住宅では一つの型名称で済まされていたということなのである。ここに日本住宅公団と公営住宅の間の標準設計に対するスタンスの差がうかがえよう。

なお、本書では「54C-2型」といった場合、原則として一九五四年に最初に提案された階段室の閉じたタイプ（第1章で解説したもの）を指すこととし、

図12｜名古屋市の千種台団地におけるスターハウスの建設状況
(名古屋市撮影の空中写真(1973年9月撮影)を基に筆者作成)

後年に標準設計図として普及していた階段室の開いたタイプについては、「後期の54C-2型」のように区別して記すこととしたい。

他方で公営・公社のスターハウス住棟に独自の型名称をつけている例もあった。設計図面などから判明した限りでは、京都市、福山市、福岡県住宅協会などでは独自の型名称を用いている。おそらくそれぞれの組織の中でのルールで型の名称がつけられたのだろう。その中には、福岡県住宅協会のように独自性の強い設計を行っている例もあるが、福山市のように標準的なスターハウスの例もある。

型名称との関連で、54C-2型に続く市浦建築設計事務所による初期の個性的なスターハウスの例として、現存していないが、「スターハウスI型」も紹介しておこう(第1章各論2の図版参照)。この住棟は、第1章各論2の文章でも触れられているように、名古屋市の千種台団地(一九五七年)で建設されたものである。この型で特徴的なのは、方位に関係なくバルコニーが全ての住戸の妻側に置かれていることである。同様の特徴をもつスターハウスは他に見られず、放射状に住戸が広がるスターハウスの特徴を強調するような設計であり興味深い。各論2の説明にあるように、このスターハウスは団地内の高台に建てられ、屋上に展望台が設けられていた。同じ平面が一九六六年に出版された『共同住宅』にも掲載されており、そこには団地名称や型名称は記されていないが、市浦事務所のスターハウスI型と考えて間違いないだろう。

　現在の名古屋市住宅整備局にこの建築について確認したところ、千種台団地は名古屋市営住宅と名古屋市住宅公社（現住宅供給公社）の住宅からなる団地であり、スターハウスI型は公社の住宅として建てられていたことがわかった。確かに展望台というオプションつきの住宅は、市営住宅（公営住宅）では求めづらい贅沢なつくりであり、公社の特別仕様ということでうなずける。ちなみにこの団地にはスターハウスが数多く建設されており、市営住宅で一六棟、公社住宅で四棟が建っていた。竣工後の航空写真［図12］で示したように、市営住宅の方は場所によって団地名称が分かれ、中十字荘に二棟（一九五四年もしくは一九五五年）、北十字荘に一〇棟（一九五六〜五七年）、西十字荘に四棟（一九五七年）が建てられた。これら市営住宅一六棟のスターハウスの型は不明だが、一九五五年頃の早い時期に建設されたものもあることから、第1章で紹介した山口荘と同じ「54C-2型」も含まれていたのではないかと思われる。なお、山口荘と同様に名古屋市では市営の住宅団地に「○○荘」と名づけるのが通例となっている。一方で名古屋市住宅公社では、団地を「○○閣」と名づけるのが通例であり、展望台つきのスターハウスI型のある公社住宅は、その名も「展望閣」と名づけられていた。航空写真を確認すると、展望台つきの住棟は四棟の公社スターハウスの中でも南端の一棟のみであることがわかる。

　これら千種台団地の公営・公社のスターハウスは平成に入ると順次建て替えられていき、一棟も現存していない。展望台つきのスターハウスI型は、スターハウスのバリエーションを示す特徴的な例であり、取り壊しが惜しまれるところだ。北十字荘のさらに北東に一棟、別のスターハウスが建設されていたことが航空写真から確認できるが、名古屋市に確認したところ市や公社のものではないとのことである。民間もしくは社宅などのスターハウスだろうか。これもいち早

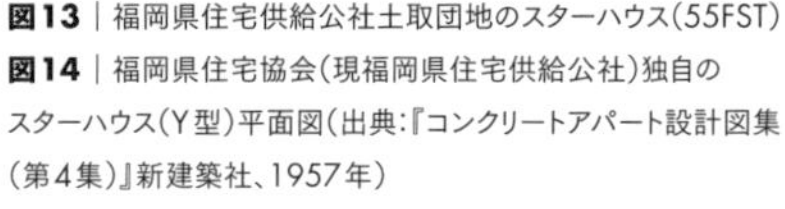

図13｜福岡県住宅供給公社土取団地のスターハウス（55FST）

図14｜福岡県住宅協会（現福岡県住宅供給公社）独自のスターハウス（Y型）平面図（出典：『コンクリートアパート設計図集（第4集）』新建築社、1957年）

図15｜福岡県住宅供給公社のスターハウスにみられる階段室横にできた三角形の空間

図16｜福岡県住宅供給公社のスターハウスにみられるバルコニーの目隠し用のルーバー

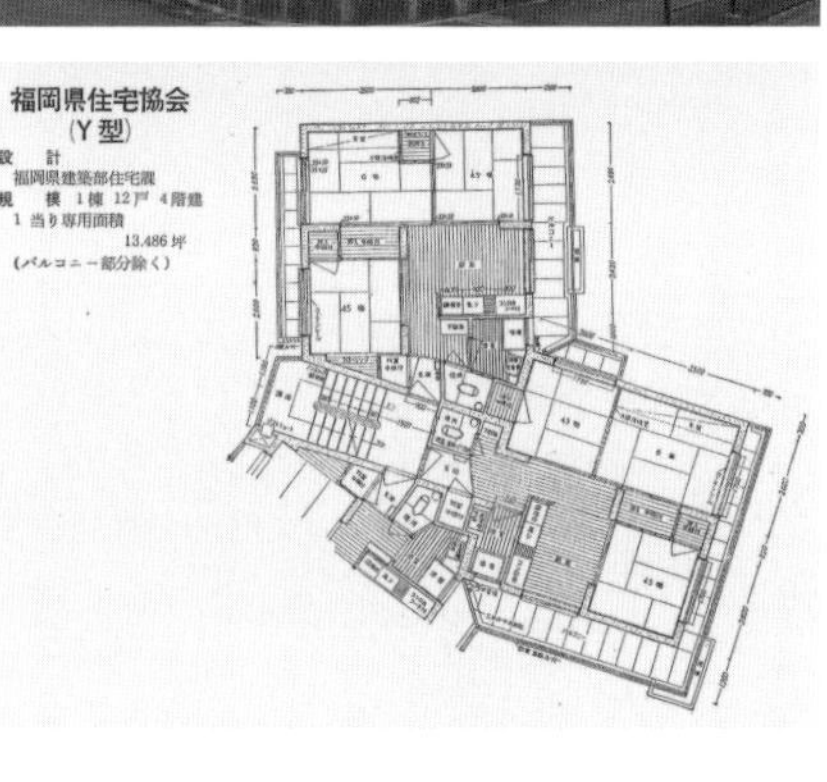

く取り壊されている。

現存事例からみる公営・公社スターハウスの展開

ここからは現存例を中心に公営・公社のスターハウスの展開を解説しよう。

筆者が調べた中で現存する最も古いスターハウスは、一九五七年入居開始の福岡県住宅協会（現福岡県住宅供給公社）の土取団地（北九州市）のものである［図13］。福岡県住宅協会は後述するV型のように独自の住棟計画や団地計画をしていたことで注目される。このスターハウスも「Y型」の名称で、一九五九年出版の『コンクリートアパート設計図集（第4集）』（新建築社）に掲載されている［図14］。このタイプはこれまで言及してきた一般的なスターハウスとは異なる特徴をいくつかもっている。一つは階段室が三角形平面の螺旋状の階段ではなく、日本住宅公団の名和団地と同じく折り返し式の階段となっている点である。階段室の面積を狭くとることで住戸平面が階段室側に拡張されている。そこに玄関や便所などを置き、空間の効率利用を図っている。また、階段室側の居室に三角形平面の独特な収納スペース［図15］が生まれているのもこの平面の特徴である。南の住戸の西側バルコニーに隣家との視線を防ぐ目的で目隠し用の回転ルーバー［図16］が設けられているのも他のスターハウスにはない独自のアレンジといえる。地方の住宅協会の創意工夫が現れた興味深い例である。土取団地の住棟タイプは同協会固有の名称で「55FST」と呼ばれているが、その翌年の型は「56FST」となり、下到津団地に現存している。これらの住棟は壁式構造となっている点でも一般的なスターハウスとは異なる特徴をもっている。

福岡県住宅協会の事例以外で筆者が確認できた一九五〇年代の現存する公営・公社のスターハウスの例は、54C-2型の現存例として第1章で紹介した福島県営野田町団地（一九五九年）と京都市の桃陵市営住宅の一部住棟（一九五九年）のみである。その他の事例をみると一九六〇年代に建設されたものが多くを占める。続いて、その住戸平面と構造の傾向について記す。

図17｜愛知県営平針住宅のスターハウス

住戸平面

住戸平面は、公営住宅ということで2DKの小規模なものが大半である。多くは階段室側に台所や便所・浴室などを配置し、妻側に二つの和室を並べる。和室は六畳と四畳半の組み合わせであることが多い。二室の間に押し入れを挟み、個室の独立性を高めている。この形式が当時公営住宅に流布していた標準的な間取りであり、上述の一九六〇年代に自治体に提供されていた「後期の54C-2型」（図11参照）をベースに建設されたものと考えられる。ちなみに、この標準的な後期の54C-2型とほぼ同じ平面を採用している例は、筆者が調べた中では防府市の事例など「54C-2」の型名称が図面に記載されていた上記の一連の団地に加えて、愛知県営平針住宅［*18］（一九六五年）［図17］、鈴鹿市営鼓ヶ浦団地（一九六五〜六六年）［図18］、徳島県営津田乾開団地（一九六六年）、静岡

図18｜公営住宅の標準的なスターハウスの平面の例
（鈴鹿市営鼓ヶ浦団地）（提供：鈴鹿市）

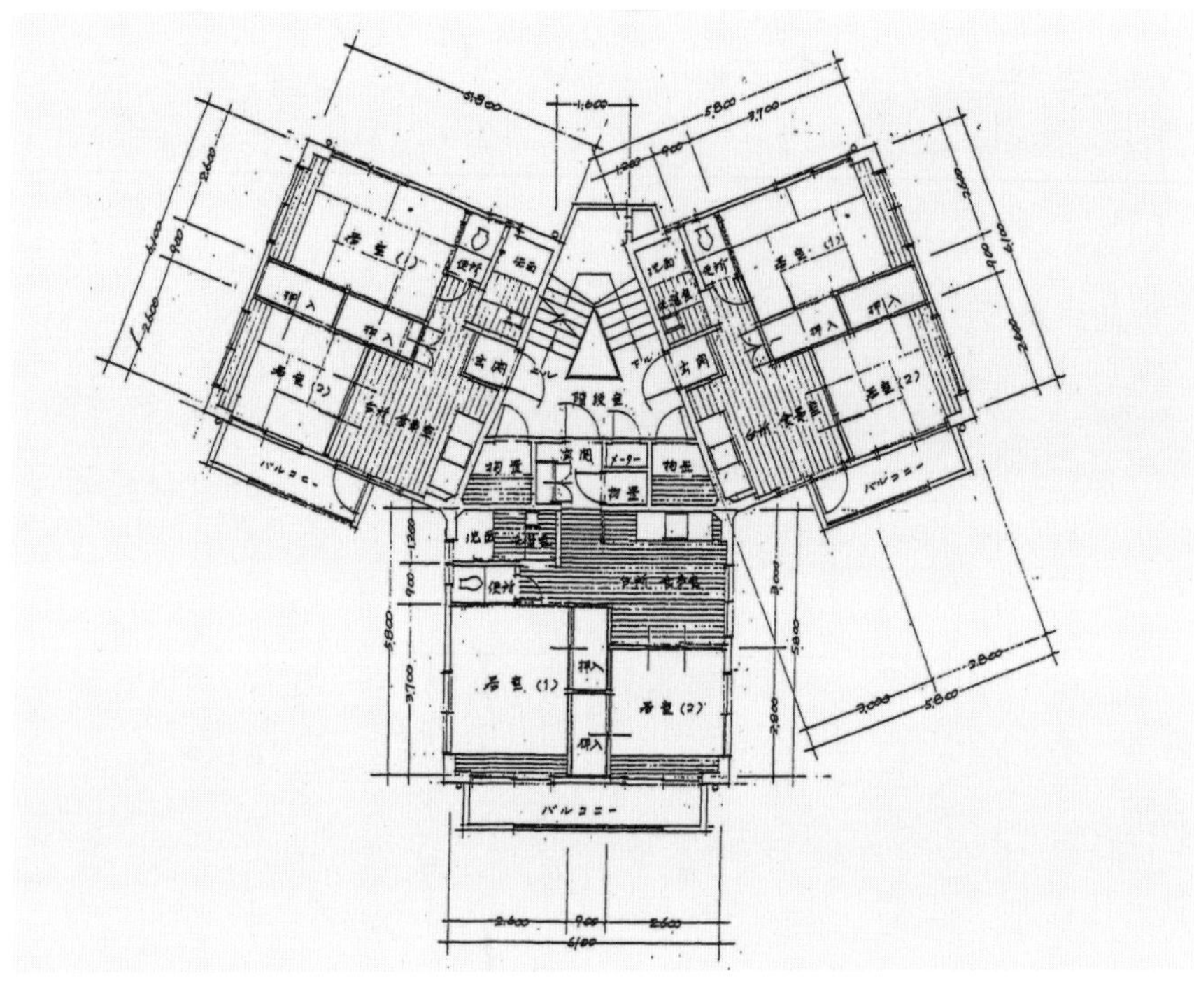

県営伝馬町新田団地（一九六八年）など多数あった。

一方で京都市の桃陵市営住宅（一九五九〜一九六一年）［**図19**］・養正市営住宅（一九六一、一九六六年）［**図20**］や東大阪市営北蛇草住宅（一九六六年）のように個室の間に押し入れを設けずに、和室同士を続き間として使えるようにしている例など、必ずしも上記の標準設計に縛られない平面計画を示す例もみられる。いずれも関西の事例であり、このような間取りの特徴に地域性が表れているといえるかもしれない。

各住戸には便所に加えて、たいてい浴室として使用可能な空間が用意されている。ただ、当初から浴室の設置を標準とした日本住宅公団の住宅とは異なり、初期の公営住宅では浴室として使用可能なスペースはあっても浴槽（風呂桶）は居住者の持ち込みであったため、この空間の使い方は居住者によって異なっていたようである。一方で先述の京都市営住宅（一九六一年など）や大館市営片山住宅（一九六三年）のようにもともと浴室用のスペースがない例もみられる［＊19］。そのため京都のスターハウスでは、バルコニーに浴室を増設している住戸がいくつかみられた。

多くの住戸ではバルコニーが南側につく。バル

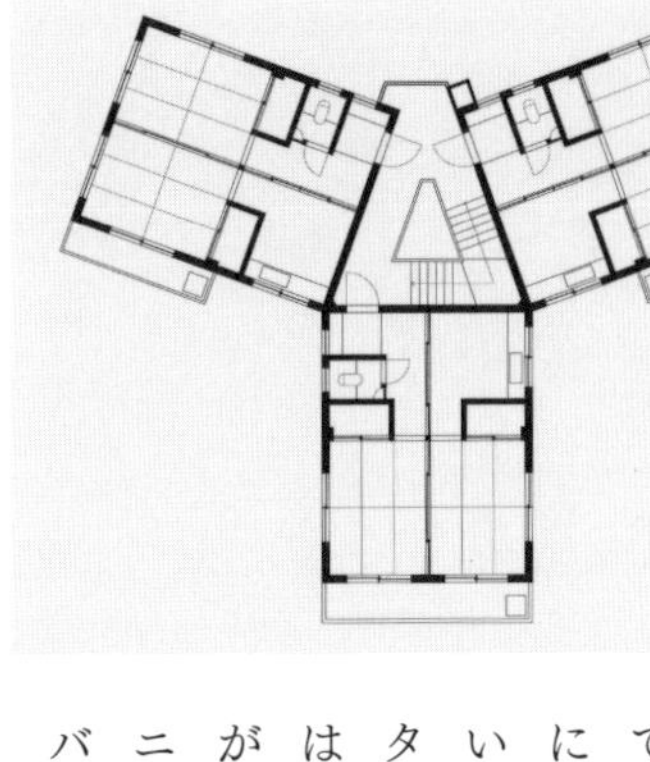
図19｜京都市桃陵市営住宅のスターハウスの平面図

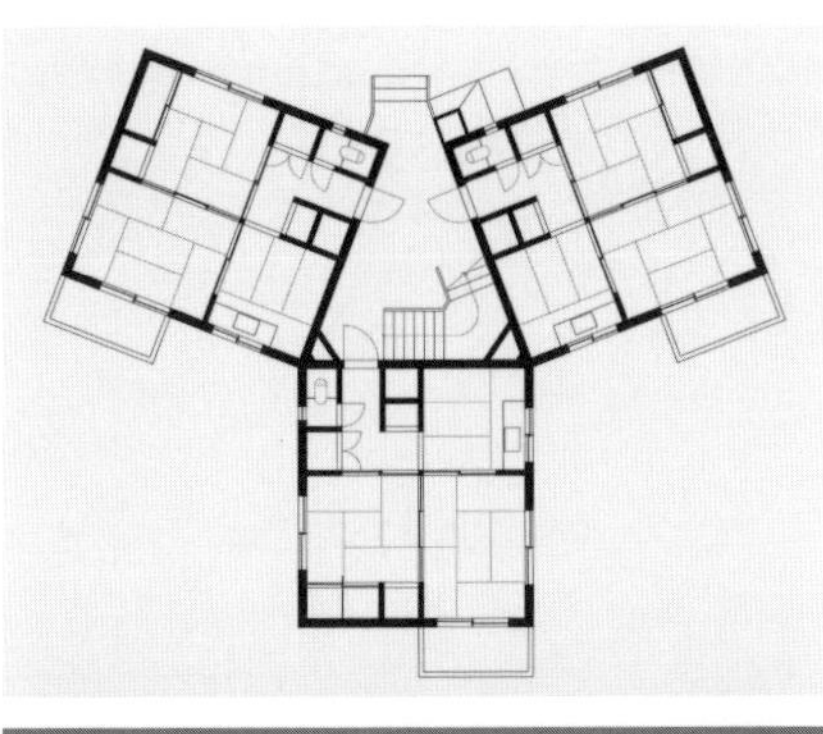
図20｜京都市養正市営住宅のスターハウスの1階平面図

図21｜滋賀県営今堀団地のスターハウス
（改修後の外観、2023年2月撮影）

コニーを南面の住戸の幅いっぱいに取り付ける場合もあれば、住戸幅半分くらいにする例もある。一方で、滋賀県営今堀団地（一九六七年）のスターハウスは現存例の中では例外的にバルコニーをもたない住棟であった［図21］。この点について滋賀県住宅課に問い合わせたところ、滋賀県で建てられたスターハウスはいずれもバルコニーのない住棟だったという［＊20］。ちなみに同じ担当者の説明によれば、同県で建設されたスターハウス以外の中層住棟では、昭和三〇年代中頃（一九六〇年頃）までの住棟の多くはバルコニーをもたず、昭和四〇年代初めに建設された住棟にもバルコニーなしの例がみられるが、昭和四〇年代中頃（一九七〇年頃）以降に建設された住棟は全てバルコニーをもつという。つまり、一九六〇〜七〇年頃が滋賀県のRC造中層公営住宅ではバルコニーをつけるか否かの過渡期だったようである。滋賀県の場合は、いわば県の方針としてバルコニーのないスターハウスが建設されたわけだが、バルコニーという付属物がないことにより、結果としてY字の外形がより明瞭になり、純度の高いスターハウスの形がつくり出されているようにもみえる。

他方で、南面しない住戸をもつ特殊な例として愛知県営菱野団地のスターハウスがあるが、詳細については4節で述べる。

一九六〇年代末から一九七〇年代になると住戸平面の規模を少し拡張したり、間仕切りを増やしたり、小さな部屋を加える例がみられる。例えば所沢

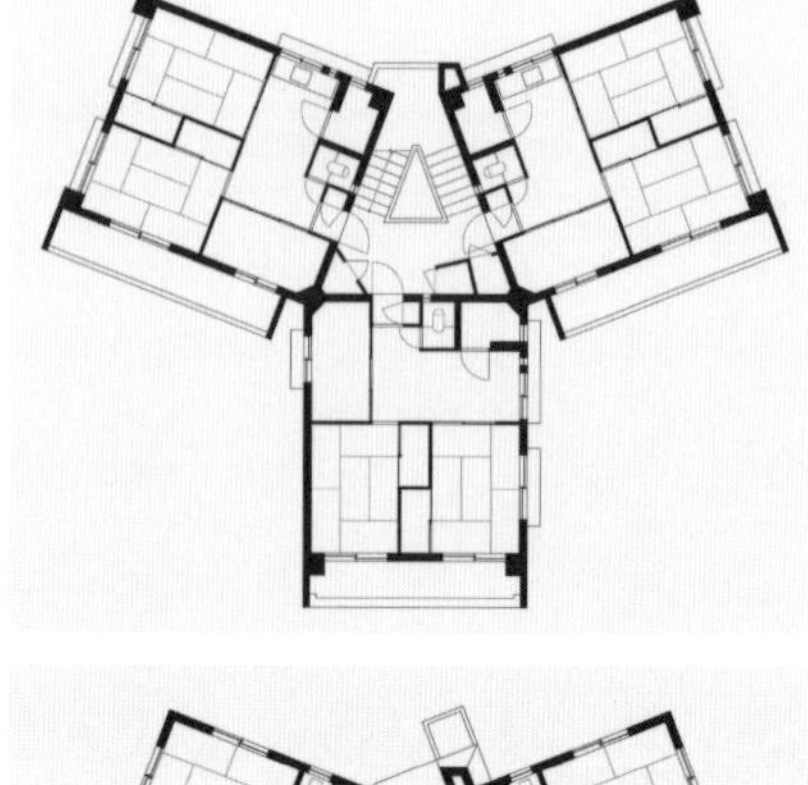

図22｜所沢市営愛宕山団地のスターハウスの平面図

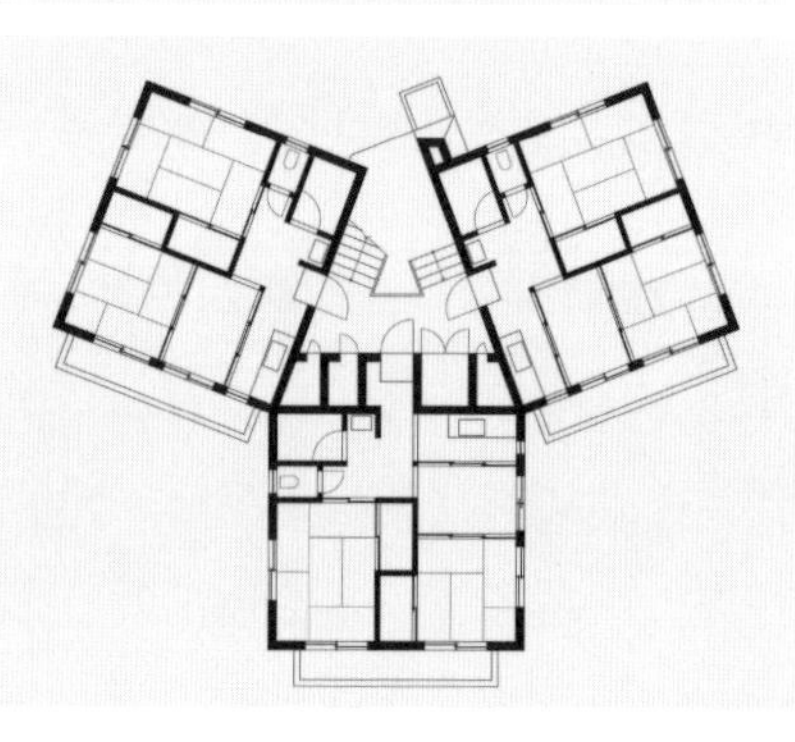

図23｜池田市営秦野住宅のスターハウスの平面図

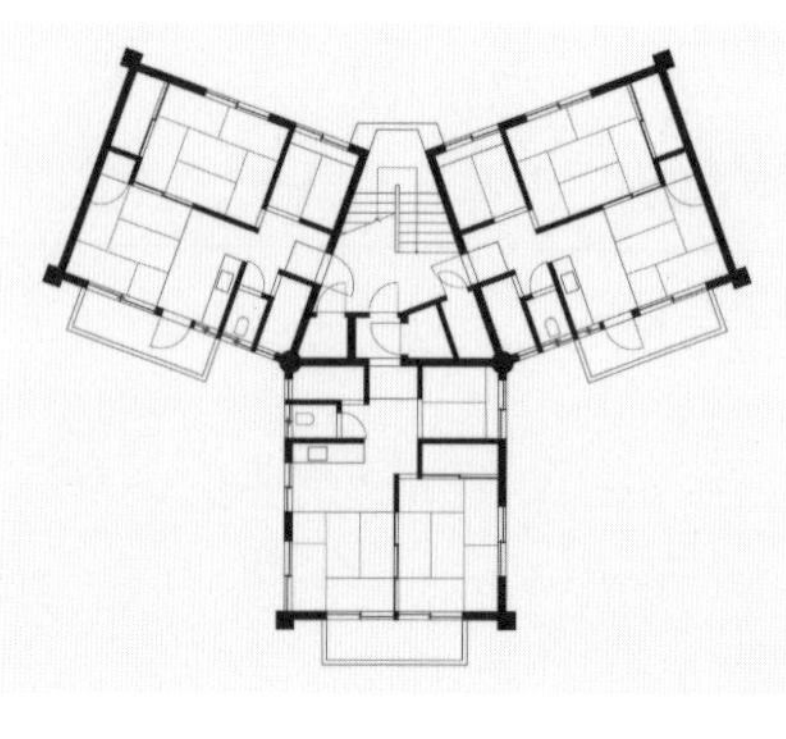

図24｜福山市営深津住宅のスターハウスの平面図

市営愛宕山団地（一九七一年）［図22］は六畳間二室に小さな「板の間」を加えている。池田市営秦野住宅（一九七〇年）［図23］でも六畳と四畳半の二室に加えて、小さいながらも板の間が設けられていた。福山市営深津住宅（一九七一年）［図24］では、六畳と四畳半に加えて二畳の小室が玄関脇に設けられている。このような二畳の小室の付加は福山市の一九六〇年代の住棟（例えば、深津住宅一号棟、一九六三年建設、現存せず）からみられる特徴であった。一九六三年から一九六九年にかけて三つの団地でスターハウスを建設した岡山県営住宅では、はじめの団地は六畳と四畳半の標準的な間取りであったが、最後の東岡山団地（一九六九年）のみ六畳間を二室並べる構成となっている。そのことから後の時代ほど間取りに余裕をもたせようとする傾向があったことがうかがわれる。他方で香川県営住宅では一九六〇年代前半のスターハウス建設初期から六畳間×二室を標準としており、室構成や規模の違いは必ずしも建設時期だけによるものではなく、自治体ごとの違いもあったように思われる。

以上をまとめると、防府市役所蔵の「後期の54C-2型」のような建設省より提供されていたスターハウスの標準設計があり、それにほとんど手を加えずに建設する自治体もあれば、早い時期からそれをアレンジしていた例もあったということである。さらに京都市営住宅のように独自の住棟平面で建設していたところもあった。

そこには気候・風土といった一般的な意味での地域性よりも、計画に携わる組織

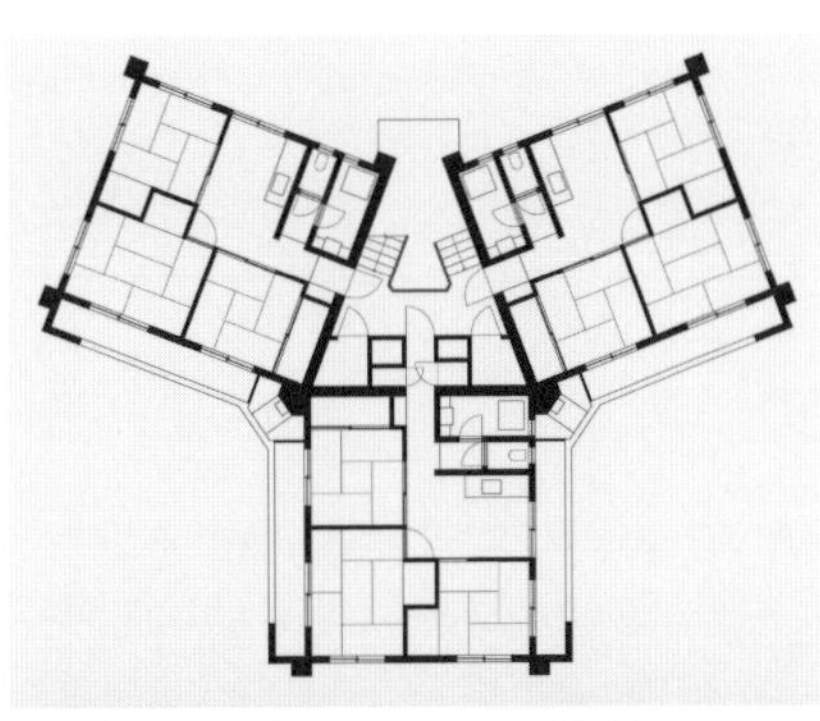

図25｜山梨県営住宅・韮崎市営住宅のスターハウスの共通の平面図

図26｜山梨県営山王団地のスターハウス

図27｜福井県営町屋団地のスターハウス
（出典：『建築福井』福井県建築士会、1972年8月号）

の考え方の違いが反映されていたように思われる。ただしその実態については、それぞれの自治体の担当者に問い合わせても、半世紀前のことゆえに当時の事情を知る人物がおらず、資料も残されていないと回答されることが常であり、詳しい事情をつかむことはできなかった。残る事例から判断できるのは、上記の標準設計の広がりという状況に加えて、全般的な傾向として、後の時期になるほどスターハウスの間取りに余裕をもたせ、標準的な型にアレンジを加える度合いが大きくなることである。このことは、一九六〇年代後半以降、居住性を向上させる目的から、公営住宅の設計において次第に面積や設備の余裕が出てきたことの表れと考えられる。

その意味で、公営住宅における末期のスターハウスの例である、一九七〇年代半ばに建設された山梨県営住宅は特徴的である。六畳×一室、四畳半×二室の3DKという規模的に余裕のある間取りをもっている［図25］。平面で特徴的なのは、南側の住戸のバルコニーが南面にはつかず、東西の両面についている点である。この平面計画は、両翼の住戸と中央の住戸のバルコニーを連続させることで、両者の間に避難用の縦動線をつくるためになされたものと考えられる［図26］。一九七〇年代半ばになると防災に対する意識が高まり、スターハウスの設計にも反映されていたことがうかがえる。このようなバルコニーの配置は、福井県営町屋団地（一九七二年、現存せず）［図27］にもみられることから（ただしバルコニーの幅は短い）、一九七〇年代に普及した傾向の一つと思われる。

ちなみに山梨県は関東近県でスターハウスが複数残っている貴重な場所だが、山梨県営の三団地に加えて韮崎市営住宅（一九七五〜七六年）においてもスターハウスの建設例がみられ、全て前記の同じタイプの住棟となっている。県と市がスターハウスの設計を共有していた事実がわかった。

構造

構造に関しては、鉄筋コンクリート造のラーメン構造を主体とするものが大半である。その中でも各住戸の角にL字形の柱を配置するタイプが標準的な形式として普及していた。その場合、室内に柱が現れ、外観は平坦な壁となる。そして後の時期になると四角形断面のRCの柱を住戸の外側に出し、外観において柱・梁の構造をみせる純粋なラーメン構造の例が増えてくる（図24〜27参照）。その結果として室内側にはRCの柱が現れず、居室の使い勝手は向上する。この変化も、上述した間取りの変化と同様に一九六〇年代末から一九七〇年代にみられ、おそらく全国的な仕様の変化があったと考えられる。前節でみたように日本住宅公団のスターハウスでも赤羽台団地のように後期になって純粋なラーメン構造の例が出てくるから、それを後追いするかたちといえよう。

香川県は、地方においてスターハウスが集積する場所として注目されるが、構造の異なる三タイプのスターハウスが建設されており、その展開をたどれる点も興味深い。詳細は次節で述べるが、簡単にいうと、一九六〇年代前半は住戸の角にL字形の柱を置く一般的な形式だったのに対して、一九六七年に各住戸の東・西の壁をふさぎ、住棟を箱の中に収めるような独自のタイプが登場する。このタイプでは各住戸の四隅の部分が厚くなっており、壁式構造とラーメン構造を

図28｜愛媛県営石井団地のスターハウス

図29｜愛媛県営石井団地のスターハウス屋上構造物の内部

併用しているようにみえる。そして一九七〇年代になると柱・梁を外部に現す純粋なラーメン構造の住棟に変わる。スターハウスの構造に年代的な変化があることを一自治体が示しているのである。

一方で壁式構造のスターハウスの例は少ない。先述の福岡県住宅協会の住棟が代表的な例である。既述の池田市営秦野住宅（一九七〇年）（図23参照）も同様であり、桃陵と養正の京都市営住宅（一九五九～六一、六六年）（図19・20参照）も図面から壁式構造であることがうかがえる。

その他の構造物や設備の特徴

外観に現れる構造物として、屋上に設けられた貯水タンクがある。鉄製の足場に支えられた貯水タンクを屋上中央に載せる例が多くみられた。とはいえ、それは給水塔をもたない比較的規模の小さい団地では、スターハウスに限らず一般的なものである。

それらと比べて、愛媛県営石井団地（一九六三年）のスターハウスの貯水設備は極めて特徴的である。三角形の階段室がそのまま屋上に立ち上がったような貯水設備が、住棟と一体化した巨大な構造物として造形化されており、特徴的な外観をみせている［**図28**］。

この住棟の階段室の最上階からはしごで屋上に上がると三角形平面の内部空間がある［**図29**］。屋上構造物は二層構成になっており、その下層がこの空洞の空間で、上層が貯水槽となっていた。貯水槽のメンテナンスのためにはいったん外側の屋上に出て、そこからはしごで塔の屋上に上がる。この貯水槽は石井団地の二棟のスターハウスの

図31｜山形市営天満住宅のスターハウス 屋上構造物の内部

図32｜京都市桃陵市営住宅のスターハウス 階段室見上げ
階段室頂部のトップライトより光が落ちる

図30｜山形市営天満住宅のスターハウス

両方に設置されており、それぞれの貯水槽からスターハウスの住戸だけでなく隣接する二棟の板状住棟への給水も行っている。団地の計六住棟への給水を二つのスターハウスの貯水槽が担っているのである。とはいえ、このような大がかりな構造物をつくらなくても団地への給水には別の方法もあったと思われる。推測にはなるが、当時の計画担当者はスターハウスという珍しい住棟を採用するに際して、他とは違った新しい設計をあえて試みたのではないだろうか。階段室の開口部から連続するように、屋上構造物にはガラスブロックの縦長の開口部が設けられており、設計担当者による意匠的なこだわりもうかがえる。

　同様に屋上に構造物がみられる例として山形市営天満住宅（一九七一～七二年）がある［**図30**］。これも現地で確認したところ、貯水タンクを収容するための一種の覆屋であることがわかった［**図31**］。むき出しの貯水タンクとせずにあえて構造物として覆ったのは、積雪のある東北地方ならではの配慮だろう。

　他方で階段室頂部にトップライトをもつ例としては、前述の二つの京都市営住宅の例が挙げられる［**図32**］。そもそも閉じた階段室をもつ初期の54C-2型では、プリズムガラスのトップライトを階段室天井に設け、光を導いていた。螺旋状の階段室をいかに採光するかは、側面に開口部が設けられるように

図33｜愛知県営平針住宅のスターハウス 階段室側の立面
階段室の踊り場が舞台のように突き出ている

図34｜山形市営天満住宅のスターハウス 階段室側の立面

なってもスターハウスでは一つのテーマだったようである。公営住宅の標準設計として採用されていた「後期の54C-2型」(図11参照)では、階段室の各階の踊り場を舞台のように外側に突き出し、階段室に空間的なゆとりを与えると同時に開口部からの光をより多く採り入れるような工夫がなされている[図33]。一方で、前述の山形市営天満住宅は階段室を完全には開放せず、引違いの窓をはめ、光を採り入れながらも空間的に閉じられるようになっている[図34]。これも寒い地方ゆえの配慮であり、スターハウスの設計に地域性が現れた例だろう。そう考えると、階段室を閉じる最初の「54C-2型」が東北地方の福島県で残っているのは、やはり寒い地域であったことも関係しているのではないか。

外観において、もう一つの目立つ要素として、ダストシュートがある。それは通常、階段室の開口部に隣接する位置に縦のシャフトとして設けられており、地上まで通じている。ただ、このダストシュートが現役で使われている例はほぼなく、現在ではその開口部がふさがれていたり、地上部分のゴミ溜めが撤去されていたりするものもあった。埼玉県の所沢市営愛宕山団地では、ダストシュートのコンクリートブロック壁の転倒防止のために外壁に鉄製のはしごのような構造補強がなされており、独特な外観となっている[図35]。

その他にも京都市営の養正住宅のように収納用の地下室をもつ住棟[図36]や、螺旋階段の向きが通常と異なる反時計回りの住棟など、細かい点に注目すると団地や住棟によりさまざまな

図37｜岡山県営中庄団地
道路沿いにボックス型とスターハウスが建つ

図35｜所沢市営愛宕山団地のスターハウス
鉄で補強されたダストシュート

図36｜京都市養正市営住宅のスターハウス
地下室があるため1階の位置が高くなっている

違いがみられる。

配置

公営住宅の団地では、日本住宅公団ほどには住棟の配置計画に力点が置かれていない。第一に効率よい住宅供給が目指されたためで、配置計画でも基本的には効率性や合理性が重視されている。ただスターハウスを導入する際に、狭小地を有効活用したり、団地の中央にまとめて配置したりするなど、多かれ少なかれ特別な扱いをしていたことは推察できる。中にはスターハウスを団地の中でも象徴的な場所に置く例もあり、計画者のこだわりがうかがえるものもある。

興味深い例として、岡山県営中庄団地（一九六三、一九六六年）と総社団地（一九六五年）が挙げられる。前者は起伏のある道路沿いの土地にボックス型住棟六棟とスターハウス一棟のポイントハウス七棟を分散配置した例である［図37］。傾斜地にある不定形な敷地であったためにポイントハウスが選択されたと考えられるが、全てをボックス型にするのではなく中央に一棟だけスターハウスを配置しているのは住棟の見え方の変化を期待してのことだろう。総社団地は、さらにスターハウスに象徴的な位置づけを与えた例だ。南側に平屋のテラスハウスが平行配置され北側に中層の板状住棟が建つ団地の中央部に、全体を統括するモニュメントのような扱いでスターハウスが置かれている［図38・39］。ここまで明瞭なスターハウスのシンボル化は日本住宅公団でもあ

図40｜防府市営松原団地
湾曲する道路沿いにスターハウスとボックス型が並ぶ

図41｜防府市営松原団地
道路沿いには松の木も立ち並び、土地の記憶を伝える

図38｜岡山県営総社団地案内図
スターハウスを中心とした配置計画がみてとれる

図39｜岡山県営総社団地
スターハウスの南側にテラスハウスが平行配置される

まりみられない。

防府市営松原団地は、蛇行する道路沿いに七棟のスターハウスが連続して建ち並ぶ珍しい例である［**図40**］。その中間には二棟のボックス型住棟も建っている。この地域は「鞠生(まりふ)の松原」と呼ばれ、歴史を遡ればかつては海岸線だったという。そのような土地の記憶が不規則な道路沿いの敷地には反映されているようである［**図41**］。ここも岡山県の中庄団地と同様に敷地形状を基にスターハウスとボックス型という二種類のポイントハウスが選択されたわけだが、場所によってはスターハウス二棟の代わりに板状住棟を建てることも可能だったと思われる。推測するに、当時の計画者としてはこのように蛇行する道沿いにスターハウスが建ち並び、移り変わる景観をあえてつくり出そうとしたのではないか。団地を案内してくれた市の担当者も、建設時の状況はわからないとことわりつつも、当時の計画担当者の創意については同じような感想をもっていた。スターハウス建設時は周辺の建物もまばらだったが、その後戸建住宅が建つようになり、現在は低層の住宅地の中に中層のポイントハウスが間隔を空けて建ち並ぶ状態

である。まわりに日を遮るものがないため、スターハウスの各住戸は日当たりがよく開放的である。立地がよいため、市内でも人気の高い公営住宅だという。

さらに香川県営の一連の団地や愛知県営菱野団地もスターハウスの配置に特徴をもつ例だが、3、4節の有名建築家とスターハウスに関する文章で紹介したい。

電電公社や民間の事例

公団・公営・公社以外の事例にも触れておこう。

スターハウスをまとまった棟数建設した組織としては日本電信電話公社（電電公社）が知られている。

一八八五（明治一八）年に郵便・通信を管轄する逓信省が発足し、その建築は逓信建築と呼ばれて山田守（一八九四～一九六六年）、吉田鉄郎（一八九四～一九五六年）ら著名な近代建築家も加わり計画された。通信部門は戦後の一九四九年、郵政省との分割により電気通信省となるが、その直後の一九五二年には日本電信電話公社の設立により、公共企業体となる（現在のＮＴＴの前身）。この電電公社でも電信電話事業のための建築が日本電信電話公社建築局という内部の技術者により設計され、電電建築と呼ばれた。そこには電話局や無線中継所といった電信電話に不可欠な施設に加えて、従業員のための病院や職員宿舎などの福利厚生施設も含まれた［＊21］。向井覚著『標準設計』（みなと出版、一九六七年）と日本電信電話公社建築局が発行した『電電建築　資料17』（一九六六年二月）の「アパート特集」［＊22］を参照しつつ、電電公社の社宅で建てられたスターハウスの概要を紹介したい。

全国に多数の職員を抱える電電公社では、公社発足前の国営時代から職員宿舎の標準化の準備が進められ、公社設立翌年の一九五三年度にはその基準平面が提示されている。それを改良す

図42｜電電公社のスターハウス「P-2DK」
（出典:『電電建築　資料17』みなと出版社、1966年2月）

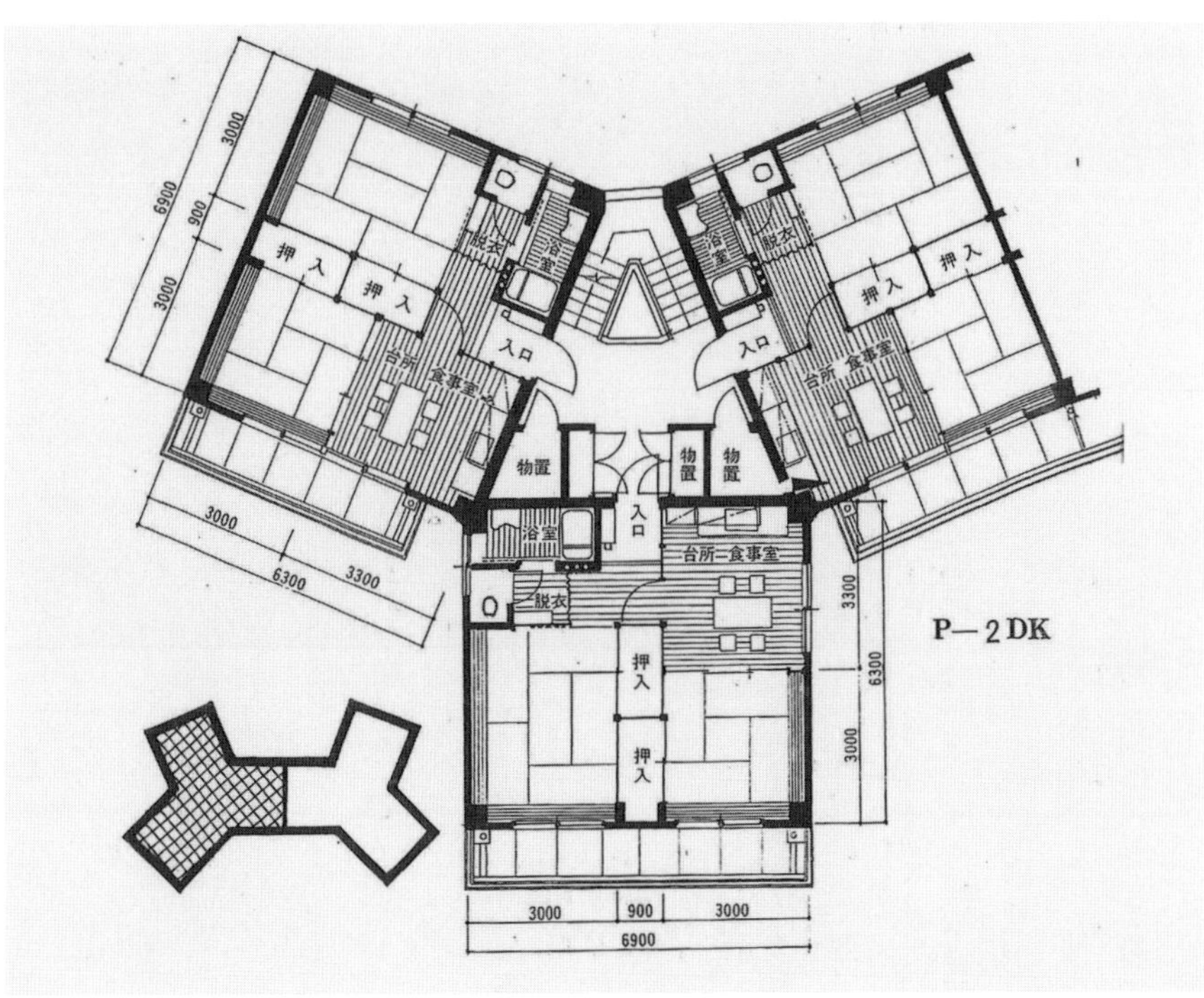

るかたちで一九五七年度には五タイプの標準的な住戸平面が作成された。それらは三、四階建ての板状住棟であり、その後この標準的なF型（フラット型）に加えて、L型、S型、P型という新たな住棟形式の標準設計が提示されていく。L型とは、F型を建設後に余った小敷地や小都市の社宅を対象にした住棟タイプ、S型は幹部用宿舎として設計されたもの、そしてP型がスターハウスのことである。P型はL型では配置しにくい不整形の敷地や大規模団地における変化を求めて導入されたとされ、一九六〇年着工の花小金井団地が最初の例となる。その際、日本住宅公団より設計図をもらい受けて実施されたことが明記されている。

一九六五年にはこの職員宿舎の標準設計が改訂された。P型に関しては各住戸の面積を若干増やし、窓を減らして隣住戸との間のプライバシーを高めたという[*23]。「P-2DK」と名づけられたその住戸図面[図42]が、上記の二文献に掲載されている。日本住宅公団から設計図を譲り受けたと書かれているように、確かに公団の標準的なスターハウス（例えば57-4P-2DK-2型）と住戸内の構成がほぼ同一の

図43｜電電公社花小金井西団地の鳥瞰写真
（出典:『電電建築20年』日本総合通信社、1973年）

2DKの間取りである。公営住宅の「後期の54C-2型」とも似ている。ただし上述したように側面の窓を少なくして、住戸間の視線の交わりを避けようとしている点が特徴である。このことは、電電公社ではスターハウスの住戸がもつ開放性という特徴がいち早く問題点とみなされていたことを示唆している。

ちなみにこの平面図は、右側の住戸の妻面が隣の住戸との戸境壁として描かれていることからわかるように、スターハウスを二棟連結する、いわゆる「ダブルスターハウス」を想定して作図されたものである。この「アパート特集」では、「Y型のブロックを二つ連続した)(型の変形を加えることを試みた。このH型はもはや公社独自の型といえよう」と記されている[＊24]。ダブルスターハウスをH型と呼び電電公社オリジナルとしているわけだが、後述するようにダブルスターハウスは公団や公営、公社住宅でこの時点ですでに建設されていたから、電電公社の発案にはならない。

電電公社社宅としてのスターハウスは首都圏や関西圏を中心に、さらに他地域でも建てられたが、初期の主なものが上記「アパート特集」で紹介されている。それらはいずれも首都圏の団地であり、東京都小平市の花小金井西団地[図43]に四棟、同東団地[図44]に一〇棟、神奈川県藤沢市の羽鳥団地に三棟、横浜市の磯子団地に一棟、埼玉県入間郡の鶴ケ丘団地に三棟である。いずれも団地の中央部や周縁部に集中的にスターハウスが建設され、配置計画上の特別な意図がうかがえる。例えば花小金井団地の説明では、「東団地は南側にゴルフ場と云う利点を生かし、意識的に配置された星型アパート群は、団地の景観に変化を与えると共に後方に対して緑の芝生を十分視界の中に取り入れることを

図44｜電電公社花小金井東団地の鳥瞰写真
（出典:『電電建築　資料17』1966年2月）

可能にしている」[＊25]と記し、スターハウスの配置に景観の変化や視界の抜けといった効果を期待していたことがわかる。

電電公社のスターハウスは、平面自体は日本住宅公団の標準設計を踏襲しているため、住棟の形式としての新しさはないが、社宅の標準設計の一つに取り入れられたことで、同公社の主要な団地に比較的多数建設され、さらに配置計画上の特別な役割を与えられていたことがわかった[＊26]。

これら電電公社のスターハウス群は近年建て替えが進み、現在はほとんど現存していないようである[＊27]。最近まで残っていた例が、大阪の千里ニュータウンに建設された千里職員宿舎（NTT新千里社宅）（一九六五年）の二棟である。この団地の建設時の状況については、上記の「アパート特集」に「近畿通信局」の報告として掲載されている。筆者が二〇二二年一一月にNTTの関連会社に確認したところ、すでに社宅の機能を終え、同年はじめに他社に売却されたとのことであった。二〇二三年三月に現地を訪ねたときには、スターハウスはすでに解体され、再開発を待つ状況であった。

社宅として建てられたスターハウスは他にもみられ、例えば神奈川県住宅供給公社が開発した横浜市磯子区の汐見台団地（一九六三年）では、広大な団地の高台の北側に二棟のスターハウスが建てられ、ともに大蔵省の社宅として使われた（現存せず）。民間の社宅では、広島県福山市の旧日本鋼管の社宅として建設されたスターハウス（一九七〇年）が現存している。この施主は民間企業だが、設計は広島県住宅供給公社が行っている。ともに所有者が変わり、二棟が民間の集合住宅、一棟は学習塾として利用されている。そのうちの一棟のリノベーションの試みについては、第3章の各論4を参照いただきたい。

図45｜杉並区の民間マンション
図46｜岡山市の民間マンション

インターネット上で有志により公開されている情報を見ると、Y字形平面をもつスターハウス風の集合住宅は実は各地でさまざまな施主により建てられていることがわかる。その中でも筆者が現地で見た事例としては、東京都杉並区と岡山市のマンションがある。杉並区の閑静な住宅街に建つ民間スターハウスは、ピンク色に塗られた外観が特徴である［図45］。背面に突き出た階段室はガラス張りとなり、西洋建築風のデフォルメされた柱、アーチ、まぐさの装飾が外観に貼りつけられる様子はポストモダン風だ。日照・通風を重視した一風変わった集合住宅をつくろうとした場合、Y字形の平面が一つの選択肢になったということだろう。岡山市で見た六階建てのマンション（一九七四年）［*28］もバルコニーをカラフルに塗り分けた外観が特徴である［図46］。背面の屈曲が少ないためY字形というよりはT字形に近い平面だが、南側から見ると確かにスターハウスらしさがうかがえる。こちらも階段室にはガラスがはめられ内部空間となっており、エレベーターも設置されているようだ。この二例はいずれも標準的なスターハウスの形からは距離が感じられ、民間ならではの独自設計といえる。

スターハウスの終焉

すでに述べたように日本住宅公団におけるスターハウスの建設は、竣工年でみると一九五六年から一九六四年の九年間に限られていた。一九六〇年代に入り、公団では年間住宅建設の目標が従

図47｜旧三方家族寮B棟の外観
図48｜旧三方家族寮B棟の階段室

来の約二・五倍に設定されるようになり、大量住宅建設へとシフトしていく。そのためのコスト削減により、テラスハウスに加えてスターハウスが廃止されたという[*29]。団地の多くを占める標準的な板状住棟に比べてスターハウスは一住戸あたりの壁面積が大きく、建設費が割高になる。このことは、第1章でも触れたように発案者の市浦健も当初から指摘していたことである。一九六〇年代半ばを境に日本住宅公団におけるスターハウスの時代は終わりを迎える。

一方で公営住宅では一九五五年から一九七六年頃までの標準的なスターハウスの建設例が確認できた。他にも公社や民間でも建設例があったが、これら日本住宅公団以外の集合住宅や団地においてスターハウスが実際にいつ頃まで建設されたかは、確実な情報は得られていない。

スターハウスの終焉がいつになるかを考えていたとき、福井工業大学の市川秀和教授より、福井県若狭町に一九七九年に建設されたスターハウス風の県職員宿舎の情報を提供いただいた［図47］。この建築は、かつての三方郡三方町横川に三方家族寮B棟として建設された四階建て（全一二戸）の県職員宿舎であり、現在は県立嶺南東特別支援学校教職員住宅として使われている。市川教授の説明によれば、嶺北地区（旧越前）と嶺南地区（旧若狭）に大別される福井県において、嶺南地区では最初の県の共同住宅だったとのことである。B棟と称するが、A棟は建設されなかった。設計者は、福井県敦賀市の神門（こうどう）建築設計事務所の神門慎一郎である。神門は福井大学卒業後、福井県庁建築課を経て敦賀市建築課に勤務し、その後独立した地元では有名な建築家であった。各住戸は3DKの六〇平方メートルと余裕のあるつくりである。ベランダが小さめであったり、階段室が屋内になっていたりするのは寒冷地である福井県の気候を考慮したものだろう［図48］。さらに不整形な平面の階段室や方位により異なる住戸平面の構成など、標準設計をベースとした一般的なスターハウスとは異なる独自の住棟平面となっている。階段室からそのまま屋上に出ることができ、豊かな自然風景を遠望することができる［図49］。

福井県の戦後建築界を詳細に研究する市川教授によれば、福井県では神門のように官庁出身者が独立する例が多く、そのために官と民の強い連携があった。その結果として三方家族寮B棟のような県の共同住宅の設計を個人の建築家が請け負い、個性的な住棟を建てているのである。もっとも、この建築を本章で述べた一連の公営住宅のスターハウスの中に含めるべきかどうかには検討の余地がある。まず、不特定多数を対象とする一般的な公営住宅とは用途が異なる。むしろ、一建築家がスターハウスにインスピレーションを得て設計した派生的なスターハウス型集合住宅の例とみたほうがよさそうである。もちろんそれによりこの建築の価値が減じるわけではない。本章第5節で述べるスターハウスの広がりの一例にも加えうる興味深い建築であり、スターハウスの可能性を広げるものと指摘できる。

このように一九七〇年代末になっても、Y字形平面をもつスターハウス風の集合住宅の建設例はあった。ただ、上述の福井県の例は標準設計とは別の特殊例と考えると、公営住宅の一般的なスターハウスは、筆者の調査では一九七六年竣工の山梨県営住宅と韮崎市営住宅のスターハウスが最も新しいことになる。その結果を基に本書では、ひとまず一九七〇年代半ばを公営スターハウスの最後の建設期としておきたい。

この一九七〇年代半ばは公営住宅の転換期であった［＊30］。一九七〇年代はじめに日本におけ

図49｜旧三方家族寮B棟の屋上

る高度経済成長が終わり、一九七三年の住宅統計調査では、全都道府県において「一世帯一住宅」が実現した。戦争直後の住宅難から住宅の大量供給を続けてきた公営住宅だが、さしあたり量の不足は克服され、量から質への転換が表明されたのが昭和五〇年代、すなわち一九七〇年代半ば以降であった。一九七六年に定められた国の第三期住宅建設五カ年計画では住宅の質向上に重点が置かれていく。この時期がスターハウスの終焉と対応しているのは興味深い。量から質への転換により、かつての標準設計はその使命を終えていく。戦後昭和期の標準設計の一例であったスターハウスも同様だったのだろう。

今回の調査ではスターハウスの終焉をはっきりと特定できなかったが、このことは量産的な建築における型の終わり方を示唆しているように思われる。つまり、ある形式の住棟が建設されなくなるとき、明確にその終了が宣言されるわけではなく、新たな形式の出現により、古いものは採用対象から外れ、ひっそりとフェイドアウトしていくのである。スターハウスの終焉はそのようなものだったのではないか。

住棟形式としてのスターハウスの終焉は、同時代の設計資料などからもみてとることができる。これまで言及してきた『アパートの標準設計』(一九五九年)や『共同住宅の平面計画』(一九六二年)など一九五〇~六〇年代の設計資料では、スターハウスが住棟の標準設計の一つとして紹介されていた[*31]。それに対して、一九七〇年代の図書では次第にスターハウスの記載がみられなくなってくる。例えば本城和彦らが一九七八年に出版した『都市住宅地の設計 技法編(建築設計講座)』(理工図書)では、ボックス型住棟が住棟の一形式として紹介されているのに対して、スターハウスについての言及はない。つまり実践の対象としてスターハウスは過去のものになっていたということである。この点については必ずしも広く調査したわけではないが、多かれ少なかれそのような傾向があるように思われる[*32]。

とはいえその時期にはまだスターハウスが歴史的な対象となるわけでもない。例えば一九七七年に出版された『新建築』一九七七年六月臨時増刊「現代集合住宅の展望」では、過去の集合住宅が数多く紹介される中でスターハウスについては触れられていない。一九九八年の放送大学の教科書『日本における集合住宅計画の変遷』（高田光雄編）でも、同潤会や公営・公団などの集合住宅の事例が解説されるが、スターハウスに焦点が当てられることはない。限られた例からの推測ではあるものの、一九七〇年代から九〇年代という時期、スターハウスは同時代の建設の対象としても歴史的な対象としても注目度が低かったようにみえる。

しかし二〇〇〇年代に入ると、専門書、一般書の中でスターハウスが取り上げられるようになっていく。特に団地愛好家による戦後団地の再評価の中でスポットライトを浴びていく。スターハウスはその個性ゆえに、歴史的な遺産として再び注目を集めていくのである。

3 有名建築家とスターハウス1
——丹下健三研究室と香川県営住宅のスターハウス

ここで視点を変えて、有名建築家とスターハウスの関わりというテーマを取り上げてみよう。

これまで論じてきたようにスターハウスは、標準設計に基づく戦後初期の住宅団地における量産的で匿名的な住棟タイプの一つであった。それゆえ発案者の市浦健を別とすれば、従来、特定の建築家と共に語られることはなかった。しかしながらいわゆる有名建築家が計画した住宅団地でスターハウスが取り入れられた例もある。それが丹下健三研究室による高松市の香川県営一宮団地（一九五九〜六四年）と黒川紀章による愛知県営菱野団地（一九六七年着工）である。周知のように、この二人は師弟関係にある建築家どうしである。そのうち、本節ではまず香川県営一宮団地を取り上げる。香川県営住宅で興味深いのは、この一宮団地を皮切りに四団地でタイプの異なるスターハウスが建設され、その多くが現存している点である。最初に香川県営一宮団地の計画とスターハウスの関係を論じ、続いて一宮団地を端緒として香川県で展開するスターハウスの概要を述べたい。

図50｜香川県営一宮団地
左にスターハウス、右に連棟式住棟

一宮団地とスターハウス

まず現状を述べよう。現在の香川県営一宮団地［図50］は、三階建ての連棟式の住棟とスターハウスから構成されている。前者の連棟式住棟は、一九六一〜六四年に丹下健三研究室の基本設計で建設された最初のテラスハウスを一九八〇〜八四年に同じく「丹下健三＋都市・建築設計研究所」の設計で建て替えたものである。一方でスターハウスは一九六〇年代前半に建設されて以後、近年一部が解体されたものの、多くが現在

図51｜丹下健三研究室による一宮団地の計画（配置図）
（出典：『建築文化』彰国社、1961年6月）

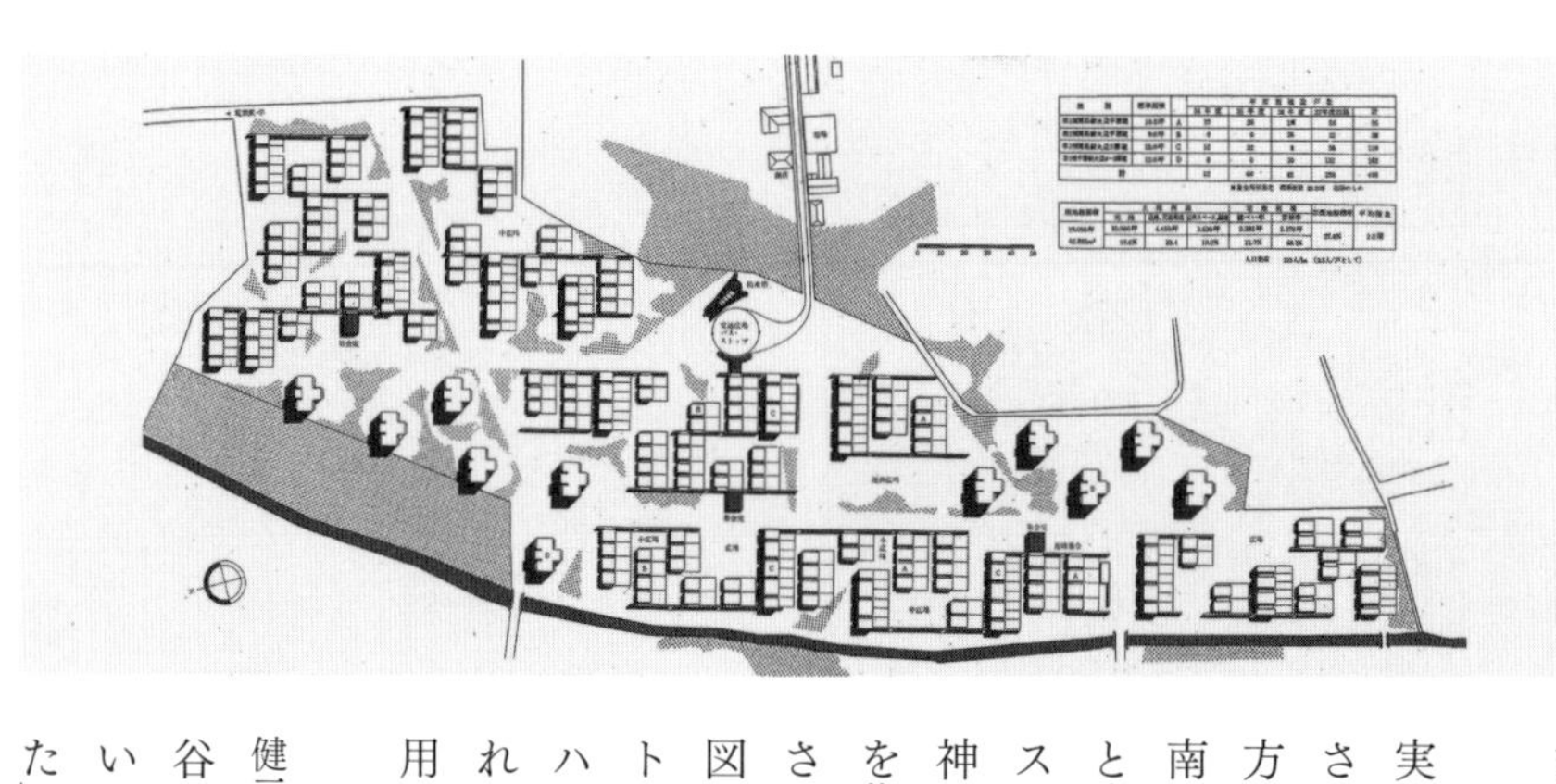

まで残されている。

最初の一宮団地は、基本設計が丹下健三研究室（担当：神谷宏治・黒川紀章・康炳基）、実施設計が香川県建築課であった。その計画は一九六一年六月の『建築文化』に掲載された丹下研究室の神谷宏治（一九二八～二〇一四年）による文章「住居群構成の概念と方法」の中で紹介されている［＊33］。そこに掲載された配置図を見ると、この団地では、南面する一層もしくは二層のテラスハウスがややランダムに平行配置され、その北側と南側にポイントハウスが計一一棟計画されていた［図51］。この文章は、一部のテラスハウスが建設された時点での途中報告であり、スターハウス建設以前のものである。神谷の文章では、「中層耐火造は今年度から建設される予定になっており、現在プランを作成中の段階である」［＊34］と記されているが、これは後にスターハウスとして建設される住棟を指していると考えられる。そして興味深いことに、この計画段階の配置図では、現在スターハウスが建つ位置にY字形ではなく凸形の平面をもつ別のポイントハウスが計画されているのである。おそらく当初の丹下研究室の計画では、スターハウスではなく、独自の平面型をもつポイントハウスを建設する予定だったと考えられる。しかし何らかの理由で標準設計として流布しているスターハウスが最終的に採用されることになったようだ。

ちなみに、この団地は丹下健三の作品として作品集『現代日本建築家全集10（丹下健三）』［＊35］にも掲載されているが、中心となって計画したのは上記の文章を書いた神谷のようである。二〇〇六年のインタビューの中で神谷は、「『高松一の宮団地』については丹下先生は当初あまり興味をお持ちにならなかったので、私が主に担当しました」と述べている［＊36］。ゆえに丹下がどの程度スターハウスの採用に影響を与えてい

図52｜香川県庁舎

図53｜香川県立体育館

たのかを判断するのは難しい。なお、丹下研究室がこの団地の基本設計を担当した経緯については、具体的な資料は見つかっていないが、おそらく丹下と香川県の結びつきによるものと思われる。丹下は当時の香川県知事・金子正則（一九〇七〜九六年）の依頼により、香川県庁舎（一九五八年竣工）［**図52**］を設計し、戦後の庁舎建築の金字塔とも呼べる建築をつくり出した。さらに同じ高松市に香川県立体育館（一九六四年）［**図53**］も設計している。そのような香川県との関わりの中で当団地の設計依頼を受けたのだろう。

それでは、なぜ一宮団地では当初配置図に描かれていた凸形平面のポイントハウスではなく標準的なスターハウスが建設されることになったのか。この点について、現在の香川県土木部住宅課に当時の事情を知る人物や記録の有無について確認したが、具体的な資料は見つからなかった。想定されるのは、香川県建築課が実施に向けての検討を進める中で、主に費用などの面からオリジナルのポイントハウスの設計が断念されたということである。それを裏づけるのは、神谷の次の記述である。彼は前記の文章の中で、「低所得の住宅困窮者に対する難民救済的な考え方が基調となっている」日本の「公営住宅建設の現実」を半ば嘆きつつ、香川県建築課との協同作業では「実現不可能なことは次次に切りすてられていった」こと、また最近の建築工事費の値上がりにより今後の作業がますます苦しいものになりそうであることを記している［＊37］。おそらくそのような現実的な問題から、当初の配置計画を残しつつ、ポイントハウスの住棟の

図54｜香川県営一宮団地の鳥瞰写真（提供：香川県）

型は標準的なスターハウスに落ち着いたのではないか。

なお神谷の論文によれば、一宮団地の計画は、住居群構成の方法を探求する試みであった。彼の言葉を参照したい。「ここで提案しているのは、個々の住居棟の自由な配置と組合せ、むしろ無秩序なグルーピングの中から秩序を作ってゆくこと、それを可能にする住居群の空間構成の方法として、どのような考え方があるかということ」[*38]であった。一見ランダムにみえるテラスハウスの配置は、外部空間との関係において秩序をもつものだった。「個人的・私的な空間から社会的空間にまたがる種種の段階の空間とその尺度にある系列を考え、それらを自由に有機的に構成してゆくこと」が設計では試みられたという。具体的には、個室、庭、露地、広場というように、小さな空間から大きな空間へと段階的に展開する「空間の序列」が団地全体において計画されていた。さらに住棟の側面に設けられた地元産の石垣の塀は、住棟どうしをつなぎ、まとまった住居群をつくり出すことで、空間を秩序づける要素となるように考えられていた。この説明からわかるように、彼らの団地設計における中心的な取り組みは低層テラスハウスの計画にあった。

完成後の一九六五年二月には県の広報誌『月刊香川』でも、この団地計画の独自性がアピールされている。参照してみよう。

> 一般に公営住宅の団地は三〜四階建てのアパートが規則正しく配置されるような幾何学的な光景となるが、一宮団地はそのような定型的な型を破り、新しい群構成の理論に基づき計画されたという。「平家建て、二階建てのテラスハウスと五階建てのスターハウス、或は四階建ての連続

住宅等が画一、単純に配置されることなく、極めてバラエティを持ちながら、周囲のスペースにも変化をもたせてたくみに配置されている。（中略）ともすれば画一化、工業化という形で現代化されつつある団地の性格を、より人間性、風土性を復活させようと計画されたところに、一の宮住宅団地の大きな特長があるといえよう」。［＊39］

香川県にとっても、一宮団地［図54］は従来の団地計画を打破するような革新的な団地と位置づけられていたことがわかる。

しかしながら丹下研究室設計のテラスハウス群は、老朽化や住戸面積の狭さのため、早くも一九八一〜八五年に建て替えられてしまう［図55］。その際一一棟のスターハウス住棟は残された。新しい住棟は雁行型の平面をもつ三階建ての連棟式の建築であり、メゾネットや単層の住戸が縦に積層するオリジナリティの高い住棟である。丹下はこの建て替え計画も一九八三年九月と一九八七年四月の『SD』の二つの特集号に入れている［＊40］。

丹下研究室の当初のテラスハウスよりもスターハウスの方が長く存続していることは、標準設計の汎用性と持続性を示唆しているといえるかもしれない。いずれにしても著名建築家の住宅団地において建て替えを経てもなおスターハウスが維持されてきた事実は注目される。現在では、道路の両側に延びる一九八〇年代の住棟列が、あたかもスターハウスを焦点に配置されているように見える場所もあり、

図55｜丹下健三＋都市・建築設計研究所による建て替え後の一宮団地の配置図（出典：『SD』鹿島出版会、1987年4月号）

図56｜香川県営一宮団地の現状。両側に連棟式住棟が並んだ正面奥にスターハウスが建つ

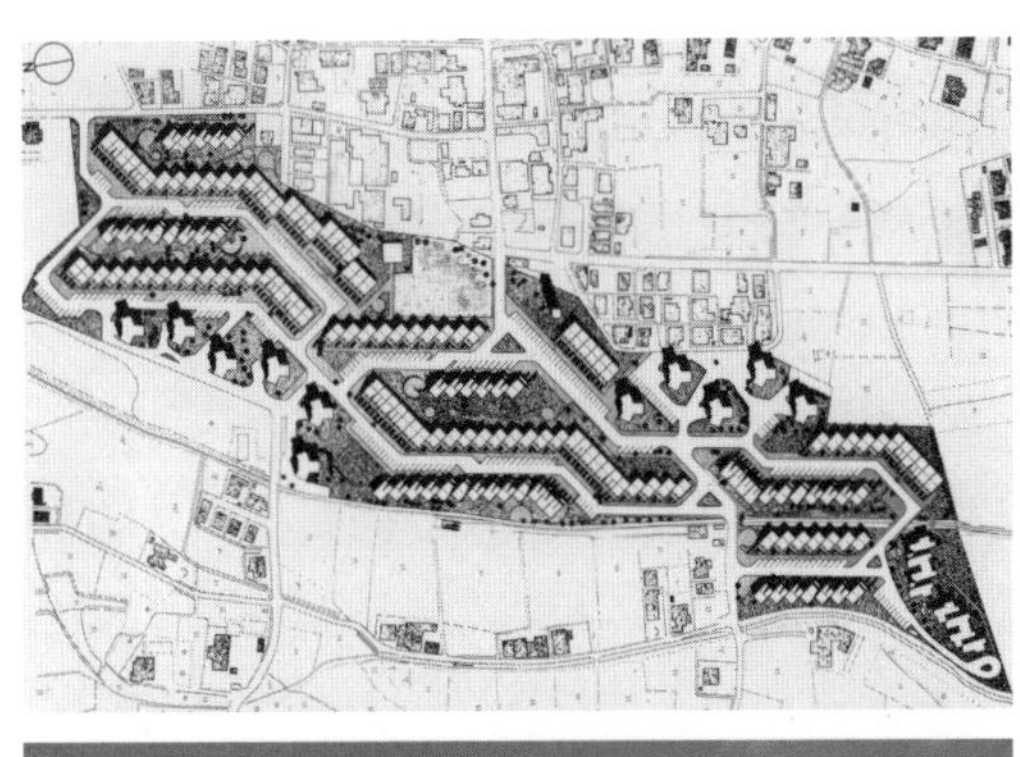

表1｜香川県営住宅のスターハウスの建設数と現存状況（2023年2月時点）

団地名称	所在地	スターハウス			
		建設年度	建設数	住棟タイプ	現存数
一宮団地	高松市一宮町	1961–1964	11棟	一宮型（11棟）	8棟
香川団地	高松市香川町	1964–66, 1971	9棟	一宮型（7棟）、ラーメン型（2棟）	8棟
国分寺団地第1	高松市国分寺町	1967–68	7棟	箱型（7棟）	6棟
国分寺団地第2	高松市国分寺町	1969, 1971	4棟	箱型（2棟）、ラーメン型（2棟）	0棟
飯山団地	丸亀市飯山町	1969, 1971–72	6棟	箱型（3棟）、ラーメン型（3棟）	6棟

両者の建設時期には二〇年ほどの差があるが、景観上うまく融合しているようにみえる［**図56**］。なお、テラスハウスが建て替えられた一九八〇年代に、スターハウスにおいても二階と三階、および四階と五階の上下二住戸を一住戸に統合する住戸改善が行われている。住戸内部に階段を設けてメゾネット型の住戸とし、一住戸あたりの床面積を増やして居住性を高める試みである。この改修については第3章でも触れたい。

香川県営住宅におけるスターハウスの展開

一宮団地でのスターハウスの採用は、単に一団地内での実践にとどまらず、香川県営住宅におけるスターハウスの展開の端緒となった点でも重要である。一宮団地を皮切りに、高松市の香川団地（一九六四～七一年）、国分寺団地（第1、第2）（一九六七～七一年）、丸亀市の飯山（はんざん）団地（一九六九～七二年）で計三七棟のスターハウスが建設され、そのうちの二八棟が現存している（二〇二三年二月時点、**表1**参照）。筆者が調べた限りでは、一つの自治体においてこのように多くのスターハウスが建設された例は少なく［＊41］、現存住棟数も全国でも突出した多さである。さらに興味深いのは、上記の四団地で一一年の建設期間に三つの異なるスターハウスの型が提示され、段階的に建設されている点である。続いてこの型の展開を述べよう。

はじめに各団地の概要について述べておきたい。香川団地は一宮団地の南約二〇〇メートルの土地に建設された団地で、一宮団地同様に異なるタイプの住棟・住戸を組み合わせて変化のある団地計画が試みられている。一九六三年の『月刊香川』では、一宮団地と合わせて、「八五〇戸余りのしゅう落ができることになり、合併前の小さな村ぐらいのものができる」と記されている［＊42］。一九六六年度からは、「一世帯一住

図57｜香川県営国分寺団地の鳥瞰写真
手前が第1団地、右奥が第2団地
（出典:『月間香川』香川県広報協会、1972年5月臨時号）
図58｜香川県営飯山団地

宅」を目標に掲げた香川県の住宅建設五か年計画が始まり、計画戸数一四二〇戸（公営住宅全体では三四〇〇戸）の県営住宅の建設が進められていく［＊43］。国分寺団地はその時期の一例であり、広報では「県下最大の住宅団地」と謳われている［＊44］。この団地も先例と同様に、テラスハウスとスターハウスにより計画された［図57］。南側の初期の地区を第一、北側を第二と呼ぶが、先に建設された第一団地の住棟が現存するのに対し、第二はすでに建て替えられている。最後の丸亀市の飯山団地は田畑に囲まれた田園地帯の中にあり、やはりテラスハウスが広がる中に六棟のスターハウスがまとまって建設されている［図58］。一九七一年からは香川県の第二期住宅建設五か年計画が始まり、新たに「一人一室」という目標が掲げられた［＊45］。このような居住水準の引き上げも関係するのだろう。一九七三年以降、香川県ではスターハウスが建設されなくなる。

続いて、香川県営住宅で建設された三種のスターハウスの型の展開をみていこう。ここではその三種の型に便宜的に「一宮型」「箱型」「ラーメン型」という呼称を与え、それぞれの特徴を記す。

一宮型

最初の一宮団地で建設されたタイプであり、次の香川団地も大部分がこの型である［図59・60］。建設時期は一九六一〜六六年度である。プランは2DKで、各住戸の南側にバルコニーを設け、妻側に居室二室、階段室側に水まわりを配置した標準的なスターハウ

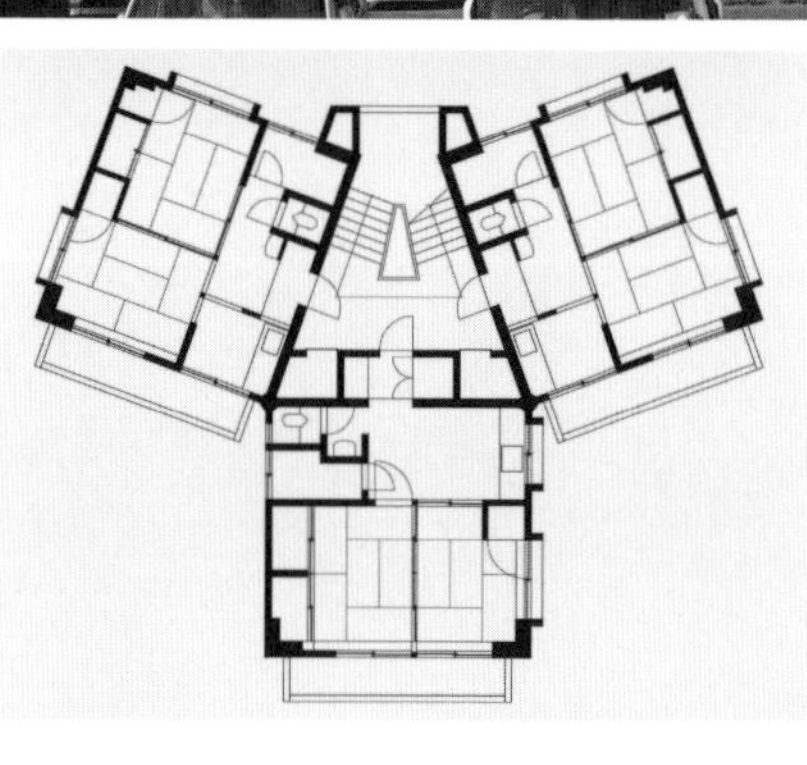

図59｜「一宮型」スターハウス（香川県営一宮団地）
図60｜「一宮型」スターハウスの平面図

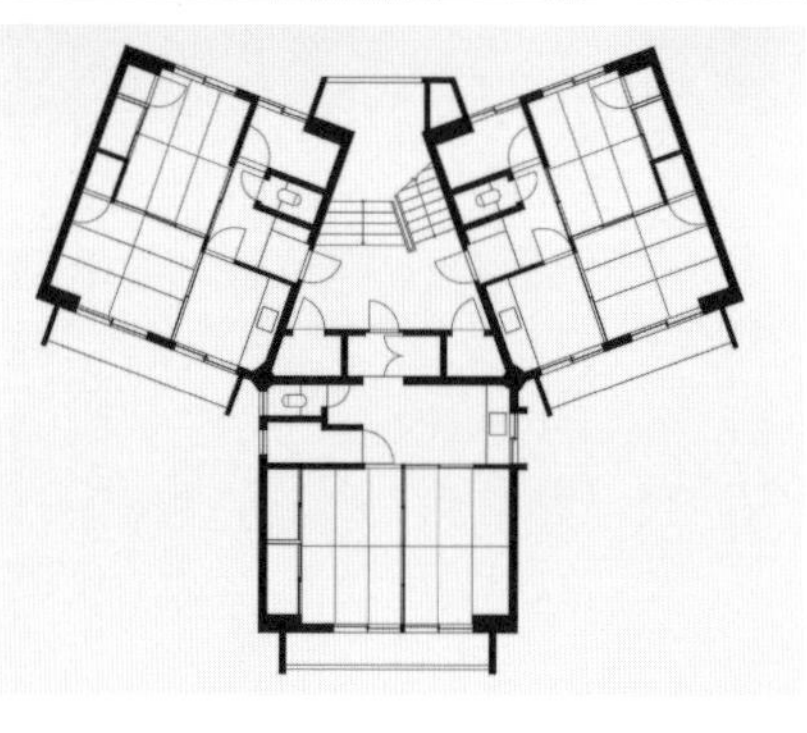

図61｜「箱型」スターハウス（香川県営国分寺団地）
図62｜「箱型」スターハウスの平面図

スの間取りである。当時の公営スターハウスでは和室二室を六畳と四畳半の組み合わせにする例が多いのに対して、香川県営住宅では六畳間二室としているのが特徴である。側面の開口部が出窓のようになり、外観にフレームのように表現される意匠的特徴がある。

箱型

国分寺団地と飯山団地で一九六七〜六九年に建設された住棟である［図61・62］。このタイプの特徴は、各住戸の側面（東と西側）を基本的に壁で閉じている点である。南側のバルコニーの側面にも袖壁を設けるため、それぞれの翼棟が箱に収められたようにみえるのが特徴である。筆者が調べた限りではこれと同じスターハウスは他の公営住宅にはみられず、香川県独自の住棟型と考えられる。住戸内の間取りは一宮型とほぼ同じであるが、側面の開口部がなくなったため、採光や通風面はやや劣ると考えられる。ただ、先述の電電公社の社宅のように住戸間のプライバシーを考慮してスターハウスの開口部を減らす例もあり、同様の意図があったのかもしれない。壁式

図63｜「ラーメン型」スターハウス（香川県営飯山団地）
図64｜「ラーメン型」スターハウスの平面図

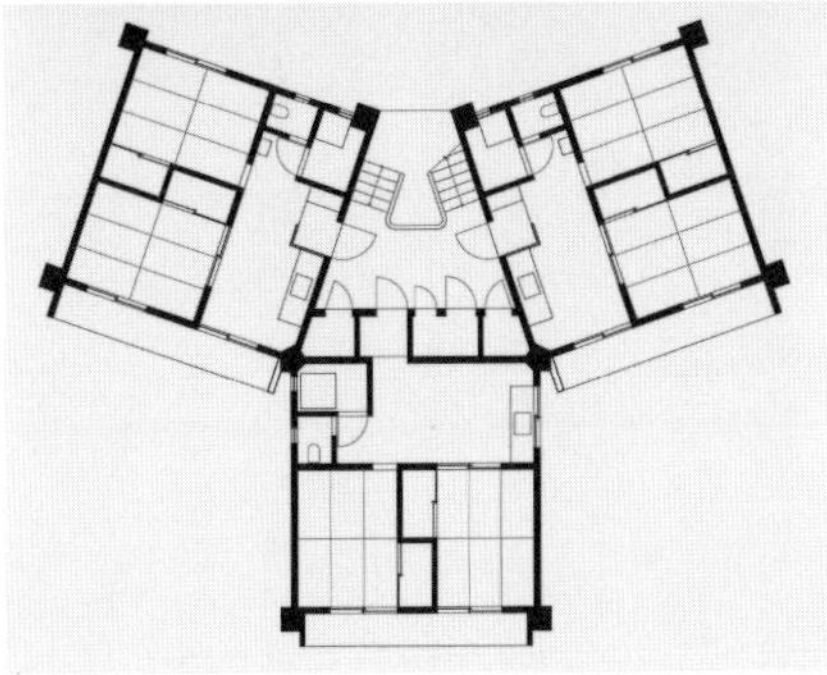

構造を主体としているようにみえるが、開口部のある南・北面では壁を厚くし、梁も設けている点でラーメン構造が併用されているようである。

ラーメン型

一九七一〜七二年度に香川団地、国分寺団地（第二）、飯山団地で建設された住棟である［図63・64］。ラーメン構造の柱を住戸の外側に置き、構造を外観に現す点が特徴である。柱型を屋根の上まで延ばし、柱・梁の構造を強調している。柱型を外観に見せるスターハウスは、他の公営住宅でも一九六〇年代末から七〇年代にかけて主流となるため、同時期の傾向を反映した変化と考えられる。住戸の間取りでは、二つの居室の間に押入れを置き、各室の独立性を高めている点が先の二タイプと異なる。この間取りであれば住戸の側面にも窓を設けることができるが、箱型同様に側面は基本的に壁となっている。その理由がプライバシーなど居住性への配慮なのか、あるいは構造的な理由なのかは不明である。

以上説明したように、香川県営住宅では三つの異なるスターハウスのタイプが段階的に建設されていた。最初の一宮型は構造や間取りにおいて標準的な、開口部の多いタイプであった。次の箱型で側面を閉じる形に変わったのは、構造を中心とした建設費との兼ね合いからかもしれない。最後は同時期によく見られるラーメン構造の柱梁を外観に現すタイプに移るが、ラーメン構造を主体としていながら、

図65｜飯山団地の「ラーメン型」スターハウスの基礎部分

側面の壁に開口部を設けない特徴があった。

なお、飯山団地のラーメン型の住棟は、基礎をピロティ状にして住棟を地面からもち上げることで、傾斜のある敷地に対応していた［**図65**］。香川県でこのスターハウスの形式が採用された背景には、このような敷地との関係もあったのかもしれない。いずれにせよ、香川県営住宅ではスターハウスの新しいタイプが発展的に示されており、当時の香川県建築課の担当者の試行錯誤の跡をみてとることができる。このようなスターハウスの変遷は、全国的にみても興味深い例といえる。

香川県の戦後建築では二〇二一年に重要文化財になった香川県庁舎が有名だが、同時期、県の建築課は住宅建設においても新しい取り組みをしていたのである。丹下健三研究室を基本設計に迎え入れた一宮団地や一連のスターハウスの建設にみられるように、組織として進取の気性に富んでいたことがうかがえる。残念なのはその活動が、資料として後の時代に十分に伝えられていない点である。

現在の香川県土木部住宅課の説明では、四団地のスターハウスはいずれも老朽化などにより移転促進中であり、用途廃止予定とのことである。仮に住宅の機能を失っても、このうちの一部の建築を残すことはできないだろうか。

4 有名建築家とスターハウス2
——黒川紀章と愛知県営菱野団地のスターハウス

丹下健三研究室で一宮団地を担当していた建築家の一人が黒川紀章（一九三四～二〇〇七年）である。彼は自身の出身地である愛知県の県営菱野団地（瀬戸市）で極めてユニークなスターハウスの提案をしている。おそらく彼は一宮団地でスターハウスと関わり、その可能性を見いだしたのではないか。続いて黒川紀章による菱野団地のスターハウスの特徴を考察したい。

黒川紀章の「菱野計画」

菱野団地は、黒川紀章による一九六七年の基本計画を基に愛知県住宅供給公社（以下、公社）により計画・実施されたものであり、公社の分譲住宅・賃貸住宅と愛知県営の賃貸住宅から構成される団地である。スターハウスを含む中層住棟は県営住宅に含まれ、公社は現在その管理を担っている。土地造成が一九六七年から始まり、スターハウスを含む中層住棟は一九六九～七四年度に段階的に建設されている［＊46］。その後、分譲住宅の建設も続いたため、団地の完成は一九七九年頃である。

この団地は、環状道路で囲われた不定形な楕円状の三つの住区から構成され、それらが中央のY字形に広がる公共ゾーンによって結ばれる、有機体のような形をした全体計画［図66］によって特徴づけられる。よく知られるように、黒川は当時、ダイナミックに変化する建築・都市の設計理論を生物学の概念を用いてメタボリズムと呼び、自作でその実践を進めていた。彼は菱野計画を、「（実現しなかった）東京計画1961、磯子計画1962、メタモルフォーゼ計画1965のスタディの集大成としてメタボリズムの方法論が適用されたもの」［＊47］（括弧内は引用者による）と述べているが、

図66｜「菱野計画1966」
（出典:『建築文化』彰国社、1967年11月号）

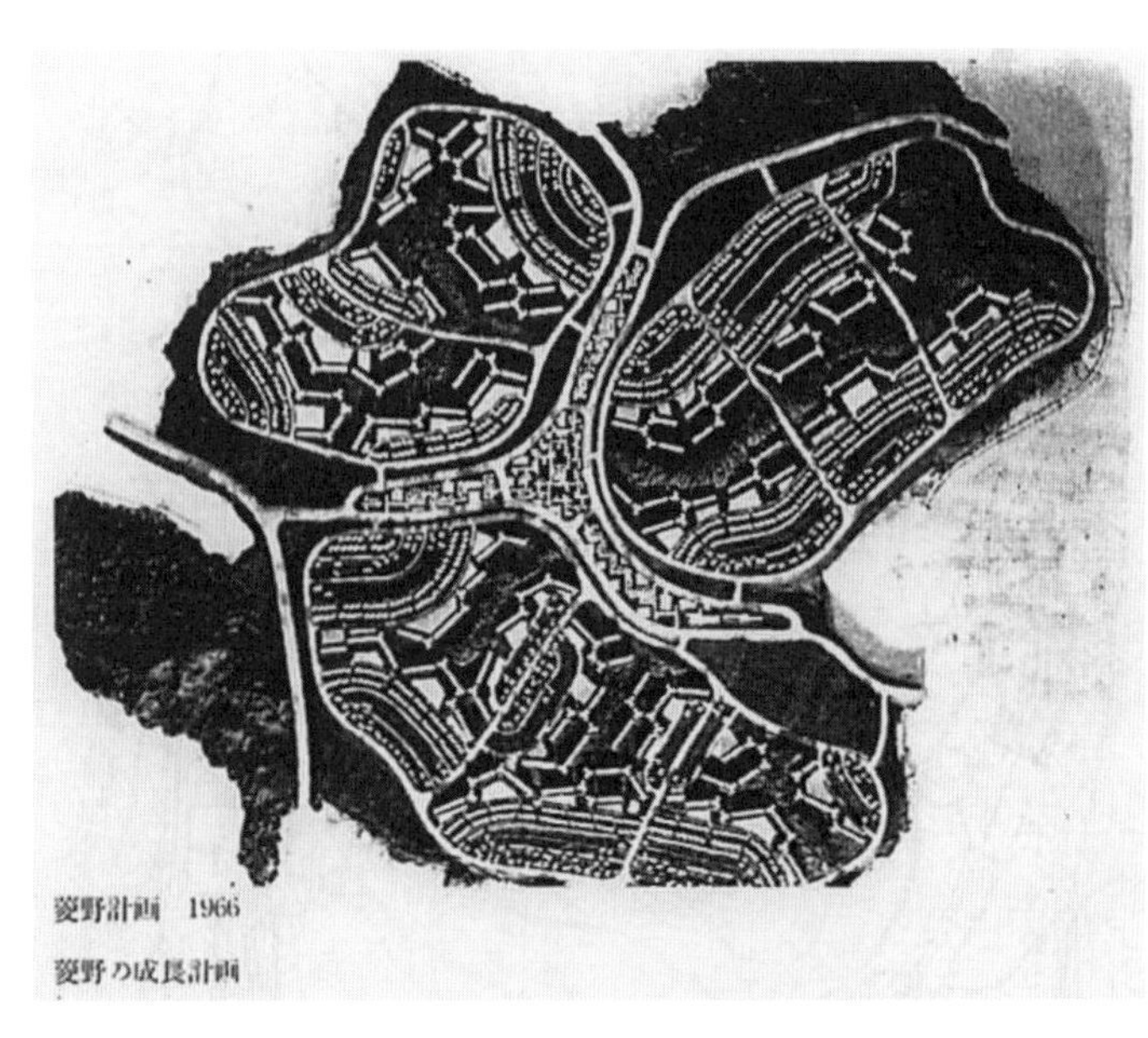

この計画に見られる有機体のような全体構成もメタボリズムのヴィジョンと結びついたものであった。この団地の基本計画である「菱野計画1967」は、一九六七年六月の『建築文化』に掲載された論文「定住単位計画の理念と方法」で詳しく紹介されている［＊48］。同じ内容は一九九六年出版の『黒川紀章――都市デザインの思想と手法』（彰国社）に再録されている［＊49］。それらの記述を参照しつつ、菱野団地とスターハウスの特徴を述べていこう。

菱野団地は既存都市である瀬戸市の開発計画と結びついた定住単位計画として、同市の中心から二キロメートルの位置に計画された。三つの住区の形状は、起伏の激しい自然条件から導かれたものである。敷地全体に狭い尾根が走り、それを残しつつ団地を造成することとした。まず尾根を取り囲むように三つの環状道路をつくり、その中に住宅地を設ける。住区内の尾根は自然緑地として残し、住区内にはほぼ等高線に従うかたちで道路を計画する。住区が高台にあるため、住区の外側を走る幹線道路は谷間を通るかたちとなる。これら団地内の大小の道路の交差点は全てT字交差とし、事故防止などを考慮している。三住区の間には線状に広がる中心地区を設け、中心地区と各住区を結ぶ歩道は道路をまたぐペデストリアン・ネットワークとし、自動車交通と区別されている。

各住区を構成する住宅の形式は、スターハウスと板状住棟の中層集合住宅と、分譲住宅であ

図67｜「菱野計画1967」配置計画
（出典：『建築文化』彰国社、1967年6月号）

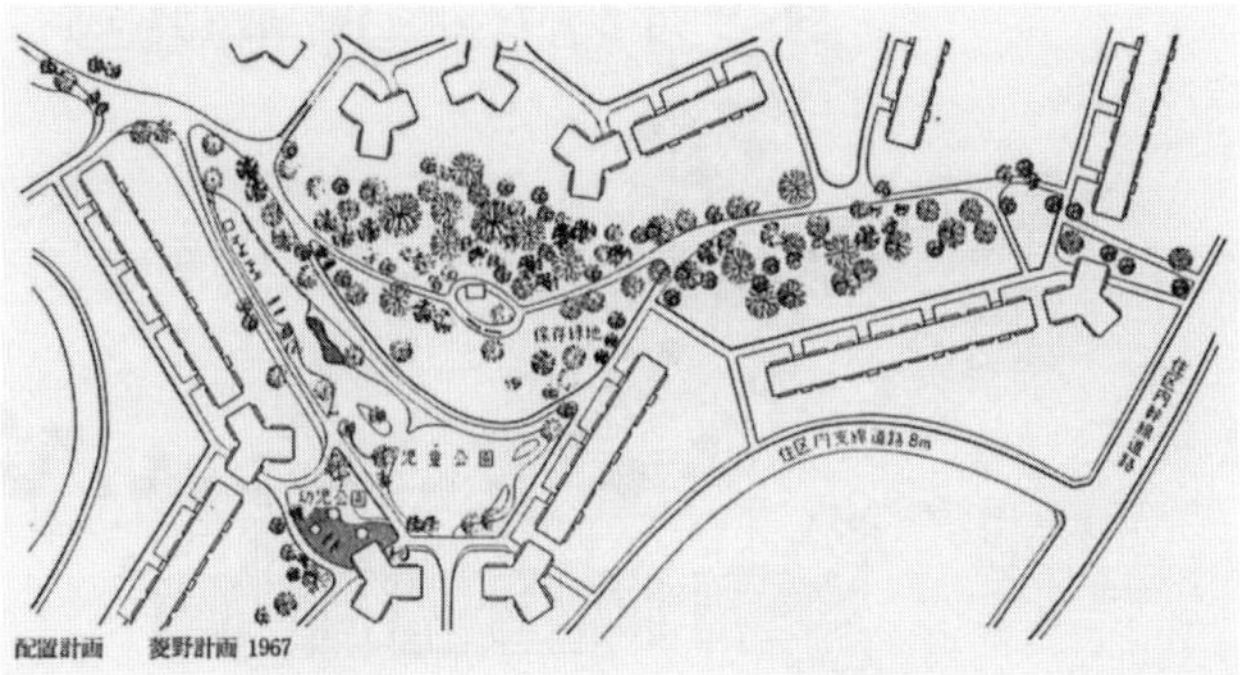

る戸建て、二戸建て、テラスハウスの低層住宅群から構成される。尾根に近い土地に中層住棟を連続させ、それより標高の低い位置に低層住宅群が広がる構成である。

「菱野計画1967」におけるスターハウス

中層住棟の配置計画でポイントとなったのがスターハウスであった。この団地の配置計画で独特なのは、矩形の板状住棟どうしをつなぐヒンジのような形でスターハウスを配置している点にある。黒川は、「ポイントハウス（スターハウス）の位置は、配置決定の拠点であり」（括弧内は引用者による）、その点と点を結ぶ線として板状住棟（黒川はそれを「フラット」と呼んでいる）を配置すると述べる［＊50］。その際スターハウスと板状住棟の中心軸を合わせることにより、これらの中層住棟の配置は連続した線の構成となる。この線と線の間には半ば閉じた空間がつくり出され、そこに児童公園・幼児公園・歩道スペースといった住民のための屋外空間が設けられる［図67］。この半ば閉じた外部空間も、隅部にスターハウスを配置することにより、適度に隙間ができ、「通風のよどみ、ビスタの完全遮断」を防ぐことができるという。

そして住棟の説明に移る［＊51］。この団地で注目すべきは、当時一般的だった北側を開放する二等辺三角形の階段室をもつタイプのスターハウスではなく、市浦健の最初の54C-2型と同様の正三角形の階段室をもつ平面形に立ち戻っている点である。その理由として黒川は、「配置がヘキサゴナルに構成できるために、ウィングの角度の等しいポイントハウスを、建設省公営住宅標準設計54-4PN-2DK（54C-2）を基本として改良を行なった」と述べている。つまり、住棟の配置計画において、板状住棟をつなぐヒンジのような役割をスターハウスにもたせるために、各フロアの三つの

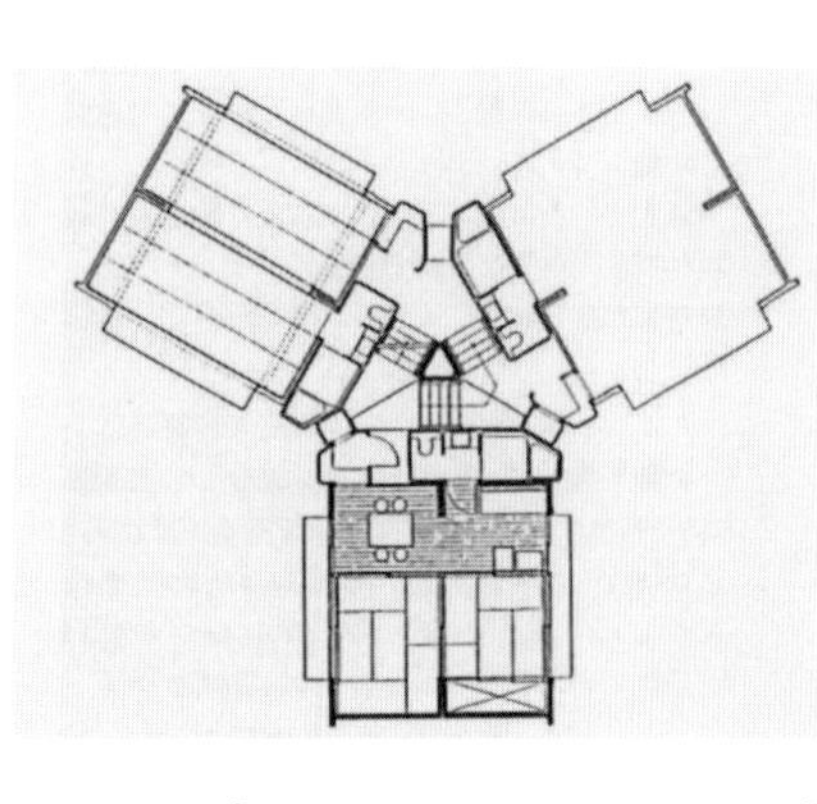

図68｜「菱野計画1967」スターハウス プレファブ案平面図
（出典：『建築文化』彰国社、1967年6月号）

住戸が正確に一二〇度ずつ傾くような幾何学的な平面形式を採用したということである。「ヘキサゴナル」という言葉からも黒川が幾何学的な構成を重視していることがわかる。さらにこの形式の住棟の利点として、構造的な安定性や、従来のスターハウスに比べて各住戸のプライバシーが高い点に言及し、自身の提案の根拠を補強している。

各住戸の平面で特徴的なのは、「設備部分を階段側にまとめ、収納部分を妻側にまとめることによって居室部分の間仕切のフレキシビリティを最大限に高めた」点である。方位にかかわらず全ての住戸において収納部分を妻側にまとめるため、住棟の妻面は壁になり、一方でバルコニーは各住戸の両側面に配置される計画であった［**図68**］。通常のスターハウスでは、東・西の住戸の妻面が壁になることはあるが、南側の住戸では南面する妻面に開口部とバルコニーを設けるのが一般的である。そもそもスターハウスは、南に突き出す形でY字の平面を配置し、各住戸の南側にバルコニーを設けて日照と通風をできる限り考慮するというように、方位との結びつきが強い住棟の形式であった。しかしこの黒川のスターハウスでは方位との関係をほぼ無視するような提案がなされている点が注目される。

なお、掲載された平面図は「プレファブ案」のものであり、平面図をみてわかるように、彼の計画では、通常のスターハウスのように同一フロアに三住戸が置かれるのではなく、各住戸の玄関が三分の一階ずつ段階的に上がっていく構成になっている。つまり箱型の住戸が螺旋状に積み上がっていくイメージである。ここにもメタボリズムの建築的イメージが反映されていた。

さらに黒川の提案で独特なのは一階部分の扱いである。正三角形の階段室を用いた場合、一階の住戸の配置を上階と同じようにすると、外部から階段室に入ることができない。市浦の最初の「54C-2型」では一階部分の二住戸の間取りを変えることで半ば強引に階段室（すなわち住棟）

図69｜「菱野計画1967」住棟配置図
ピロティ空間の計画がうかがえる
（出典：『建築文化』彰国社、1967年6月号）

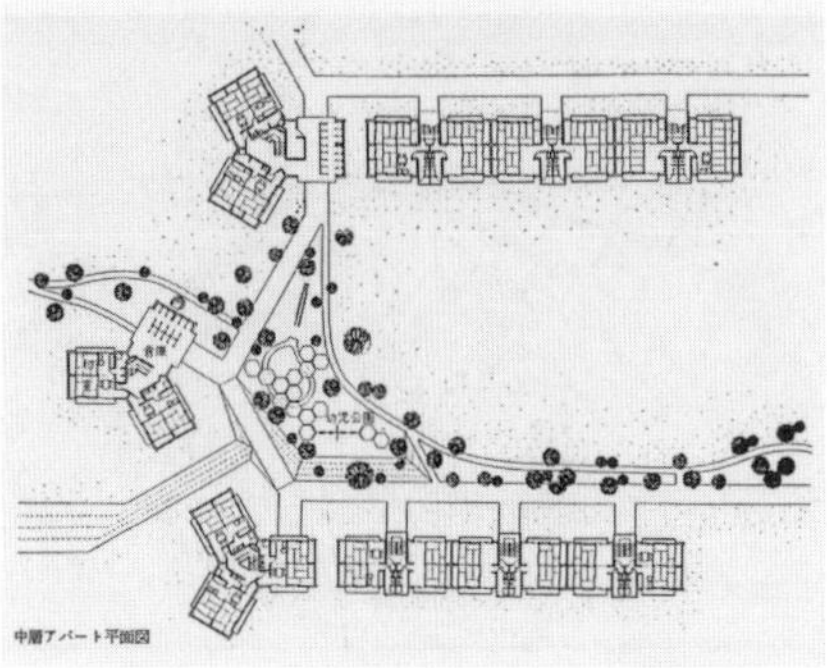

への入り口をつくり出していた（第1章の図8参照）。対して黒川は、一階部分を二住戸に限定し、一住戸分はピロティ空間として開放するかたちを提案した。彼の説明によれば、「このスペースは、ペデストリアン・ネットワークの情報拠点として、小集会室、電話ボックス、案内板、告知板、保育室、ランドリー、タバコ屋、共用倉庫等が置かれ、またエネルギー・ネットワークの拠点として受電設備が置かれる」という［図69］。つまり単なる住棟への入り口とするだけではなく、このピロティ空間を歩行者の通過動線や、生活のための各種機能のために用いるという提案である。このようにしてスターハウスに都市的な意味をもたせていた。この計画により、スターハウス一棟に収容される住戸数は従来より一住戸分減少するが、黒川の計算によれば、廊下などの共用面積の減少や構造・設備コストの減少により、総合的にみればこの計画は家賃収入減を上回る効果を生むという。

以上のように当初の菱野計画では理念的な性格の強いスターハウスの計画が提示されていた。では実際に菱野団地で建設されたスターハウスはどのようなものだったか。

菱野団地におけるスターハウスの建設の実態と現状

黒川の「菱野計画1967」が発表された同年に愛知県住宅供給公社は『菱野の基本計画1967』という冊子を作成している［*52］。さらに一九七二年には『1972菱野計画』と題した建設の途中報告のための冊子を出している［*53］。この二冊には黒川紀章の名前はなぜか言及されていないが、使われている図版や文章から先述の黒川の計画をベースに適宜変更を加えながら実施計画を進めていたことがみてとれる。この二冊と現状の調査を基に菱野団地におけるスターハウスの建設の実態を述べてみよう。

図70｜『菱野の基本計画1967』の土地利用図

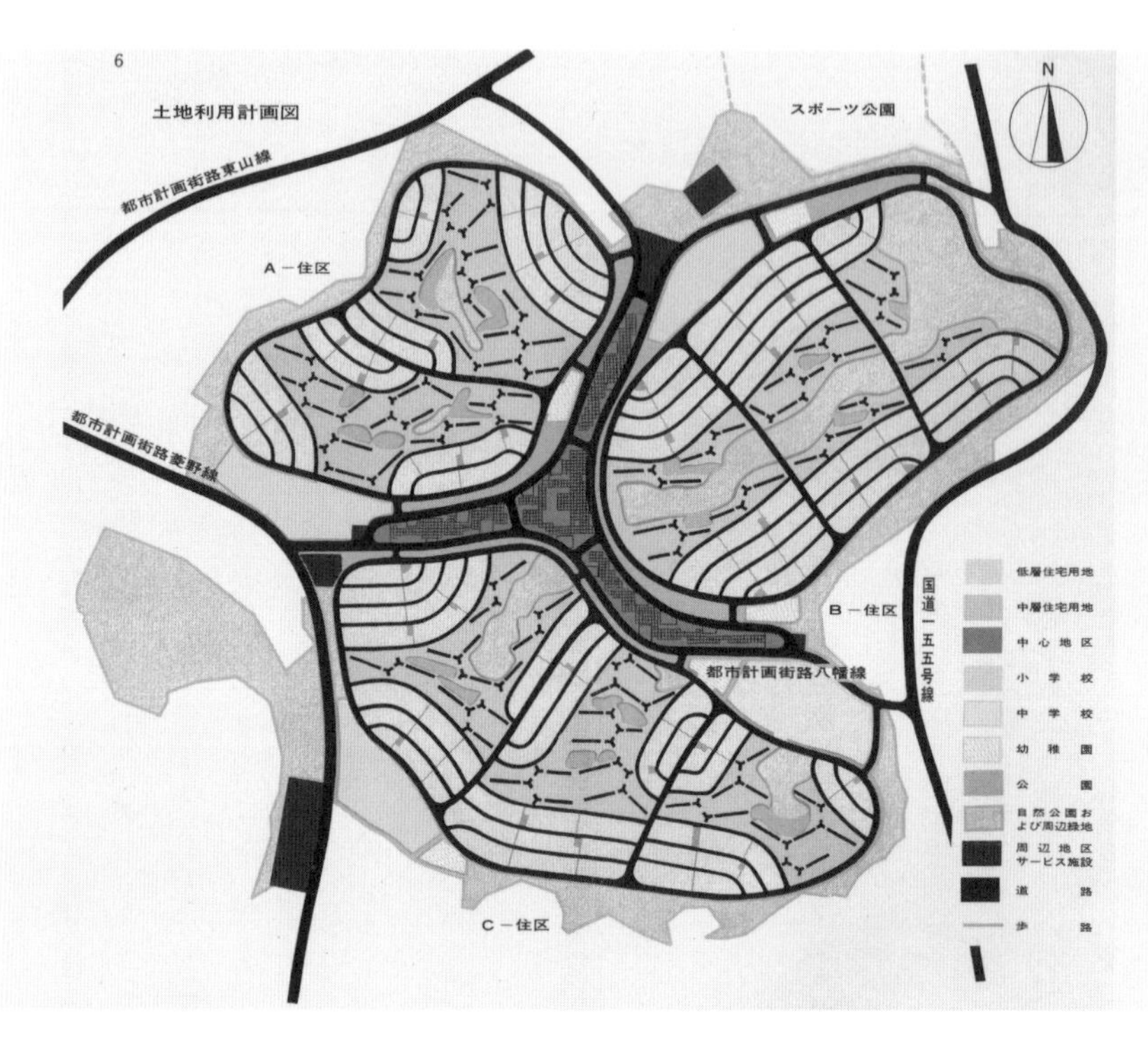

『菱野の基本計画1967』には土地利用計画図として図70が掲載されている。これは黒川の「菱野計画1967」に大判で掲載されていた配置図を簡略化し、具体的な道路名などを書き込んだものであるが、黒川の計画そのままにスターハウスと板状住棟の配置が簡易的な図により示されている。ここで計画されているスターハウスの棟数は、後に原山台と呼ばれる北西のA住区に三六棟、萩山台となる北東のB住区に二六棟、八幡台となる南のC住区に三四棟の計九六棟であった。この計画図は原山台の土地造成が始まった一九六七年時点のものであり、あくまで計画のためのイメージ図と捉えることもできるが、住区の形や道路の計画は実現にあたって大きな変更がないのに対して、住棟の配置計画はこの後大きく変わっていくのである。

五年後の『1972菱野計画』では、実施に際しての供給住戸数など具体的な数値が示されるようになるが、そこに掲載された新しい土地利用計画図では、一九六七年の図で示されていたようなスターハウスと板状住棟の表現がなくなる。一方でこの冊子には完成した原山台の鳥瞰写真［図71］も掲載されている。

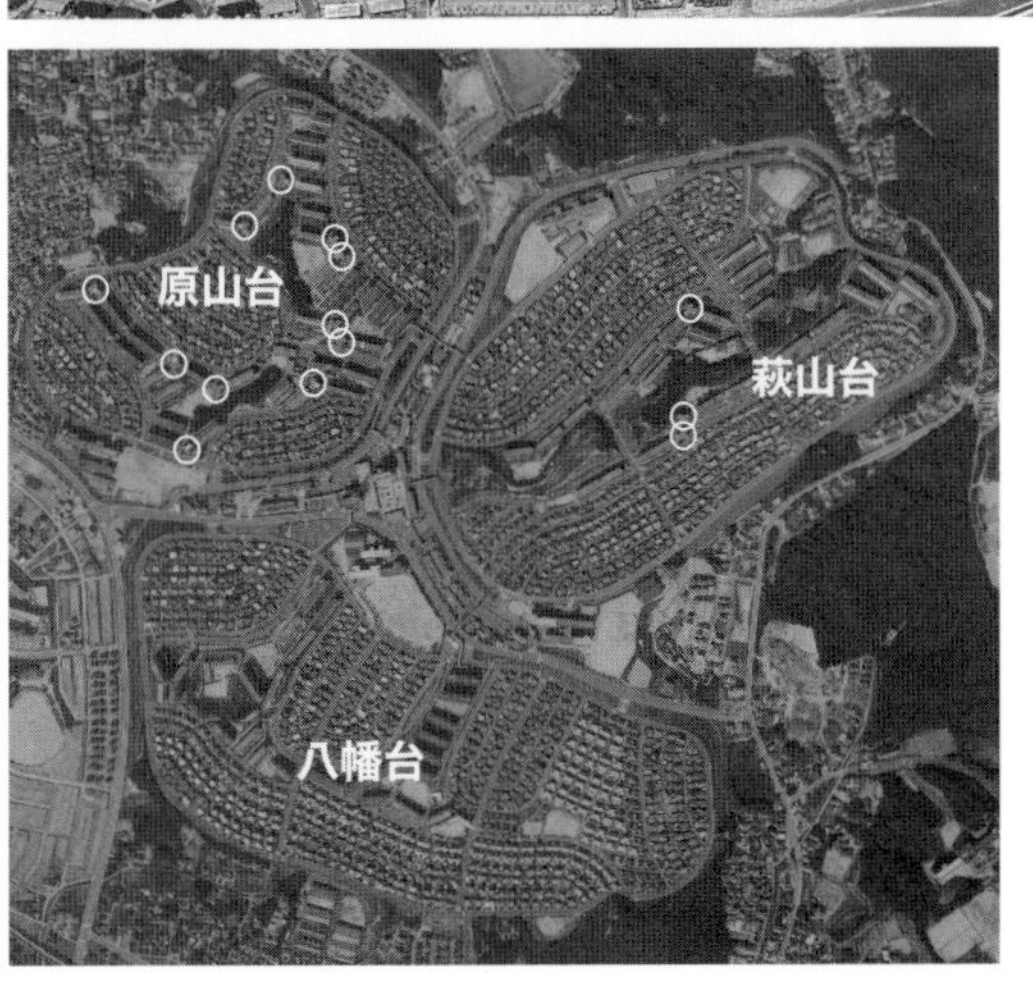

図71｜『1972菱野計画』に掲載された菱野団地原山台の鳥瞰写真
図72｜菱野団地におけるスターハウスの建設状況（○がスターハウス）
（国土地理院の空中写真（1982年10月撮影）を基に筆者作成）

スターハウスを間にはさんで板状住棟をつなげていく配置計画が、最初は半ば構想どおりに実現していたことがわかる。だが、スターハウスと板状住棟をつなげて線状の配置をつくり出す試みは、最初に建設された原山台以降は次第に失われていくのである。

菱野団地においてスターハウスが次第に建設されなくなっていく様子は、当時撮影された航空写真を年代順に追っていくとよくわかる[*54]。竣工後の一九八二年の航空写真[図72]を基にそれを示すと、最初の原山台（一九六七〜七一年頃）では一一棟のスターハウスが建設されているが、続く萩山台（一九七〇〜七三年頃）では三棟しか建設されていない。そして最後の八幡台（一九七一年以降）では一棟も建設されていない。つまり当初は団地全体で九六棟構想されていたスターハウスは実際には一四棟しか建設されず、時期が後になるにつれて建設数が減っている（原山台と萩山台でスターハウスが建設された時期は一九七一〜七三年頃）。このように実際に建設されるスターハウスの数が減っていった明確な理由については、具体的な資料が得られていないためわからないが、一般的に考えれば、建設費用や住棟の使い勝手において当初想定していたような効果が生まれなかったということだろう。

それでは菱野団地で実際に建設されたスターハウスはどのようなものだったか、具体的に示していこう。平面図からわかるように階段室を正三角形とする計画は実現している。ただ、黒川の提案が基本的に方位に依拠しない住棟計画であったのに対して、

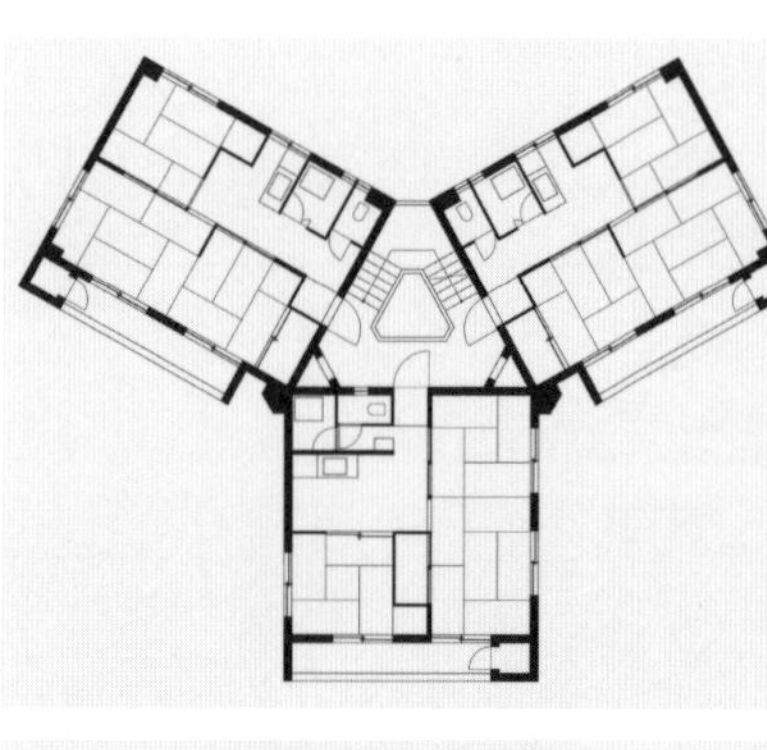
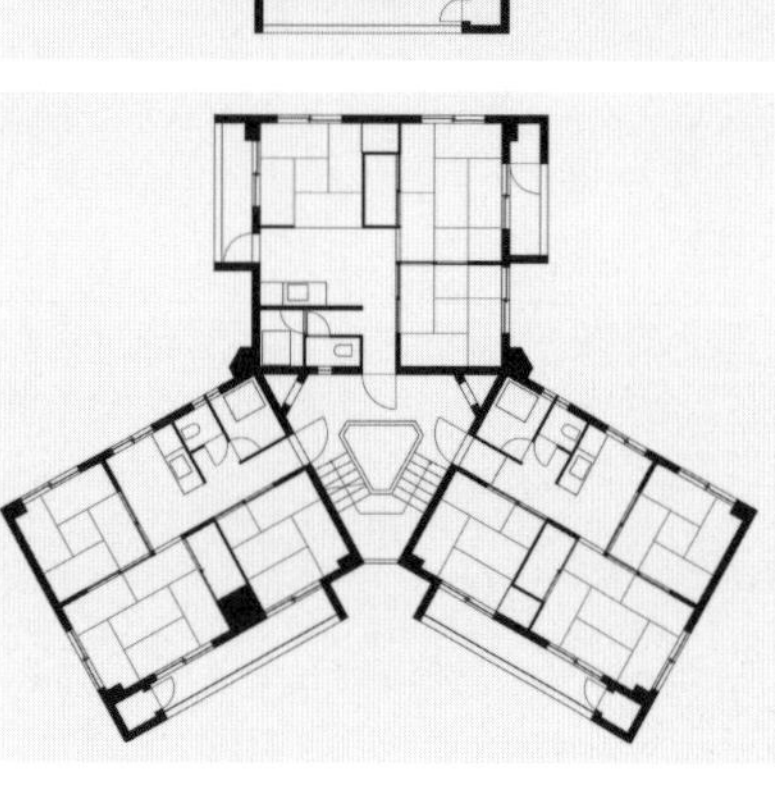

図73｜菱野団地のスターハウス「Y型」平面図
図74｜菱野団地のスターハウス「逆Y型」平面図

実際の住棟では当然ながら方位は考慮された。菱野団地で建設されたスターハウスでは、南に一住戸を突き出す通常の向きをもつ平面タイプ［図73］と、それとは逆に北側に一住戸を突き出す平面タイプ［図74］の二種類が建設されている。この二タイプを用いることにより、この団地特有の「ヘキサゴナル」な住棟配置を実現しようとしたのである。ここでは便宜的に前者をY型、後者を逆Y型と呼ぶことにする。

Y型では、全住戸において南側にバルコニーを配置する標準的なスターハウスの間取りとなっている。黒川の当初計画では全住戸の収納を妻側に集めていたため妻面は壁で閉じていたが、実現した住棟では妻側にも居室を配置し、開口部も設けられた。正三角形の階段室は完全に閉じず、北側が開放されている。そのために東と西の二住戸の奥行き（妻面の幅）を短くしており、両住戸の平面形状は長方形になっている。この点も黒川の計画案とは異なっており、一般的なスターハウスに近い形に変形されている。同様の特徴は、向きは異なるが逆Y型にもみられる。

一般的なスターハウスと比べて特異なのは逆Y型の方である。Y字の向きを一八〇度回転したため、南面しない北側の住戸が生じている。そこでは東と西の二面にバルコニーを設けることで外部と接する面積を増やし、居住性を高めようとする間取りの工夫はみられるが、南に面した二住戸と比べると採光など環境が劣る感は否めない。もちろん南面しない住戸をもつ集合住宅は一般には数多く存在するから、この間取り自体が間違っているわけではない。ただスターハウ

図75｜菱野団地(原山台)のスターハウス
ピロティ空間として設けられた通り抜け通路の現状

図76｜菱野団地(原山台)の現状

スが本来、日照・通風などの居住環境を高めるために南側に突き出るY字形を基本としていたことを考えると、逆Y型とすることはその本来の目的から外れるものとなってしまう。つまり居住性よりも住棟の特別な配置計画のためにつくり出されたスターハウスの平面が逆Y型なのである。おそらくそのような矛盾もあり、菱野団地では建設の後半になると、スターハウスは用いられなくなったのではないか。

他方で黒川が提案した一階のピロティ空間は実現している。通り抜けの通路としては現在も機能しているが、当初想定された小集会室、電話ボックス、保育室、ランドリー、タバコ屋といった拡張的な機能は、現地で見る限り実現した形跡はない[**図75**]。構造に関しては、黒川はプレファブ案も出したが、これも実現していない。ラーメン構造を主体とした一般的なRC造で建てられている。

現在、菱野団地では古い中層住棟の建て替えが進んでいる。現存するスターハウスは原山台の西側の四棟[**図76**]と萩山台の三棟の合わせて七棟である(二〇二三年二月時点)。

菱野団地における黒川の計画はスターハウスの可能性とその限界の両面を示すものだったといえる。従来の南に突き出るY字形のスターハウスだけではなく、北に突き出る逆Y型のバリエーションを加えた点は既存の型にはない特徴をもたらした。だが、南面を重視する日本の公共住宅において、逆Y字の住棟は標準的なスターハウスに比べてやはり居住性に劣る面があったのではないか。一方でスターハウスと板状住棟を連続させて囲うことで半ば閉じた共用の外部空間をつくり、スターハウスの一階には通り抜けの通路を設けるというような都市的な提案は建築家ならではのスケールの大きなものであり、他の公営住宅にはみられない実験的な試みであった。このような戦後昭和期の実験的試みに歴史的な価値がある。この団地でも近年建て替えが進んでいるが、その価値を伝えていくことを望んでいる。

図77｜東長居第2団地のダブルスターハウス
図78｜福岡県住宅供給公社土取団地のダブルスターハウス

5 スターハウスの広がり

スターハウスのバリエーション

これまで日本住宅公団や公営住宅などのスターハウスの展開を解説してきた。そこでは建築家や各種の事業主体によって、標準的なスターハウスにアレンジを加えた例がしばしばみられた。スターハウスのおもしろいところは、全てが標準的な型にとどまったわけではなく、むしろY字形という特徴的な形を基本としつつ、さまざまなバリエーションが現れていくところにあるといえる。このバリエーションを出発点に、スターハウスの広がりについても考えてみたい。

まず、スターハウスのバリエーションとしては「ダブルスターハウス」が知られている。これは二棟のスターハウスの住戸端部を連結して一つの住棟にしたもので、日本住宅公団の例では、大阪府大阪市住吉区の東長居第二団地（一九五八年）に一棟現存している［図77］。この住棟はもともと分譲住宅として建設されたようで、現在も民間の所有である。さらに公社の住宅では、現存最古のスターハウスが残る福岡県住宅協会（現福岡県住宅供給公社）の北九州市の土取団地（一九五七年）で一棟現役で使われている［図78］。同公社では、福岡市の小笹団地にも一棟のダブルスターハウスがあったが近年取り壊された。公営住宅では、徳島市の徳島県営寺町団地［図79］に近年まで一棟現存していたものの、やはり取り壊されてしまった。

図79｜徳島県営寺町団地のダブルスターハウス平面
昭和53年度 避難路新設時の図面(提供:徳島県)

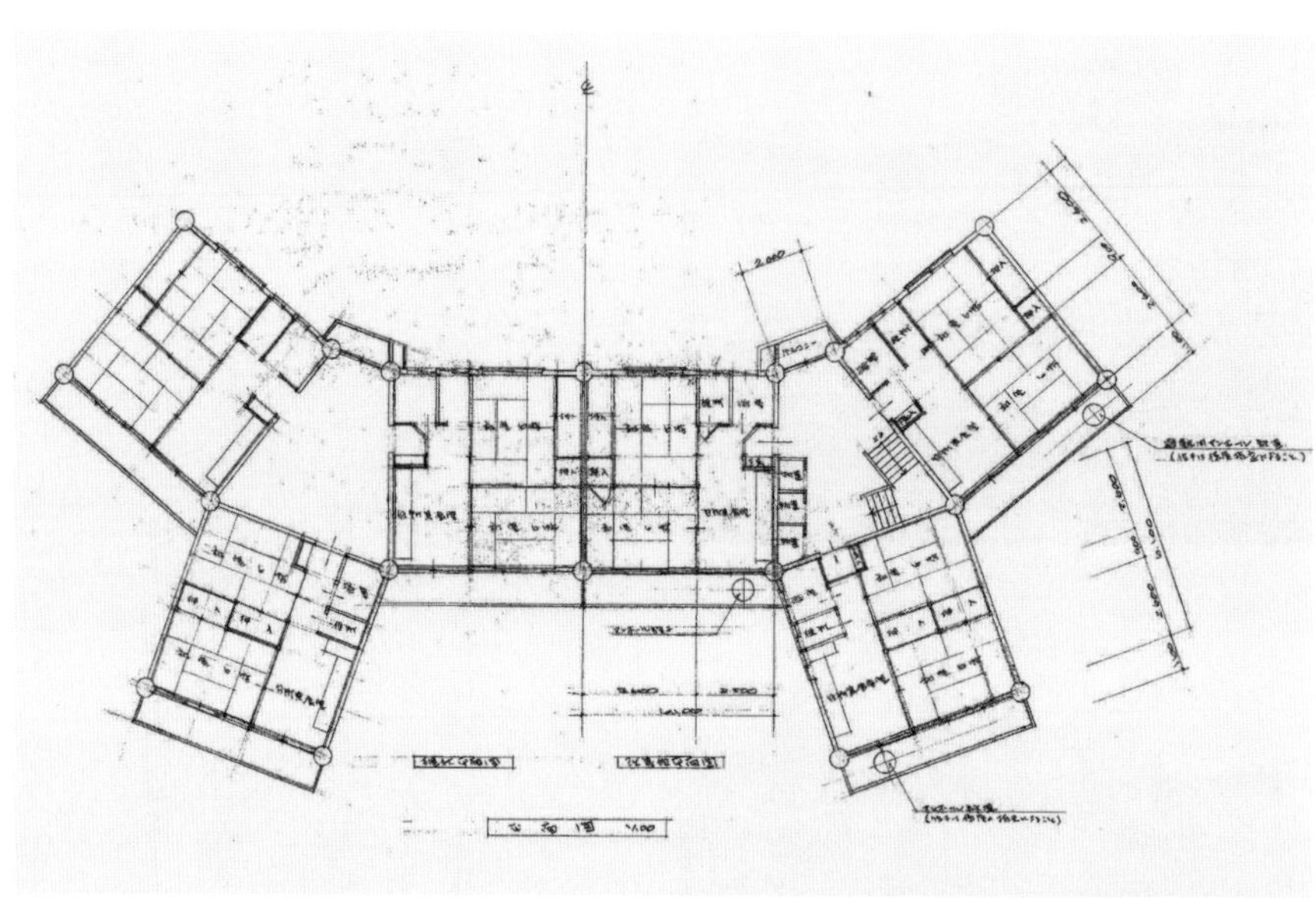

ダブルスターハウスはスターハウスを発展させた住棟形式とみなせるが、現地で実物を見るとむしろ違いの方が目につく。すなわち、スターハウスが本来もっていた狭小敷地への対応や団地景観におけるポイントとしての効果といった利点が弱められてしまっているのである。実際、団地景観に変化を与えるポイントハウスというよりも、むしろモニュメンタルな城塞のような印象を受ける。第1章で言及した、久米権九郎が一九五二年に日本に紹介したスウェーデンのグレンダール団地では、スターハウスを複数連結して蜂の巣のような平面をもつ住棟［図80］が建てられていたが、そのような連続するスターハウスを実験的に試みたのがダブルスターハウスといえるかもしれない。

一方で公営住宅や公社住宅では、標準的なスターハウスの平面型を変形させたバリエーションがあることがわかっている。われわれが調査した中では、例えば大阪市住宅協会による共立住宅（一九五六年）は、スターハウスの一例といえるが、平面は独自のものである。中央の階段室が三角形ではなく縦長の六角形となり、全体の平面はY字形よりはT字（もしくは凸形）に近くなっている［図81］。この変形住棟を二棟つなげたダブルスターハウスも同じ団地に建設されていたが、いずれも二〇〇〇年頃に解体されている。

山形市営の天満住宅（一九七二〜七三年）でも、本章2節で紹

図82 | 山形市営天満住宅のT字形住棟

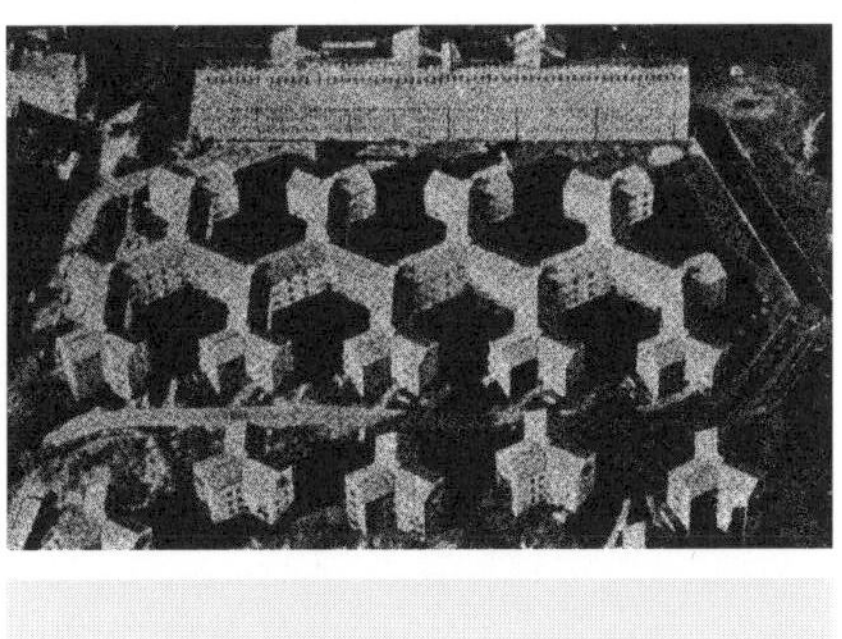
図80 | ストックホルムのグレンダール団地
（出典:『住宅』日本住宅協会、1952年9月号）

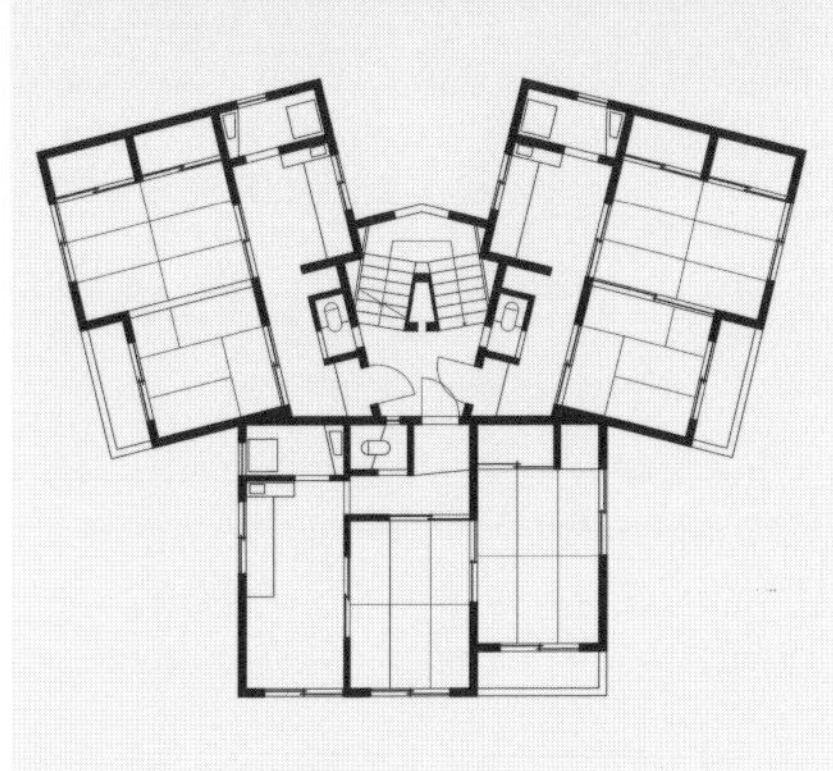
図81 | 大阪市住宅協会の共立住宅の（変形）スターハウス

介した二棟のスターハウスと並んで、矩形の階段室に三住戸が配置されるT字形平面の変形スターハウスともいえる住棟が建設されている［**図82**］。実際に訪れてみると、階段室の印象など、スターハウスがもつような特別感はなく、通常の板状住棟に近いものと感じる。この団地では二棟のスターハウスは解体予定だが、このT字形平面の住棟は耐震補強されて引き続き維持・活用されるとのことである。開口部の多いスターハウスに比べて耐震補強がしやすかったのが決めての一つだったらしい。これと似たT字形住棟は、筆者は香川県営香川団地でも目にしたし、第1章の各論2でも言及されているように他の自治体でも建設されており、必ずしも珍しいタイプではないと思われる。

また先述の福岡県住宅協会では、「56ＦＤＹ」という型名をもつ一フロア四住戸の独特なY字形をもつ変形スターハウス住棟が設計されており、現在も北九州市の下到津（しもいとうず）団地に四棟（一九五九年竣工）残っている［**図83・84**］。この住棟は、Y字形平面の南に突き出た翼部に二住戸が並ぶのが特徴であり、そのため標準的なスターハウスとは異なり、南面する翼部の幅が広くなっている。現地で見ても一般的なスターハウスのような軽やかさはなく、同じY字形でもどっしりとした印象を受ける。この住棟はおそらく福岡県住宅協会のオリジナルな型であり、他の地域では類例は確認できな

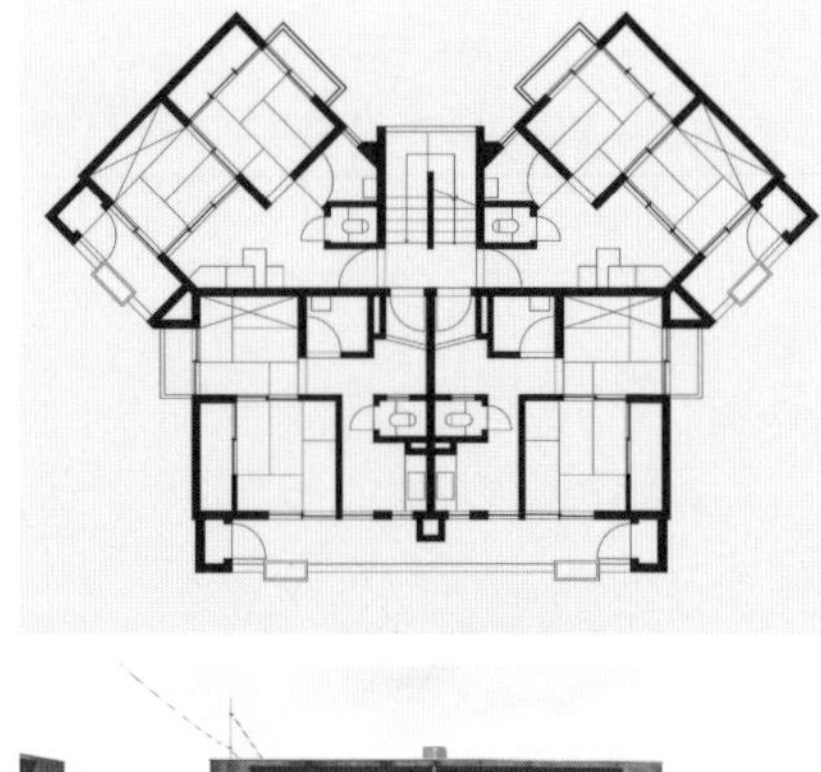

図83｜福岡県住宅協会（現福岡県住宅供給公社）1フロア4住戸の変形スターハウス

図84｜福岡県住宅供給公社下到津団地の変形スターハウス

図85｜福岡県住宅供給公社小笹団地のV型住棟

い。各階に四住戸を収容したため各住戸の床面積は狭小であり、一九八〇年代に各階の東と西の二住戸ずつをそれぞれ一つの住戸に統合して、各階二住戸に改修し、居住性を高めている。この二戸一化により、一住戸あたりの床面積は五七・八五平方メートルという余裕のある規模になった。

同じく福岡県住宅協会が建設した小笹団地（一九五六〜六〇年）では、上記の変形スターハウスと標準型スターハウス（Y型）、ダブルスターハウスに加えて、斜面地に数多くの「V型」の住棟が建設されている［＊55］［**図85**］。このV型住棟は、住宅金融公庫建設指導部が編集した『コンクリートアパート設計図集（第4集）』（新建築社、一九五七年）において「福岡県住宅協会V型」という名称で紹介されている［**図86**］［＊56］。各階四住戸がVの字（ただし先端は尖っていない）の平面を形成している。具体的には、中心軸に対して東と西に二住戸ずつが線対称に配置されている。南面に四住戸のバルコニーが連続し、背面の北側には螺旋状の階段がつくのが特徴である［**図87**］。小笹団地ではこの螺旋階段が屋上まで続き、住民が屋上に出られるようになっていた。北側敷地の住棟は建て替えにより取り壊されたが、南側の斜面地に今なお九棟が現存している。このV型住棟もポイントハウスの一種ということができ、広く捉えればスターハウスのバリエーションの一つとみなせるかもしれない。同じ図集には、本章2節で触れた福岡県住宅協会のスターハウスが「Y型」の表記で掲載されている（図14参照）。つまり同協会

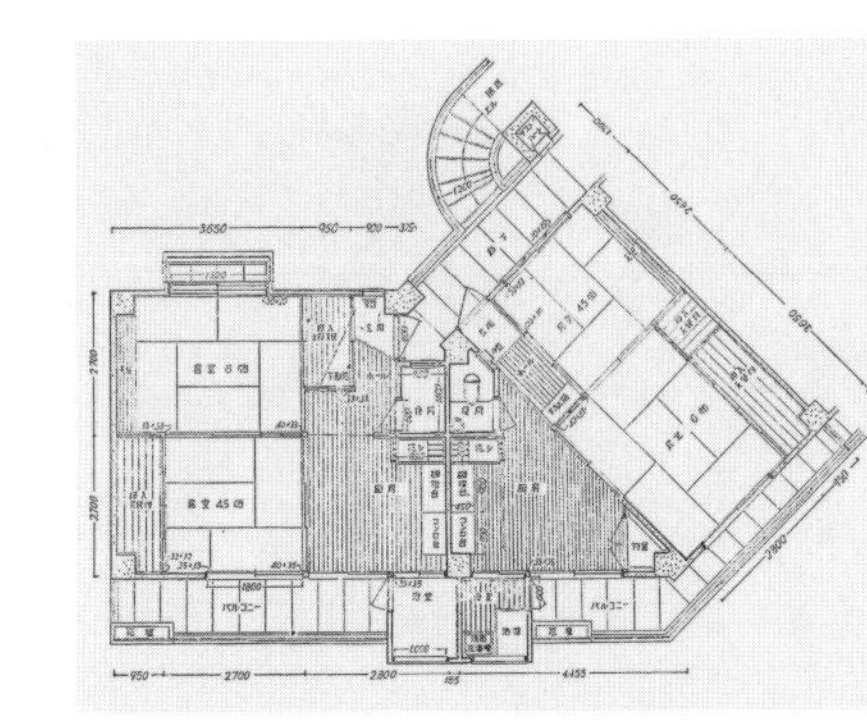

図86｜福岡県住宅協会のV型住棟平面図
（出典:『コンクリートアパート設計図集（第4集）』新建築社、1957年）

図87｜福岡県住宅供給公社小笹団地のV型住棟 階段室側立面

の住宅団地ではY型とV型がいわばセットとして同時期に考えられていたのである。ちなみに設計はともに福岡県建築部住宅課と記されている。住宅協会という別組織の住棟ではあるが、計画は公営住宅と同じ県の組織が行っていたことがわかる。この福岡県建築部住宅課の集合住宅や団地計画への取り組みは、数ある自治体の組織の中でも特筆に値しよう。

ちなみに日本住宅公団名古屋支所でも、ポイントハウスのバリエーションとしてV字形（L形）の平面をもつ住棟が稲沢団地（一九五八年）で建設されていたが、近年取り壊された。

スターハウスの高層化

このようにさまざまな変形をもつところがスターハウスの魅力の一つだが、発案者の市浦健が、もともと自身の設計したスターハウスを完成形と考えていなかったことも指摘しておきたい。彼は第1章で引用した一九五四年の文章で、「この設計は検討を重ねる余地があり、特により高層のアパートとして利用されるべきである」[*57]と付記している。「高層化」についての言及は、一九五六年に書かれた「スターハウスの追求」で具体化し、次のように述べている。

> 高層化を取上げて、積極的にこの型の特長を活かす事も考えたい。Y字の安定した型は、4階程度では、構造的に目立つて有利になつていないが、高層化すれば、はつきりした数字でその有利さが出て来ると

図88｜市浦建築設計事務所による高層スターハウスのスケッチ（出典：『建築界』理工図書、1956年1月号）

図89｜「高層アパート設計試案2──HRA54」（出典：『高層アパートの設計』技報堂、1960年）

思われるし、エレベーターを設ける事になれば、Y字化によつて必然的に生れたこの階段室の形、位置がよく生かされる事になつて来る。各翼の収容戸数を増す事も考えている。［＊58］

つまり、初期の標準的なスターハウスの型は垂直方向にも水平方向にも拡張可能な一つの原型であり、この原型を変化させていくことを設計者の市浦は当初から想定していたのである［＊59］。この文章に、彼は高層のスターハウスを描いたスケッチを添えている［図88］。このスケッチに関しては、本章冒頭で触れた富安秀雄氏がインタビューで語ったところによれば、市浦本人ではなく富安氏が描いたものらしい［＊60］。

ちなみに市浦は、一九五三（昭和二八）年度から建設省住宅局が日本建築家協会に委嘱して設置された「高層アパート設計資料編集委員会」の委員長を務め、一九六〇年に『高層アパートの設計』［＊61］という資料集をまとめている。そこでは後述するように「海外における高層アパートの実例」として、ドイツ、ミュンヘンの高層スターハウスが紹介されている。また、同委員会の提案として、「高層アパート設計試案2──ＨＲＡ54」と題して二つのL字を角の部分で接合したような十字形に近い平面形をとる高層ポイントハウスの計画が紹介されている［図89］。上述したスターハウスの高層化という市浦の発想は、彼の高層アパートへの取り組みが背景にあったことは確かだろう。

スターハウスの高層化はその後実現していった。一九七〇年には日本住宅公団百草団地で各階四住戸の変形Y型の一一階建てポイントハウス

図90｜多摩ニュータウン豊ヶ丘団地(UR都市機構)の高層棟

図91｜UR都市機構千里竹見台団地の高層スターハウス(右)。後(左)にみえるのが建て替え後の新しいY字形平面の高層住棟

図92｜神奈川県住宅供給公社のドリームハイツの高層住棟

が建設され[*62]、同様の例は多摩ニュータウンの永山団地や豊ヶ丘団地[図90]にも見られる[*63]。同時期大阪千里ニュータウンの千里竹見台団地(一九六七〜七一年)では、Y字形の各翼を拡張し収容戸数を増やした一四階建ての高層スターハウスが三棟建設された。これは市浦が夢見ていた高層スターハウスの実現例といってよいだろう。このうちの二棟は近年解体されたが、一棟は現存している[図91]。解体された一棟の跡地には、同じくY字形平面をもつ新しいかたちの高層住棟が建設されている。

神奈川県住宅供給公社と横浜市住宅供給公社による分譲集合住宅からなる横浜市戸塚区の大規模住宅団地ドリームハイツでも、県と市で異なる高層スターハウスのバリエーションが建設され、現存している。県ドリームハイツの方は、第1章の各論2でも紹介された市浦建築設計事務所による一フロア四住戸の一四階建ての高層棟(一九七二年度建設)である。道路沿いに三棟が建ち並ぶ姿はなかなか迫力がある[図92]。上述した日本住宅公団の高層スターハウスと同様の形式といえよう。市ドリームハイツの方は、最高一〇階建てで、Y字形平面を横に拡張したスターハウスの発展形である[図93]。一九七一〜七四年にかけて分譲住宅として三棟建設された。中央にエレベーターホールを配置し、そこから片廊下型の翼棟が三方向に放射状に延びている。三つの翼棟に収容される住戸数は一定ではなく(つまり翼棟の長さは一定ではなく)、敷地に応じて変えられており、一号棟(九階建て)の場合、翼

図93｜横浜市住宅供給公社のドリームハイツの住棟

棟ごとに各階七～一〇住戸と異なっている。なお、Y字の住棟は南に突き出す形で配置されているが、南に延びる翼棟においては、東面がバルコニー、西面が外部廊下となっている。

上記のものと似たY字形の高層住棟は他にも存在するだろうし、Y字形以外の高層ポイントハウスの例は日本国内において数多くみられる。そのような広がりを考えれば、スターハウスは戦後日本の集合住宅の歴史の中での一つの原点と位置づけられるだろう。

海外の塔状住棟とスターハウス

日本でスターハウスのような塔状の住棟（ポイントハウス）が普及するのは、鉄筋コンクリート造の住宅団地が広く建設されるようになる戦後からだが、海外では二〇世紀の前半から塔状住棟の提案があった。その代表例は、高層ビルがいち早く登場したアメリカに見られ、同時代の日本でもタイムリーに紹介されている。例えば一九四〇年の『新建築』一月号では、十字形平面の五つの高層集合住宅からなるニューヨークのキャッスル・ヴィレッジ（一九三九年竣工）［図94］が紹介されている［＊64］。さらに同年三月号ではY字形平面を連続させて住棟をつくったニューヨークのクイーンズブリッジの集合住宅（一九三九年竣工）が最新の事例として紹介された［図95］［＊65］。すでに日本に紹介されていたこのような先行事例が、市浦らのスターハウスの設計にインスピレーションを与えた可能性はあるだろう。

キャッスル・ヴィレッジのような十字形平面の高層建築は、一九二〇年代にル・コルビュジエが「人口三〇〇万の現代都市」（一九二二年）やパリの再開発計画「ヴォワザン計画」（一九二五年）で提示していた。前者の高層棟は都市中心部のオフィスとして提案されたものであり、後者は歴史

図96｜ニューヨーク市営住宅の平面図
（出典：『建築雑誌』日本建築学会、1955年9月号）
図97｜チューリヒの高層スターハウス
（出典：『建築雑誌』日本建築学会、1955年9月号）

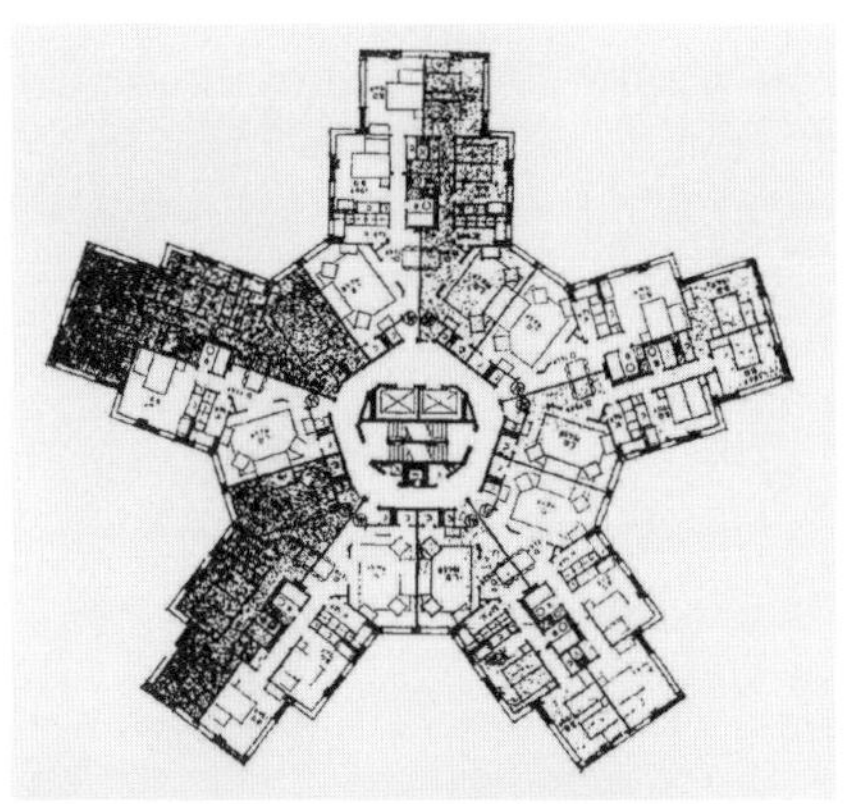

図94｜ニューヨークのキャッスル・ヴィレッジ
（出典：『新建築』新建築社、1940年1月号）
図95｜ニューヨークのクイーンズブリッジ
（出典：『新建築』新建築社、1940年3月号）

的な街区を高層ビルと空地で置き換えようとした現実離れした計画であった。いずれも実現していないが、その先駆的な高層建築の造形的イメージが上記のアメリカの集合住宅に影響を与えていた可能性は考えられる。日本でも、終戦直後の一九四六年に東京都都市計画課が制作した映画『二十年後の東京』の中で、新しい住宅地区として十字形平面のアパートが整然と建ち並ぶル・コルビュジエ風の都市像が紹介されている。このような一連の計画案の展開の中にスターハウスを位置づけることもできるだろう。

さらにスターハウスが設計された一九五〇年代半ば以降、日本の建築雑誌では高層住宅をめぐる論考がしばしば発表され、塔状の高層住棟もいくつか紹介されている。例えば鈴木成文が一九五五年九月の『建築雑誌』に寄稿した「高層集合住宅の問題」では、シカゴ、ストックホルム、ロンドン近郊ハーロウなどの塔状住棟が紹介されているが[＊66]、中でも興味深いのは五角形のコアのまわりに五つの翼部が放射状に配置されたニューヨーク市営住宅の平面[**図96**]である。これはまさに五芒星の平面をもつ住棟の実現例である[＊67]。

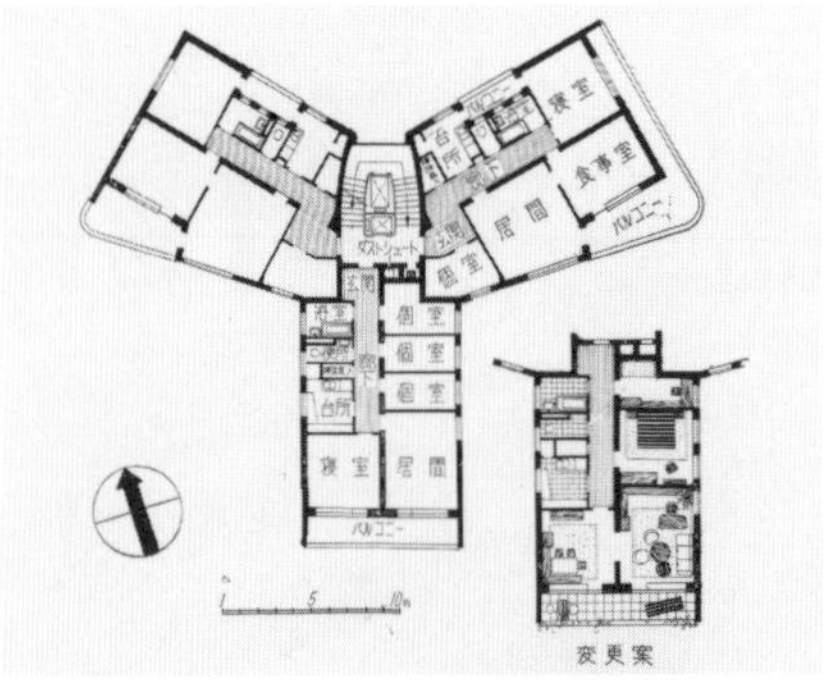

図98｜ミュンヘンのジーメンスの社宅団地の高層スターハウス（出典:『高層アパートの設計』技報堂、1960年）

図99｜ミュンヘンのジーメンスの社宅団地の高層スターハウスの平面図（出典:『高層アパートの設計』技報堂、1960年）

図100｜ドイツ、デッサウ市の高層スターハウス

久米権九郎も同じ号の記事「外国の高層アパートをみて」において、ストックホルム、コペンハーゲン、チューリヒ、ミュンヘンの住宅団地における塔状の「ポイント・ハウス」の実例を紹介している。中でもチューリヒ[図97]とミュンヘンの住棟はまさにスターハウスの高層型と呼べるものであった[*68]。後者のミュンヘンの事例は、先に触れた市浦らによる『高層アパートの設計』（一九六〇年）に掲載されたジーメンスの社宅団地の高層スターハウス[図98・99]である。久米も市浦と共に委員会に属してこの資料集を作成していたから、おそらく久米の紹介で同書にこの事例が掲載されたのではないか。ちなみに筆者もドイツのデッサウ市で高層のスターハウス[図100]を偶然見つけたことがあるが、同様の事例は各地で建設されているのだろう。

このようにみてくると、市浦健によるスターハウスの計画とその高層化というヴィジョンは、市浦一人の構想によるのではなく、上に述べたような時代背景があったことがわかってくる。ストックホルムのグレンダール団地も含めて日本のスターハウスと関連づけられる事例は海外にも多く、スターハウスの歴史的な位置づけは国際的な関係性の中でも捉えられるはずだ[*69]。スターハウスは時間的にも空間的にも広がりをもつものなのである。

註

*1――例えば、規格住宅研究会編『アパートの標準設計』住宅研究所、一九五九年、一三八―一四〇頁には、公営住宅の54C-2型と並んで、公団の「57-4P-2DK-2型」と「57-5P-3K型」が「住宅公団建築部設計課・市浦建築設計事務所」の設計として掲載されている。

*2――東京理科大学の大学院生だった松井渓氏が修士論文の調査の中で、二〇〇九年一一月一一日に市浦ハウジング&プランニングで富安氏にインタビューを行っている(松井渓『昭和20年代における不燃造集合住宅――標準設計の展開に関する研究』(東京理科大学二〇〇九年度修士論文)二〇一〇年三月、「資料編」、八九頁)。

*3――日本住宅公団建築部設計課「日本住宅公団の標準設計」『建築技術』一九五五年一二月、三三―三四頁

*4――前掲の松井氏によるインタビューには、富安氏の発言として、久米事務所にも独自のスターハウスがあったと記されている(松井、同論文「資料編」、八八頁)。

*5――市浦健『共同住宅の平面計画』相模書房、一九六二年、六二頁

*6――『日本住宅公団10年史』日本住宅公団、一九六五年、三八七―四〇七頁

*7――『日本住宅公団年報1955-6』日本住宅公団、二二一―二二五頁。URの所蔵図面では、この金岡団地(第一)のスターハウスには「55-NR5-5」の型名称がついている。ただし、その平面は公団標準設計平面図集の「55○-5P 2DK型」と同様のものであり、ここでは後者の型名称とした。

*8――都市基盤整備公団東京支社、都市整備プランニング「建替従前団地の設計記録作成業務(その3)報告書」二〇〇二年三月、八頁。日本住宅公団OBの林泰輔氏、杼村信宏氏の発言に基づいている。

*9――竣工後の航空写真では、団地の東側にさらに二棟のスターハウスが確認できるが、URの資料では一〇棟となっている。東の二棟は別の所有者のもののようである。

*10――京都大学西山研究室「香里団地計画」『国際建築』美術出版社、二四巻六号、一九五七年六月、三一―四二

*11――例えば、「公団ウォーカー　スターハウスの全て」(https://codan.boy.jp/star/index.html)、「スターハウスマップ国内編」(http://allxa.web.fc2.com/d-map/star.html)など。

*12――福山市立大学の岡辺重雄教授に提供いただいたスターハウスに関する情報を参照した。さらに筆者の研究室の大学院修士課程に所属していた時久賢矢が『住宅』誌を閲覧し、地方の公営住宅の事例を補足している。ただし、第1章末の付記で記したように、実際には未確認の民間のスターハウスが全国に建設されている可能性がある。

*13――住宅政策の三本柱の説明は、平山洋介『マイホームの彼方に――住宅政策の戦後史をどう読むか』筑摩書房、二〇二〇年など平山氏の一連の著作、および前田亮「公営住宅50年の歩み」『住宅』日本住宅協会、50巻10号、二〇〇一年一〇月、一六―二八頁を参照した。

*14――公営住宅法の総則第一条には、「国及び地方公共団体が協力して、健康で文化的な生活を営むに足りる住宅を整備し、これを住宅に困窮する低額所得者に対して低廉な家賃で賃貸し、又は転貸することにより、国民生活の安定と社会福祉の増進に寄与することを目的とする」と記されている。

*15――前田、前掲記事、一七頁

*16――例えば滋賀県営住宅では、四団地で一四棟のスターハウスが建設されたが、そのうち一一棟が第一種住宅で、三棟が第二種住宅であった(滋賀県土木交通部住宅課の提供資料による)。

*17――住宅協会、住宅公社、住宅供給公社については、大本圭野『[証言]日本の住宅政策』日本評論社、一九九一年、四〇一頁および本間義人『戦後住宅政策の検証』信山社出版、二〇〇四年、二四四頁を参照

*18――愛知県営平針住宅のスターハウス住棟についていた銘板には、型名称として「54-5PN-2DK-1」が記されていた。しかし愛知県公営住宅課から提供された図面を見る限り、「後期の54C-2型」とほぼ同じ平面の特徴をもってい

る。なお、この住棟では住戸側面の壁をバルコニーまで延ばし、袖壁のようにしてバルコニーの両側を閉じている点が外観においても特徴になっている（図17参照）。

*19 図面上では物置等と表記されていても、実際には浴槽が置かれ、浴室として使われていることもしばしばあるようだ。例えば、次の段落で言及する滋賀県営今堀団地でもその例がみられた。

*20 滋賀県土木交通部住宅課の二〇二三年一月三一日のメール回答。

*21 『日本電信電話公社建築作品集』日本電信電話公社建築局、一九六九年、六一七頁

*22 日本総合建築事務所編、日本電信電話公社建築局監修『電電建築　資料17』みなと出版社、一九六六年、一四―三三頁

*23 向井覚『標準設計』みなと出版社、一九六七年、一一九―一二七頁参照

*24 『電電建築　資料17』一六頁

*25 同書、三〇頁

*26 ここで紹介した例の他にも、インターネットのサイト「公団ウォーカー」(https://codan.boy.jp/star/index4.html)では、東京都新宿区の柏木社宅、千葉県柏市の柏豊四季社宅、横浜市神奈川区の神大寺社宅、六角橋社宅、大阪府枚方市の香里社宅、東京都調布市の神代アパート社宅、千葉県船橋市の船橋三山社宅が紹介されており、さらにそれ以外の地方にも電電公社のスターハウス社宅はいくつかあったようである。

*27 電電公社の設計部門を引き継いだNTTファシリティーズで確認したところ、一九八五年の電電公社からNTTへの民営化後、NTT内での分社化が進み、社宅の所有・管理はNTTビジネスアソシエの管轄になったとのことであった。その後二〇二二年一一月にNTTビジネスアソシエに電話で問い合わせたところ、同社所有の旧電電公社の社宅建築の中でスターハウスは一棟も残っていないとの回答があった。基本的に築四〇年以上の建物は残しておらず、古い建物があったとしてもスターハウスは含まれていないとのことである。ただしNTTビジネスアソシエ以外にNTT東日本やNTT西日本がかつての社宅を保持している例もあり、その中にスターハウスが残っている可能性はゼロではない。ただ同社は把握していないとの説明であった。

*28 建設年は、不動産業者（SUUMO）の物件サイト（https://suumo.jp/）で確認。

*29 大月敏雄「住宅計画の1960年代」『都市計画』二八四号、二〇一〇年四月、三四―三七頁

*30 前田、前掲記事、一九頁

*31 他には、共同住宅編集委員会編『共同住宅』技報堂、一九六六年など

*32 例えば、一九七六年出版の『建築学大系27――集団住宅』彰国社、でもスターハウスに関する記述はほとんどない。なお、一九七九年出版の本城和彦編著による『都市住宅地の設計　計画編（建築設計講座）』（理工図書）では、DK型住宅の住まい方調査の一例として紹介されるなど、スターハウスは過去の事例としてわずかに触れられている。

*33 神谷宏治「住居群構成の概念と方法――一の宮住宅団地計画」『建築文化』彰国社、一七六号、一九六一年六月、八九―一〇〇頁

*34 神谷、同記事、九九頁

*35 『現代日本建築家全集10（丹下健三）』三一書房、一九七〇年

*36 豊川斎赫編『丹下健三とKENZO TANGE』オーム社、二〇一三年、一四二頁。前掲の『建築文化』の記事（八九頁）や三一書房の作品集（二〇九頁）では、一宮団地の担当は神谷と黒川紀章、康炳基と記されている。黒川がここでスターハウスに関与したことが、後述の菱野団地におけるスターハウス計画と関係するように思われる。

*37 同書、九八―一〇〇頁。例えば低層住棟では最初「公室中心型の平面形式」を提案していたが、「まだ現地の人びとの生活の実情に合わないということで、2DK型に変更され実施された」（同書、九八頁）という。そのような妥協がポイントハウスの設計にもあったのではないか

*38 この段落の引用は、神谷、前掲記事、九一、九五頁

*39 香川県監修『月刊香川』香川県広報協会、一九六五年二月、四―五頁

*40 SD編集部編『丹下健三2　1977-83（現代の建築家）』鹿島出版会、一九八四年、一四二―一四三頁、『丹下健三3　1987（現代の建築家）』鹿島出版会、一九八八年、一〇四―一〇五頁

＊41――比較的多くのスターハウスが建設された自治体としては、愛知県や名古屋市などがある。ただし香川県ほど集中してスターハウスが建設され、現存する例は他には見られない。

＊42――「県営住宅――香川団地の建設」『月刊香川』香川県広報協会、一九六三年九・一〇月、四〇―四一頁

＊43――「順調にのびる香川の住宅――目標を上回る第一次住宅5か年計画」『月刊香川』香川県広報協会、一九七〇年三月、三―六頁

＊44――「ベッドタウンを夢みる国分寺町」『月刊香川』一九六七年五月、三一頁

＊45――「一人一室を目標に！第二期住宅建設はじまる」『月刊香川』一九七二年一月、一四―一五頁

＊46――渡部三郎（愛知県住宅供給公社建設主幹）、中村優（同企画第三係長）「菱野団地　愛知県住宅供給公社（団地めぐり・その30）」『宅地開発』日本宅地開発協会、六四号、一九七九年一〇月、五六―六二頁

＊47――黒川紀章「メタボリズムの二つのシステム」『建築文化』彰国社、二二巻二五三号、一九六七年一一月、一〇九―一二〇頁。該当箇所は「菱野計画1966」（一一七頁）

＊48――黒川紀章「定住単位計画の理念と方法――菱野計画1967」『建築文化』彰国社、二二巻二四八号、一九六七年六月、九三―一二八頁

＊49――「1967菱野ニュータウン」『黒川紀章――都市デザインの思想と手法』彰国社、一九九六年、二九―三七頁

＊50――黒川「定住単位計画の理念と方法」一二三頁。以降の説明も同箇所から。

＊51――同記事、一二四頁。以降の引用・説明は同箇所から。

＊52――愛知県住宅供給公社『菱野の基本計画1967』一九六七年（全一四頁）

＊53――愛知県住宅供給公社『1972菱野計画』一九七二年（全三〇頁）

＊54――国土地理院がホームページで提供する「空中写真」では、菱野団地の建設過程が確認できる一九六五年六月、一九七〇年六月、一九七二年五月、一九七四年六月、一九七七年九月、一一月、一九八二年一〇月の航空写真を入手することができる。

＊55――橋田竜兵他「スターハウスの地方都市における供給と建築的特徴――福岡県住宅協会が建設した「小笹団地」の配置計画に関する研究（その1）」『日本建築学会計画系論文集』八四巻七六一号、二〇一九年七月、一五三一―一五三七頁に詳しい。

＊56――住宅金融公庫建設指導部編『コンクリートアパート設計図集（第4集）』新建築社、一九五七年、九六頁

＊57――『国際建築』美術出版社、二一巻八号、一九五四年八月、五〇頁

＊58――市浦建築設計事務所「スターハウスの追求」『建築界』理工図書、五巻一号、一九五六年一月、三一頁

＊59――スターハウスがより高層の建物であるべきという考えは市浦に限られるものではなかった。『建築文化』一九五九年二月の「都市の住居：高層アパート」（河原一郎、大沢三郎著、四三―四六頁）では、塔状アパートの特質として、「決して収容力は高くないが唯この建物の周囲に作り出す空間が団地内の広場を作り出し、遠方への眺望をもたらし塔の高さが団地内の象徴を作り出す。故に平面がコンパクトであり、高層であるほどその団地的意味が増すわけであり4階建位で翼を拡げたようなプランの塔状アパートはその存在理由が稀薄である」と書かれており、二〇階建てぐらいの高さが望ましいとしている。

＊60――松井、前掲論文、八八―八九頁

＊61――日本建築家協会編『高層アパートの設計』技報堂、一九六〇年

＊62――百草団地の高層棟については、志岐祐一編著『世界一美しい団地図鑑』エクスナレッジ、二〇一二年、六八―七四頁を参照。

＊63――本城和彦編著『都市住宅地の設計　技法編（建築設計講座）』理工図書、一九七八年、一七五頁で紹介されている。

＊64――「アパートメント　Castle Village」『新建築』新建築社、一六巻一号、一九四〇年一月、四〇―四一頁。ハドソン川を眺望できる高台の古城跡地に建設された全五九六室の集合住宅と解説されている。（図版初出：*Architectural Forum*, Time Inc, 1939.11, p.343）

＊65――『新建築』一九四〇年三月、一二六―一二七頁（図版初出：*Architectural Forum*, Time Inc, 1940.1, p.13）。クイーンズブリッジなどのニューヨークの住宅団地については、大坪明「ニューヨークの住宅団地とル・コルビュジエとの関

係に関する考察」『生活環境学研究』武庫川女子大学、二号、二〇一四年九月、一一一〇頁でも論じられている。

*66——鈴木成文「高層集合住宅の問題」『建築雑誌』日本建築学会、七〇巻八二六号、一九五五年九月、七―一五頁

*67——この事例は市浦らによる前出の『高層アパートの設計』(一九六〇年)、五三頁でも掲載されている。同書にはさらに、モスクワの「コテリチェスカヤ高層アパート」というY字形平面をもつ高さ一七三メートル、延面積二六七八七平方メートルの巨大アパートの平面図も掲載されている(二〇頁)。

*68——久米権九郎「外国の高層アパートをみて」『建築雑誌』日本建築学会、七〇巻八二六号、一九五五年九月、二七―三一頁。久米は『建築界』理工図書、四巻二号、一九五五年一一月号の論考「住宅団地の計画に就いて」(六四―七一頁)でも同じ団地を紹介している。

*69——同時期の記事にはさらに、尚明「今日の高層アパートの性格」『新建築』新建築社、三三巻二号、一九五八年一二月、二二―二五頁、河原一郎、大沢三郎「都市の住居:高層アパート」『建築文化』一九五九年二月、四三―四六頁などがある。このように高層アパートに注目が集まっていた背景には、同時期に建設されていた日本住宅公団の晴海高層アパート(前川建築設計事務所)との関係があったようだ。

［各論3］

日本住宅公団とスターハウス　草創期の団地計画

古林眞哉

1 公団草創期の設計体制

スターハウスを単一の事業主体として日本で最も多く建設したのが、日本住宅公団である。一九五五（昭和三〇）年に設立された日本住宅公団は、大量の住宅供給を使命として課せられていた。戦災により一九五五年当時でも全国で約二七〇万戸の住宅不足があるとみられており、その解消が社会的な課題となっていたのである。公団は設立以降、中堅所得層向けの鉄筋コンクリート造の不燃住宅を、賃貸住宅、分譲住宅として供給してきた。ゼロから組織づくりを行った公団において、一九五五年度に二万戸、一九五七年度以降は三万戸以上の建設発注が目標となっており、草創期から住宅の大量供給をいかに達成するかが大きな課題となっていた。

　大量の住宅建設に対応するため、公団では「標準設計」としてあらかじめ住棟、住戸を設計しておき、敷地に応じて住棟を配置していく手法で団地設計が進められた。こうした設計手法は、公団に先行して不燃住宅を建設してきた公営住宅や公務員住宅において培われてきたが、これらを受け継ぎながら公団は独自の標準設計を作成して建設にあたっている。標準設計を用いた建設は、団地の設計計画や工事発注の簡素化に加え、わが国において過去に例をみない鉄筋コンクリート造建築物の大量建設を前に、担い手となる中小の建設業者による無理のない建設を可能にすることもまた大きな目標だった。加えて、標準設計を背景に、住宅部品や住棟建設の工業化工法の開発が、昭和三〇〜四〇年代を通じて行われている。

　昭和三〇年代の公団の標準設計は、公団本所［*1］においてまず「55型」として整備されて以降、支社（支所）において改良・改善するかたちで開始され、一九六三（昭和三八）年に、全国で統一した「63型」が整備されている［*2］。この標準設計は、当初から住戸へのアクセス形式を基にした分類から、板状の階段室型住棟（N型・S型）、低層のテラスハウス（T型）、ポイント型住棟（P型）と呼ばれるスターハウス住棟で構成されており、2DKを基本に、1DK、3Kなど、居室数のバリエーションを有していた（後年、片廊下型（C型）、エレベーターつきのスキップフロア型（Cs型）、階段室ジョイント型（J型）なども標準設計のラインナップに加えられている）。昭和三〇年代から昭和四〇年代中頃までは、中層と呼ばれる四階から五階建ての住棟の戸数割合が高く、団地によっては低層のテラスハウスを交えたり、低層のみで建設されたりすることもあった。赤羽台団地や晴海高層アパートなど、高層住棟のある団地は昭和三〇年代ではごく少数であり、こうした都市型の団地では、住棟住戸を標準設計によらない特殊設計として、実験的な色彩の濃い設計が行われている。

昭和三〇年代は、建設された住棟数でみれば階段室型住棟が最も多かったが、スターハウスも公団草創期から標準設計化が図られ、建設が進められている。主要団地の設計図を基にした調査［＊3］では、スターハウスは昭和三〇年代を通じて調査団地の二五パーセントに採用があり、多くの人が目にする一般的な住棟形態となっていた。

公団草創期の標準設計において特筆すべきは、現代の集合住宅の間取りの原型となった「DKタイプ」の間取りであろう。公団本所の初代設計課長であった本城和彦（一九一三〜二〇〇二年）は、都市部における大量建設にあたり、都市住宅への住要求から、食寝分離が可能かつ二寝室が確保可能な「2DK」を「公団住宅の標準形」として設計したと述懐している。また、本城は公団設立時から、住宅だけでなくコミュニティ施設やインフラストラクチャーまで含めた「まちづくりの単位」として団地を取り扱ったとしている［＊4］。

草創期の公団では、各省庁や民間出身の技術者による混成部隊で設計が進められた。この中には、戦前の住宅営団で住宅設計に関わっていた技術者も少なくなかった。公団設立時には、公団本所に加え、大都市圏への人口流入に対応するため、東京、大阪、名古屋、福岡の四支所が置かれ、一九五七（昭和三二）年に東京支所から埼玉県、神奈川県を所掌する部門が独立して関東支所を設けている。各支所の設計部には、「団地係」と呼ばれる団地設計の専門家集団が結集していた。住棟配置や屋外空間の設計に加え、土地区画整理事業地やニュータウンなどの一部団地を除いては、街区街路構成まで一貫した設計検討が団地係を中心に行われていた。

これらの支所ごとに在籍していた技術者により、団地設計の手法に傾向がある点も特徴的である。公団設立後ごく初期に設計が進められた光ヶ丘団地（一九五七年／千葉県柏市）などは、先行していた公営住宅の計画地を引き継ぐかたちをとっており、本城らの率いる公団本所が東京支所と二人三脚で設計を進めた。東京支所には、津端修一（一九二五〜二〇一五年）らが在籍し、多摩平団地（一九五八年／東京都日野市）、高根台団地（一九六一年／千葉県船橋市）など、自然、風土、地形などから設計テーマを見つける、「風土派」と呼ばれる設計手法が展開された。後年、津端は、こうした大規模団地の設計に携わった経験を基に高蔵寺ニュータウン計画に参画し、東京大学の高山英華と共に都市計画学会賞（石川賞）を受賞している。杉浦進らのいた関東支所は、鶴ヶ丘団地（一九五八年／神奈川県相模原市）など、生活行為の中から設計テーマをみつける、「生活派」と呼ばれる団地群を設計し、後に、草加松原団地（一九六二年／埼玉県草加市）など、生活圏の積み上げから大規模団地を形づくる「段階的構成手法」の成立に大きな役割を果たしている。また、薮内幸雄らのいた大阪支所では、景観を大事にしつつ、風土派と生活派の中心に位置するような設計が志向された。大阪支所は後に、千里ニュータウンにおいて斜面地を活かした千里青山台団地（一九六五年／大阪府吹田市）や、囲み配置による領域感の形成を目指した新千里東町団地（一九七〇年／大阪府豊中市）などの代表作を残している［＊5］。

2 「団地設計要領」にみる公団の団地計画

日本住宅公団は、高水準の団地設計を保つため、団地設計の基準書、手引き書として、「団地設計要領」を作成している。一九五五（昭和三〇）年に「團地設計基準（案）」を作成し、一九五八（昭和三三）年〜一九六一（昭和三六）年にかけて「団地設計要領」として第一次案から第七次案まで改定を重ねている［＊6］。公団の団地設計要領に先立ち、住宅営団による一九四四（昭和一九）年の『集團的住宅地の計画』［＊7］、国庫補助住宅に適用が義務付けられた一九四八（昭和二三）年度の『建設省住宅基準』［＊8］、建設省が住宅地計画のあり方をまとめた一九四九（昭和二四）年の『コミュニティへの道』［＊9］などがあり、住戸日照の考え方や計画単位などの項目の他、基準の構成についても公団の団地設計要領への連続性がみられる。ただし、公団以前の設計基準のうち、「一団地の住宅」を扱う部分は、主として低層住宅を対象としたものだった。公団の団地設計要領は、四〜五階建ての中層住棟を主体とした団地の空間構成や、大規模団地の建設において必要となった諸施設の整備（インフラ、集会所などの共用施設、店舗などの生活利便施設、教育施設など）を含めた基準として整理されている。

「団地設計要領（案）」は、大量建設を支える団地設計手法の集大成として議論が重ねられたが、一九七六（昭和五一）年になるまで「案」がついたままとなっており、それまでの設計手法や設計テーマを追認するかたちで随時更新が図られていた。公団設計者同士の実質的な情報共有や意見交換は、公団内部に設けられた「団地設計会議」において行われていた［＊10］。

公団は昭和五〇年代中頃になると、多様化する住まいへのニーズを背景に、標準設計から脱却して住棟住戸を団地ごとに個別に設計するようになる。また、団地の高層化や駐車場率の向上など、中低層住棟を中心とした昭和三〇〜四〇年代とは異なる課題が多く生まれている。こうした団地設計の前提条件が変化したことにより、一九八三（昭和五八）年を最後に団地設計要領の改訂は終わりを告げた。しかし、公団草創期からの設計テーマやさまざまな試行錯誤が込められた団地設計要領は、スターハウスのあった昭和三〇年代の公団団地の設計手法を知る重要な手がかりである。

3　公団の団地計画の考え方

公団本所の初代設計課長を務めた本城和彦らは、昭和五〇年代に入り、それまでの公団の設計取り組みを著書『都市住宅地の設計（建築設計講座）』にまとめている［＊11］。この著作は、昭和三〇年代末から四〇年代を中心とした公団団地を事例として取り上げており、スターハウスの建設された公団草創期の団地設計の到達点と見ることができる。

本城らは団地の構成手法として、「住戸性能」「施設利用」「コミュニティと施設配置」「動線（サーキュレーション）」「自然」「空間造形」の六項目を挙げている。これらの手法に沿って、公団草創期の団地設計の基本的な考え方を整理してみよう。

図1｜マント空間

「住戸性能」では、「住戸まわり空間」と「居住性能」が解説されている。「住戸まわり空間」は、住棟の出入口まわりや歩行者路など居住者の日常的な生活行為の場となる「そと空間」と、住戸のプライバシーを守る「マント空間」［＊12］の組み合わせにより、屋外空間を構成する手法である［図1］。「マント空間」は、昭和三〇〜四〇年代団地の住棟の南側に広がる伸びやかな芝生地に代表される、歩行者路などから一定の距離を保ち、住戸内への覗き込みを避けるための緩衝空間である。昭和五〇年代後半に入ると車社会の到来により住棟間のマント空間に駐車場が整備されるようになり、現在では狭くなってしまっている場所も多いが、建設当初は広い芝生地が確保されていた。「居住性能」については、「冬至日照四時間」を原則とした住戸日照の確保が特筆される。日照条件は、戦前から採光、通風の観点から検討が行われてきたが、一九四八（昭和二三）年の建設省住宅基準に日照四時間の規定が設けられており、公団の「日照四時間」は、こうした流れを受け継いだものと考えられる。「住戸性能」の確保を目標とした団地では、ゆとりある住棟間隔を保つ必要があり、日照確保や開放的な屋外空間づくりにメリットのあるスターハウスを採用しやすい環境があったと考えられる。

「施設利用」と「コミュニティと施設配置」は、いずれも計画単位（住戸数を基にした近隣のまとまり）と、対応する施設の組み合わせに関わる手法である。この手法は、一九二〇年代にクラレンス・ペリーらが提唱した「近隣住区理論」を背景にしている。ペリーの近隣住区理論は、計画単位として小学校区を想定し、通過交通の排除、複数の小公園の配置、誘致圏（住宅からの距離）を基にした公共施設や店舗の配置などに特徴があるが、これらは形を変えながら公団の団地計画で採用されている。戦前の住宅営団でも住戸数によるまとまりが指向されており、一九四八年『建設省住宅基準』ですでに、隣保区、近隣分区、近隣住区の段階的な構成や計画単位に対応する施設が示されるなど、公団に先行して団地設計の基礎となる事項がまとめられている。また、一九四九（昭和二四）年の『コミュニティへの道』では、耐震耐火構造三階建て一三二戸のアパート（共同住宅）と共同広場からなる隣保区が例示されている。大量の住宅供給の必要性を背景に、昭和二〇年代の公営住宅に比べて高い人口密度の団地建設が求められた公団では、それまでの考え方を引き継ぎながら、四〜五階建ての中層住棟を想定して計画単位を再構成している。最小の計画単位は、一〇〇〜一五〇戸の隣保区（グルーピング）[＊13]であり、「幼児遊び場」を中心に構成することで、近隣コミュニティの基礎的な計画単位とされた。この隣保区のまとまりは、昭和三〇年代前半の公団草創期から強く意識されている。公団団地を訪れると隣保区ごとに設けられた多数の遊び場を目にすることができる。公団設立以来長きにわたって、主要な居住者ターゲットが標準

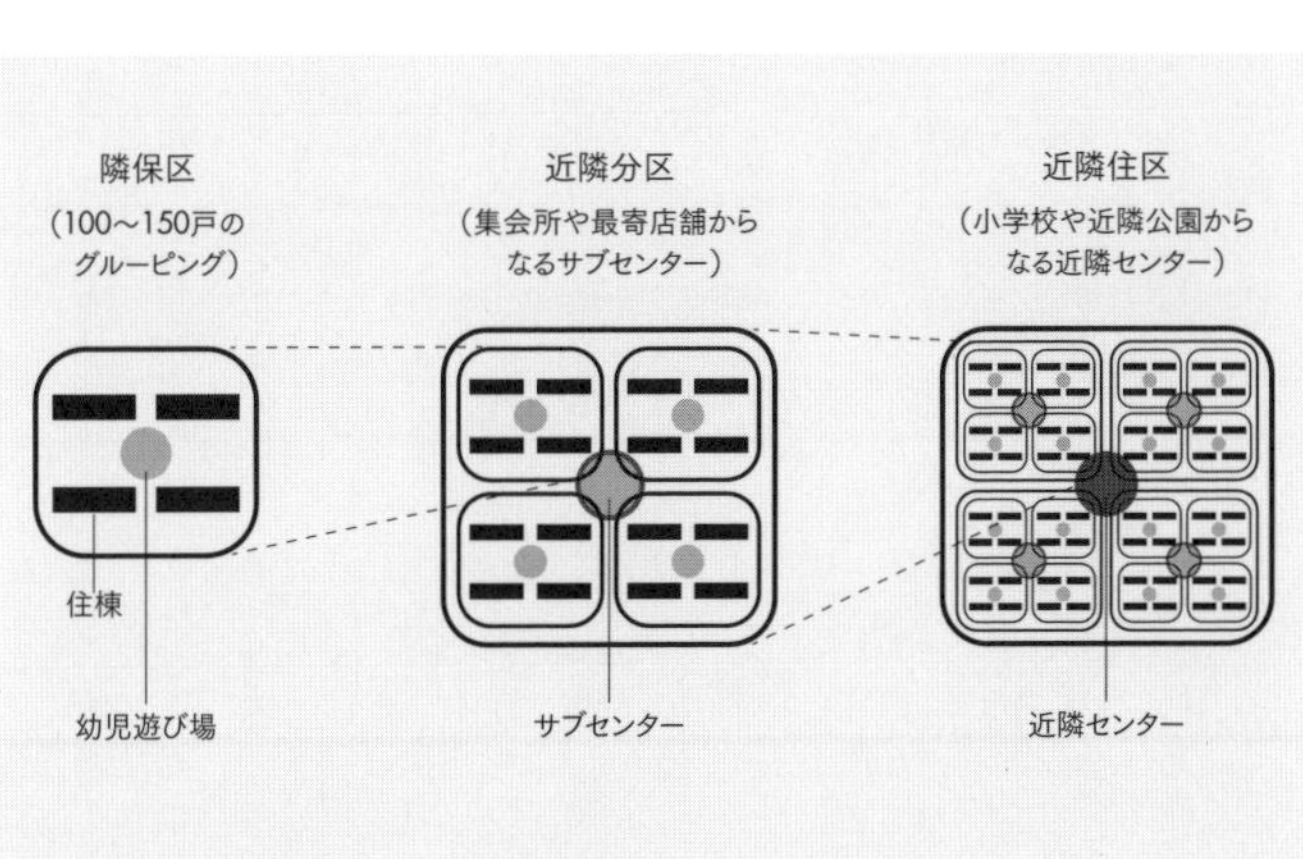

図2｜公団団地の計画単位

世帯（夫婦＋子供二人）であり、入居時には各家庭に小学生以下の子供が多かったことから、遊び場は子供の遊びと居住者の日常的なコミュニケーションの場として有効に機能してきた。また、隣保区、近隣分区、近隣住区と段階的なまとまりを構成し、計画単位の規模に応じて店舗や集会所などの集まる「団地センター」が配置された［図2］。昭和三〇年代後半に建設された大規模団地では、さらに大きな計画単位を段階的に構成して、店舗や学校、公園などを誘致圏に応じて配置する「段階構成手法」がとられた。段階構成手法は大規模団地に特有のものだが、公団草創期に建設された光ヶ丘団地（一九五七年／千葉県柏市）でも、店舗、診療所、小学校、団地集会所などの施設が建設されていたように、住宅だけでなく多様な生活施設を含む街全体をデザインすることは、公団団地に共通する設計テーマだった。昭和三〇～四〇年代の公団団地は、中層住棟を基本としたことから、敷地面積あたりの居住者数の想定が容易であり、誘致圏を基にした段階的な施設配置が成立しやすかった面もある。

「動線」では、「歩行者動線」が設計テーマとなっており、昭和三〇年代団地の特徴として、歩車分離の徹底が挙げられる。高度経済成長期の前半に当たる昭和三〇年代は家庭の自動車所有率が低かったことから、団地内に整備された駐車場は住戸数の五パーセント程度にとどまっており、団地内に自動車が日常的に入り込むことは想定されていなかった。自動車の走行は街区外周の道路に限定されており、住棟へのアプローチ通路は舗装されていたものの、幅員三メートル以下のものが多く、自動車の日常的な通り抜けは想定されていなかった。一〇〇～一五〇戸の住棟グルーピングごとに設けられた遊び場や、さらに大きな広場、団地センターなどは、網の目のような歩行者路で結びつけられていた。自動車の通り抜けのない安全な街区内の緑地に、鷹揚とスターハウスが建つ風景は昭和三〇年代の団地の象徴的な風景といえる。

「自然」では、自然地形を活かした空間造形が特筆される。昭和三〇年代前半は都市内の狭小敷地が、昭和三〇年代後半以降は郊外の中～大規模敷地が団地づくりに活用されるが、いずれも斜面地が少なからず含まれていた。大規模造成の技術が未熟だった昭和三〇年代は、地形を活かすことを前提条件とせざるを得ない面があったが、地形への対応は団地設計の工夫のしどころともなっていた。後述するスターハウスを斜面地に並べて空間造形の要とする設計手法は、こうした背景を基に形づくられてきた。昭和四〇年代以降は、団地の郊外化がさらに進展したことで、斜面地の団地空間づくりが公団団地の主要な設計テーマの一つとなっていく。

「空間造形」の観点では、デザイン的な視点から多様で変化のある空間づくりに取り組んだことが、公団団地の特徴である。動線の屈曲や雁行、歩行者の視線を受け止めるアイストップ住棟、オープンスペース、地形の変化などにより、変化に富んだシークエンス景観を形成する試みが、多くの団地で行われている。昭和四〇年代に入ると、住棟グルーピングを造形的に配置する手法が花開くが、昭和三〇年代の団地でも、その萌芽となる実験的な空間構成が多く見られる。その中で、スターハウスは、しばしばアイストップやランドマークなど、景観の要としての役割を担っていた。

4 昭和三〇年代の配置計画の特性

こうした考え方を基に形づくられた団地は、標準設計の住棟を用いているにもかかわらず、団地ごとに個性的な空間づくりが試みられている。多数の住棟や施設を群として構成する団地空間の設計を、公団では「配置計画」または「配置設計」と呼んでおり、設計者の腕の見せ所となっていた。

スターハウスの用いられた昭和三〇年代前半には、スターハウスを高い割合で配置している団地や、NSペア配置の団地(北入りの住棟と南入りの住棟を組み合わせ、住棟間に居住者のコミュニティ空間を設けたもの)が数多く存在するなど、多様な設計手法が模索された。昭和三〇年代後半になると、平行配置の団地の割合が高まるが、これは、大量供給の要請に応えるため、より効率性を重視したことが要因として考えられる。

昭和年代の公団団地は、ル・コルビュジエの「輝く都市」やCIAMの「アテネ憲章」にみられるような、高層住棟(公団においては四〜五階建ての中層住棟)、沿道に住棟を配置しないなどの、広がりのあるオープンスペース、モダニズムの近代都市計画の影響を強く受けている。団地敷地の外に向けた街路空間形成の意識は希薄であり、団地空間は敷地の内側のオープンスペースに向けてつくり込む傾向が強かった。京都や奈良、近世城下町のように、街路に面して街並みをつくる伝統的な都市空間への回帰は、標準設計が廃止される昭和五〇年代後半を待たねばならなかった。このことは、連続的な街並み形成に不向きなスターハウスの活用を、昭和三〇年代に推し進めた一因ともいえる。

昭和三〇年代前半に比べ、後半に建設された団地は、次第に大規模化していく。効率化、高密化の流れから、コストの高いスターハウスを用いにくくなったこと、団地の大規模化により住棟数が増加し、ポイント型住棟を高い割合で用いにくくなったことから、団地内のスターハウスの割合は低下し、次第に存在感を失っていくこととなる。

5　スターハウスを採用した公団団地の設計手法

多様な団地空間の一部に加えられたスターハウスは、景観の要となる場所に複数がまとめて配置されることが多かった。また、板状住棟と異なり正面性があいまいなスターハウスの特性から、周囲の視点場からの見え方に応じて真南から少し角度をつけた配置とすることが一般的だった。

「ポイント型住棟」に分類されるスターハウスは、搭状で星形平面の印象的な形状を活かし、「ランドマークとしての活用」「斜面地形を美しく見せる」「開放的なコミュニティ空間づくり」など、団地景観を特徴づける空間への利用が多くみられる。また、スターハウスのコンパクトな平面形状を活かして、団地外周などの「敷地の狭小部分への利用」も行われている。

スターハウスの建設された昭和三〇年代の団地は、建て替えによって当時の空間が失われたものが多いが、設計手法別に代表的な団地を振り返ってみたい。

ランドマークとしての活用［図3］：スターハウスを団地の入り口部分などに配置し、団地を象徴する空間づくりに用いる手法である。丘陵地だけでなく平坦な地形の団地でも用いられる手法であり、ごく少数のスターハウスを効果的に使って団地の入り口にシンボル的な空間を構成している。日吉団地（一九五七年／横浜市）、霞ヶ丘団地（一九五九年／埼玉県ふじみ野市）では、団地のメインとなる通りの入り口部分に沿ってスターハウスを連続的に配置している。

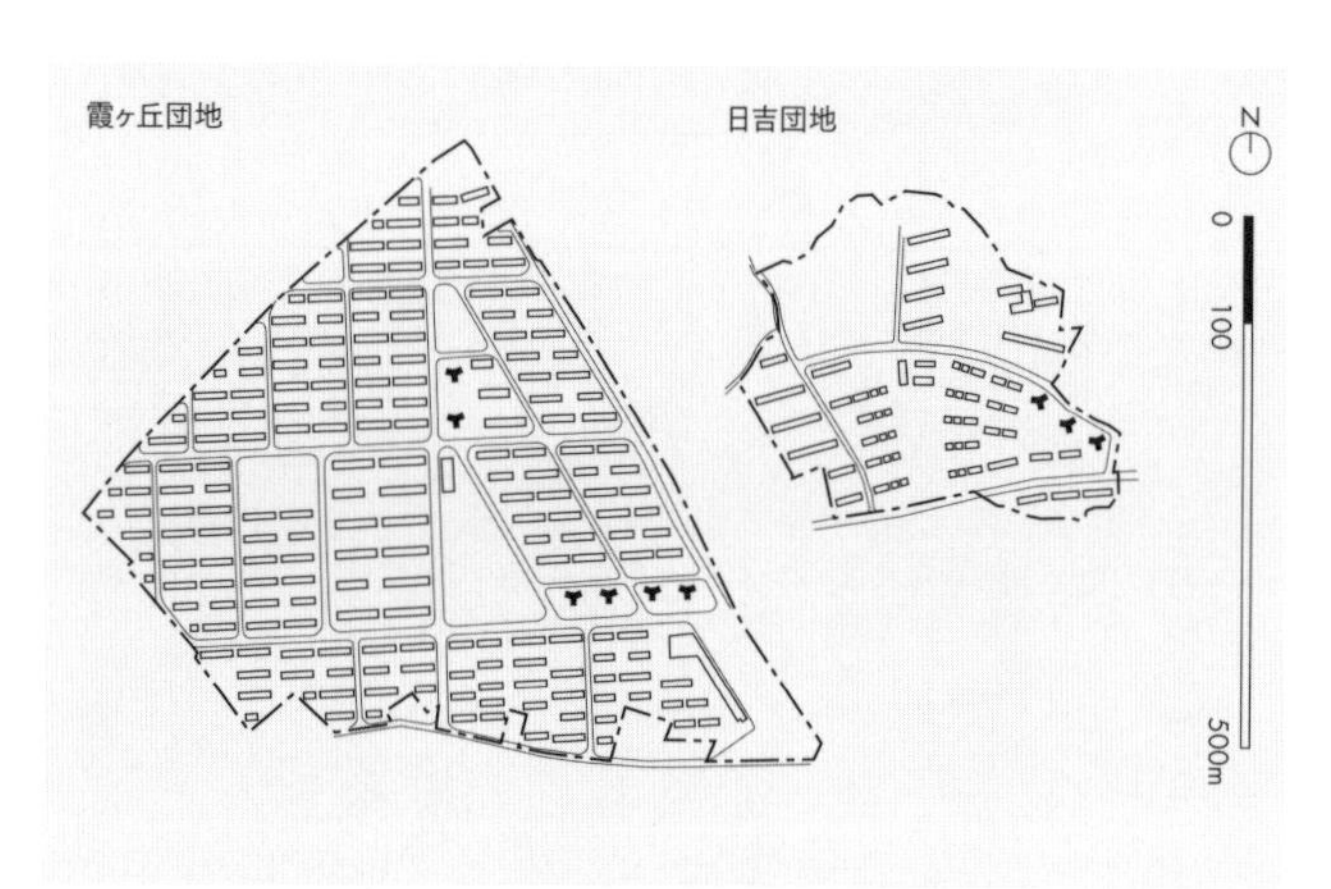

図3｜スターハウスをランドマークとして活用した公団団地の例

斜面地形を美しく見せる［図4］：団地外縁部などの斜面地に配置して、斜面の緑を印象的に見せるとともに、丘陵上からの眺望を確保する手法であり、都市近郊・郊外に建設された団地に多く見られる。スターハウスの景観的特性を最大限に活かした名作団地が多く、多数のスターハウスを擁する団地もある。赤羽台団地（一九六二年／東京都北区）は、JR赤羽駅北西の台地上に建設された団地であり、首都圏初の大規模団地として、高層住棟の採用や、住棟の直交配置などによる都市型の住宅地として設計された。台地の縁に沿って建つ八棟のスターハウスは、台地上から見下ろす視線の抜けを意識して配置され、駅方向から見た際の象徴的な景観を構成していた。すでに建て替えが開始されているが、三棟のスターハウスが現存しており、登録有形文化財に登録されている。常盤平団地（一九六〇年／千葉県松戸市）は、松戸市郊外の山林を切り拓いて戸建住宅地とともに開発された団地である。団地は中層住棟による南面平行配置を基調としている。窪地状の谷戸（谷津）が団地を東西に縦断しており、緩やかな斜面に沿って一〇棟のスターハウスが列をなして配置され、景観上のアクセントとなっている。

前原団地（一九六〇年／千葉県船橋市）もまた、複数の谷戸地形の低地が貫入する丘の上にある。団地の中央部と南端部二か所の低地に向けて一九棟のスターハウスを配置している。スターハウス以外の住棟や中央部の団地センターが、コミュニティ空間を意識した囲み状の配置となっているのと対照的に、スターハウスによる周囲への解放感が際立つ団地である。篠原団地（一九五六年／横浜市）や野毛山団地（一九五七年／横浜市）は、周囲から小高い丘状の地形の縁に建設されており、小規模団地であるものの、スターハウスの配置により団地内部からの視線の抜けを意識した空間構成が特徴的である。

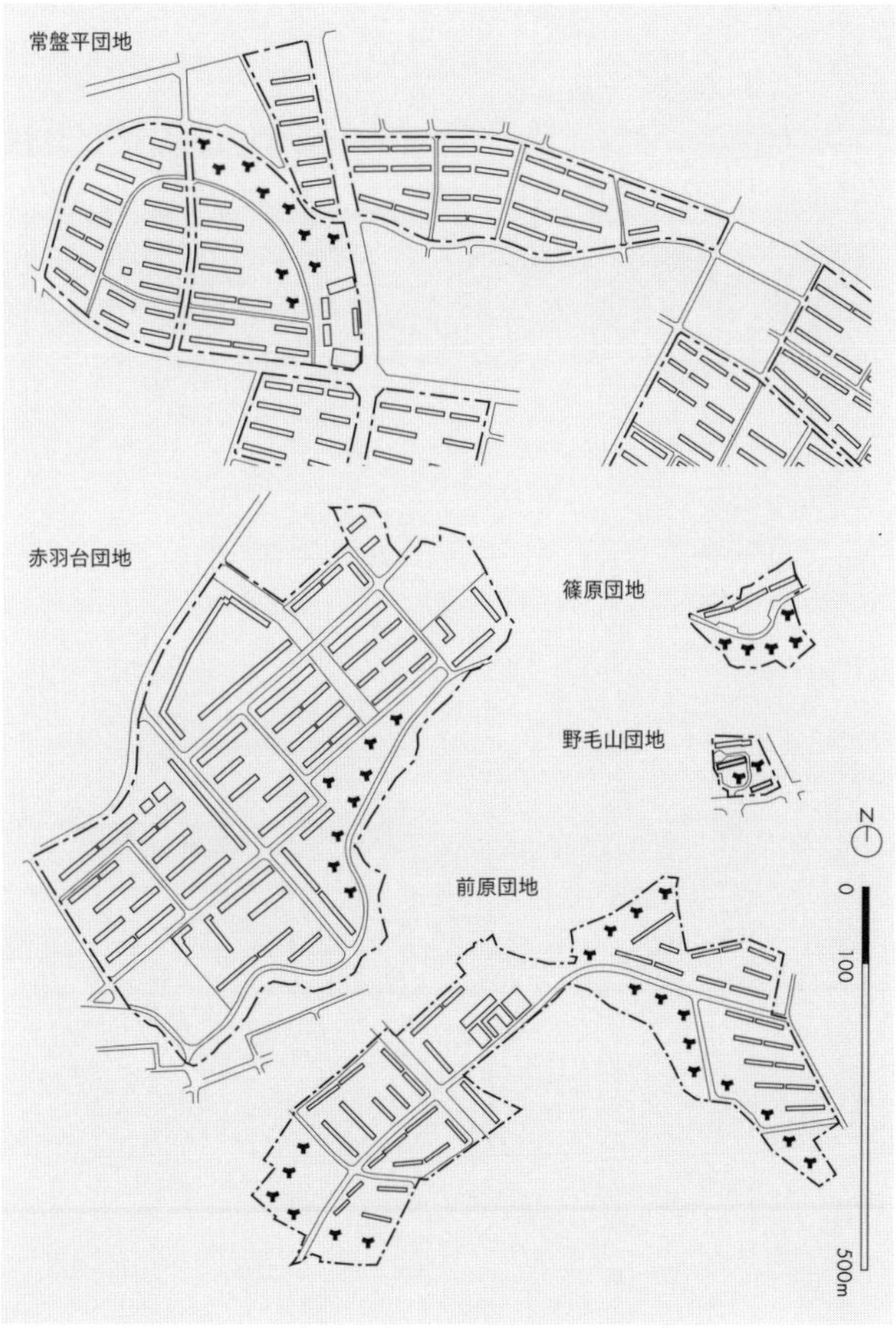

図4｜斜面地を美しくみせるためにスターハウスを活用した公団団地の例

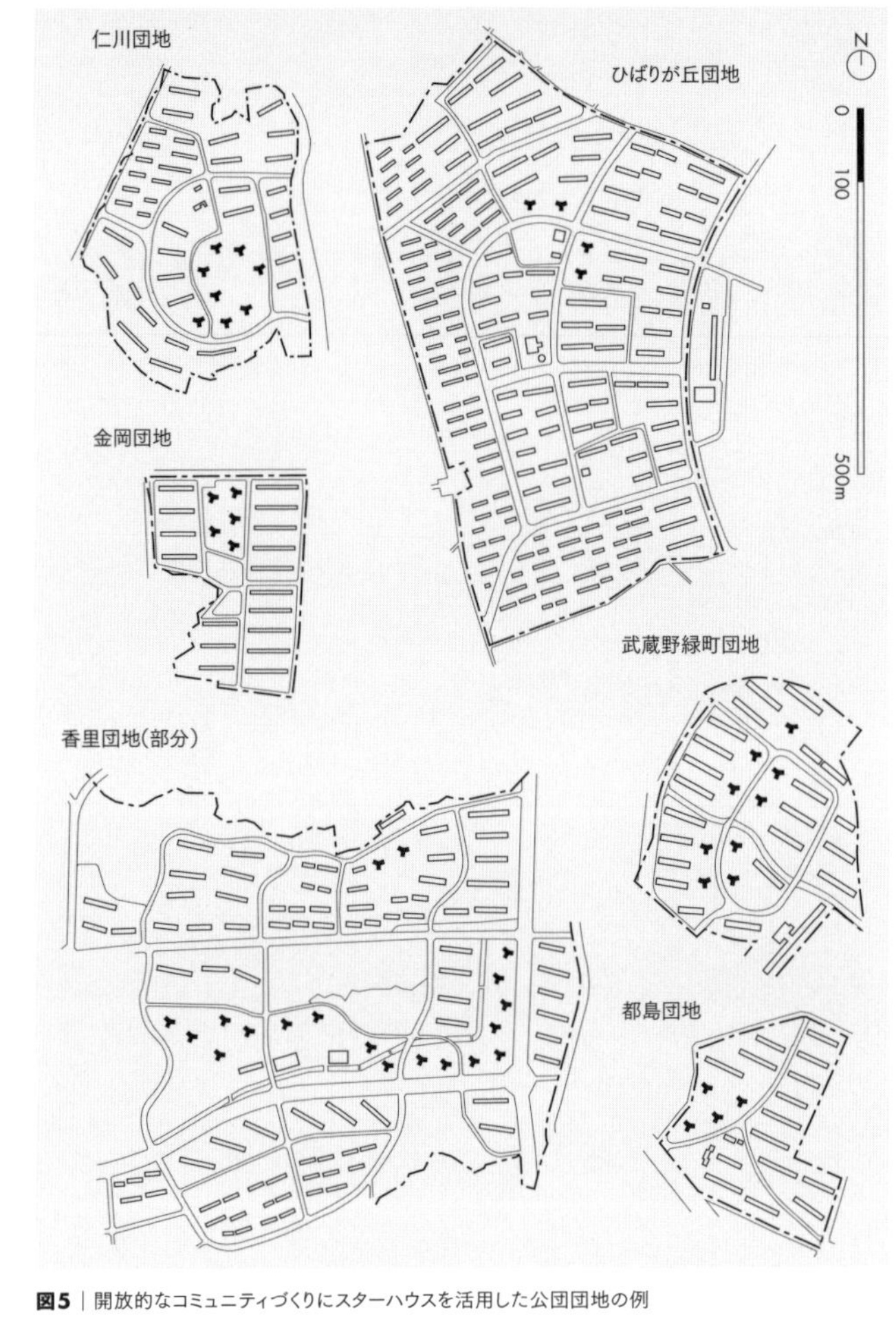

図5｜開放的なコミュニティづくりにスターハウスを活用した公団団地の例

開放的なコミュニティ空間づくり［**図5**］：団地の中心部などで、集会所や団地センター、広場や遊び場などのまわりに空間的な広がりをもたせるため、スターハウスを集中的に配置して、コミュニティ活動の中心となる空間をつくる手法である。ひばりが丘団地（一九五九年／東京都西東京市と東久留米市にまたがる）は、三〇〇〇戸を超える大規模団地であり、中層住棟と低層のテラスハウスが、段階構成を保ちながら配置されている。団地中央部の児童公園の周囲に四棟のスターハウスが効果的に配置され、公園まわりの緑を豊かにみせていた。仁川団地（一九五九年／兵庫県宝塚市）は、丘陵地に建設されており、団地中央の台地の頂上部に六棟のスターハウスを集中的に配置し、周囲を公園や緑地として開放的な空間を構成している。大阪支所で初の公団住宅である金岡団地（一九五六年／大阪府堺市）や、都島団地（一九五九年／大阪市）も、広場や遊び場とともにスターハウスを配置した例である。武蔵野緑町団地（一九五七年／東京都武蔵野市）では、団地中心部の集会所まわりに九棟のスターハウスを集中的に配置している。また、香里団地（一九五八年／大阪府枚方市）は、傾斜地への配置と、団地中心部の谷戸状の窪地部への集中的な配置の両方を採用している。

敷地の狭小部分への利用［**図6**］：敷地外周部などで狭まった箇

所や、階段室型住棟を配置した後に残った敷地に建設する例である。西経堂団地（一九五九年／東京都世田谷区）では、団地南端部で敷地が細く狭まった箇所に四棟のスターハウスを用いている。その他、小規模団地での事例が多く、階段室型住棟を配置した余剰地にスターハウスを設けた野方団地（一九五九年／東京都中野区）や、斜面地の造成で狭小部の発生した鷹取団地（一九五六年／神戸市）などの例がある。昭和三〇年代前半は、全住棟をスターハウスで構成した帝塚山団地（一九五八年／大阪市）などのように、小規模団地で住棟の過半数をスターハウスで構成した小規模団地が多いことも特徴である。

6 ポイント型住棟のその後

公団では、スターハウスの経済性の悪さから、昭和三〇年代末期には、中層階段室型住棟の一階段室を切り出したような一フロア二住戸の平面をもつ「ボックス型住棟」が、ポイント型住棟として利用されるようになる。過渡期となった昭和三〇年代後半には、藤沢団地（一九六二年／神奈川県藤沢市）、鳴子団地（一九六二年／名古屋市）のように、スターハウスとボックス型の両方が団地内に混在しているものもあり、おもしろい。スターハウスの特徴的な外観と比べると、ボックス型は直方体形状のずんぐりとした印象の外観だが、スターハウスと同様にポイント型住棟として、ランドマークや空間の開放性を高めるために利用された。

この時期の代表的な団地である昭和三〇年代末期に建設の始まった高根台団地（一九六一年／千葉県船橋市）には、尾根上にある団地の骨格であるS字道路から延びる複数の谷戸地形があり、谷戸の底を走る道路に沿ってボックス型住棟を配置していた。ボックス型と伸びやかな斜面地が織りなす景観は、高根台団地を特徴づける空間だった。高根台団地は六〇棟ものボックス型住棟を配置しており、スターハウスの時代を含めこれまで最も多くのポイント型住棟があった団地である。ボックス型は、昭和四〇年代前半の団地の三分の一程度で利用されたが、昭和四〇年代後半になると、団地の高層、高密化の進行とともに、次第に使用されなくなる。

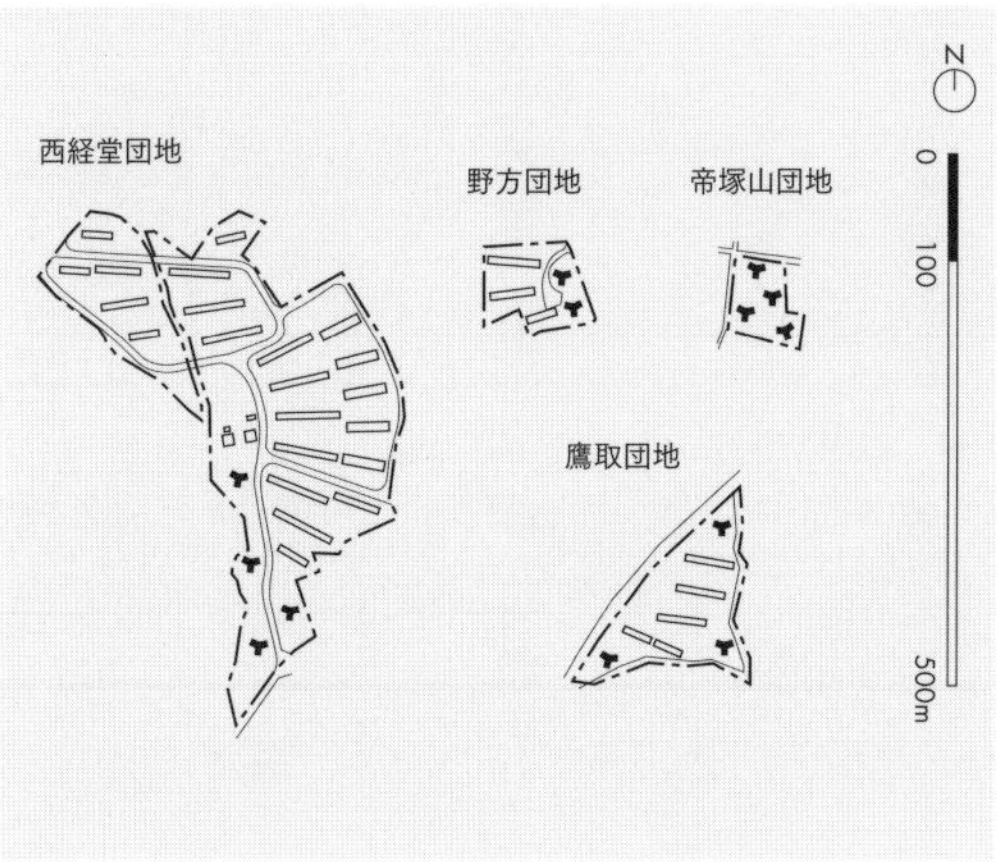

　昭和四〇年代後半には、一フロア四住

図6｜敷地の狭小部分にスターハウスを活用した公団団地の例

戸の平面をもつ高層のポイント型住棟が登場する。昭和四〇年代後半〜昭和五〇年代前半は、中層と高層の住棟をミックスした団地が多かったこともあり、高層ポイント型住棟は、よりランドマーク性に特化した使われ方が主流となった。また、昭和四〇年代には、都心部の工場跡地の土地利用転換により、面開発市街地住宅と呼ばれる高層団地も数多く建設されている。面開発市街地住宅には、一フロア十数戸の平面をもつ高層の塔状住棟が散見されるが、こちらは後のタワーマンションにつながる住宅形式とみることができる。

昭和五〇年代に入ると、暮らしの嗜好の多様化を受けて画一的な標準設計が廃止され、住棟住戸を個別に設計する方向に転換する。標準設計廃止以降の団地でも、ランドマークとしての景観的な効果を意図した、高層ポイント型に近い塔状の住棟が時折建設されている。また、昭和六〇年代に開始された建替事業により、これまでにスターハウスの多くが除却されているが、例えば建て替え後の武蔵野緑町団地（建て替え後は武蔵野緑町パークタウン）で一フロア四〜五戸の短い高層住棟が一部に用いられるなど、塔状の住棟が建設された事例もある。また、同じく建て替えられた高根台団地（建て替え後はアートヒル高根台）では、谷戸沿いの一部にボックス型の形状をオマージュした塔状の住棟が建設されている他、千里竹見台（大阪府吹田市、建て替え後は千里グリーンヒルズ竹見台）では従前の高層スターハウスを模した建て替え住棟が建設されている。

日本住宅公団はその後、数度の改組と合併を経て、現在ではUR都市機構となっている。昭和三〇年代で終わりを告げた公団のスターハウスだが、ポイント型住棟としての景観的な役割は、現代の団地設計にも息づいている。

註

＊1――日本住宅公団20年史刊行委員会編『日本住宅公団20年史』日本住宅公団、一九七五年、九七―九八頁。日本住宅公団設立当初の一九五五年に、本所、東京支所、大阪支所、名古屋支所、福岡支所が設けられ、一九五七年に関東支所が設置されている。一九七四年にそれぞれ本社、東京支社、関西支社、中部支社、九州支社、関東支社に改称されている。

＊2――都市再生機構『ING REPORT 団』、二〇二〇年、一四頁

＊3――古林眞哉「日本住宅公団の団地設計の類型化に関する研究――UR賃貸住宅(旧公団)の団地設計と居住者属性に関する総合的研究(その2)」『日本建築学会大会学術講演梗概集(建築計画)』二〇二〇年九月、一九―二〇頁

＊4――集合住宅計画手法研究会「日本の集合住宅づくりとオピニオンリーダーたち2――日本住宅公団における集合住宅地設計手法の展開とそのマニュアル化」『住宅』日本住宅協会、一九八八年九月、五六―六三頁(該当箇所は五六頁)

＊5――集合住宅計画手法研究会、前掲記事、五六―六三頁

＊6――都市再生機構、前掲書、一六頁

＊7――日本住宅營団編『集團的住宅地の計画』一九四四年

＊8――『建設省住宅基準――住宅設計の指針』建設省大臣官房弘報課、一九四八年

＊9――『コミュニティへの道――都市計画一團地住宅經營』建設省大臣官房弘報課編、一九四九年

＊10――集合住宅計画手法研究会、前掲記事、六一頁

＊11――本城和彦編著『都市住宅地の設計　技法編(建築設計講座)』理工図書、一九七八年、二二頁

＊12――マント空間は、植物生態学における「マント群落」から引用された概念であり、住宅の日照・通風・プライバシーを保つ空間として位置づけられていた(都市再生機構、前掲書、一七頁)。

＊13――隣保区、近隣分区、近隣住区は、近隣住区理論を背景に、昭和三〇年の「團地設計基準(案)」の中で、コミュニティや個人の生活が健全になされていく上での適正規模として定義された。その後、昭和三四年の「団地設計要領第三次案」の中で、それぞれグルーピング、コミュニティ、クラスターの三段階として再整理されている。隣保区とグルーピングの一〇〇～一五〇戸の計画単位は継承されているが、それ以上の階層の戸数には相違がある。最大の計画単位である近隣住区は二〇〇〇～三〇〇〇戸、クラスターは三〇〇〇～四〇〇〇戸とされており、団地規模の大型化が背景にあると考えられる(都市再生機構、前掲書、一六頁)。

第3章 スターハウスの現在

この章ではスターハウスの建設後と現在を扱う。これまでも言及してきたように、スターハウスは近年建て替えが進み、稀少な存在になりつつある。一方で修繕や増改築を行い、スターハウスを維持しようとしてきた例も各地でみられる。そこで本章では、前半で公営住宅におけるスターハウスの住棟・住戸改善の特徴的な取り組みを紹介し、公営のスターハウスが現在置かれている状況について触れる。後半では日本住宅公団の現組織であるＵＲ都市機構によるスターハウス保存の試みに焦点を当てる。続く各論では、民間のスターハウスをリノベーションし自ら暮らす実践例を紹介する。

1 公営住宅におけるスターハウスの住棟・住戸の改善

住戸面積を増やす試み——増築とメゾネット化

第2章で述べたように、公営住宅のスターハウスは主に一九五〇年代半ばから一九七〇年代半ばにかけての二〇年ほどの間に各地の自治体により建設されたが、現在まで残るものの大半は一九六〇年代以降の建築である。公営住宅法における公営住宅の耐用年限は、スターハウスのようなRC造の耐火構造の建築では七〇年とされるが、それより前であっても老朽化や耐震性不足などを理由に建て替えられる例は後をたたない[＊1]。一方で、一九八〇年代に増築や改修により居住性を高め、今も維持されている例がある。その代表が名古屋市営住宅におけるスターハウスの増築である。

すでに見たように、一九五〇～六〇年代の公営住宅のスターハウスの多くは、2DKの小規模な住戸であった。住宅の大量供給が優先された高度経済成長期には2DKを標準とすることに異が唱えられることはなかったが、一九七〇年代に公営住宅で求められるものが量から質へと転換すると、居住面積にゆとりをもたせ、設備水準を上げた住宅の供給が目標とされるようになっていく。

そのような時代の変化の中で、一九七四(昭和四九)年には、狭小な公営住宅の増築に対して補助を行う公営住宅住戸改良事業が始まる。一九七六(昭和五一)年には、既設の公営住宅の附帯施設などの整備に対する補助と公営住宅住戸改良事業を合わせる、既設公営住宅改善事業が創設された。これにより既存の公営住宅を建て替えるのではなく、改善して活用する方法が整備されていく。そしてそのための補助拡大に伴い、住戸改善の実施戸数が増大していった[＊2]。筆者が把握したスターハウスの増改築の例は一九八〇年代のものだが、その背景には上記のような制度

図1｜名古屋市営住宅戸田荘の増築されたスターハウス

の確立があったと考えられる。

名古屋市では一九八〇年代に既存の公営住宅のバルコニー側に部屋を増築し、各住戸の床面積を増やす住戸改善が数多く実施された。この増築は板状住棟とスターハウスの間で区別なく、ほぼ同じような形で実施されている。その結果、増築された住棟の南側立面は凹凸のある特徴的な外観となる。特にスターハウスでは、Y字形に配置された各住戸の南側に増築がなされるため、板状住棟以上に特異な姿をみせている［図1・2］。その外観は当初のスターハウスからは大きく変貌し、「山」形の平面をもつ城塞のような威容を誇っている。

この増築の内容を具体的にみてみよう。名古屋市のスターハウスの増築は五団地（仲田荘、おおね荘、御前場荘、梅森荘、戸田荘）の一三棟で一九八四年から一九八八年にかけて実施されている。これらの住棟のもともとの建設年は、すでに解体された仲田荘のみ一九六〇年度と古いが、現存する四団地の住棟は一九六七年から一九七〇年に建設されたものであり、スターハウスの中でも比較的新しい住棟に対して増築が行われていたことがわかる。各住戸の南面のバルコニー側に前室と八畳間を増築している［図3］。増築により各住戸は4Kとなり、床面積は三七平方メートルから五七平方メートルほどに拡張され、一世帯の居住空間としては充実したものに変わっている。ただ、既存住棟から突き出た増築部分の日当たりはよいのに対して、増築の結果として谷間となったかつてのバルコニーの半分は日照が半減してしまっている。この点は床面積を増やすことを目的とした当時の増築計画の割り切りを感じさせる。内部を見学した御前場荘では、増築した八畳間とのつ

図2｜名古屋市営住宅島田団地御前場荘の増築されたスターハウス

なぎの空間（前室）に洗濯機置場が設置されていた［**図4**］。

一九八〇年代後半の増築時は、とりわけ名古屋のような大都市では、まだ人口の増加が見込まれていた時代であり、建設後二〇年経たない早い段階で増築に踏み切っていたのである。この増築部分が一種のユニットのような扱いで、スターハウス、板状住棟を問わずに一様に増築改修が行われているのがおもしろい。大都市ならではの思い切った方策だったといえる。

なお、名古屋市営住宅には増築されていないスターハウスも残っている。増築を行うか否かの判断基準は、一つは立地にあったようである。例えば、増築されていないスターハウスが残る緑ケ丘荘（一九六五〜六六年）を現地で確認したところ、起伏の大きい斜面地にスターハウスが建っており、そもそも増築するための土地の余裕がなかったことがわかる［**図5**］。つまり比較的広い平坦な土地に建つスターハウスを選んで増築が実施されたと考えられる。それを裏づけるように、同じく市営の戸田荘には、南側と東側の住戸のみ、つまり住棟の三分の二だけが増築されたスターハウスがあるが［**図6**］、これは西側が道路にかかるための苦肉の策だったようだ。もう一つは住宅としての持続性である。前述のように、増築されたスターハウスには比較的新しい建築が多く、間取りは3K（仲田荘のみ2K）と部屋数が多いものだった。おそらく将来的な維持を見越して、長く使える住宅が選ばれたのだろう。

増築され現存する四団地のスターハウスのうち、三団地は継続管理が予定されている。面積を拡張して居住性を高めたため、現在も住居として問題なく活用されているようだ。一方で、戸田荘は団地の建て替えのために除却予定となっている。住人の退去済みの住棟内部を見学したが、メンテナンスを続けているかどうかにより、建物の印象は大きく変わることを実感した。それでも開口部が多く、眺望や採光に優れたスターハウスの特徴を体験することができた。

図3｜名古屋市営住宅島田団地御前場荘のスターハウス増築後平面図（提供：名古屋市住宅都市局）

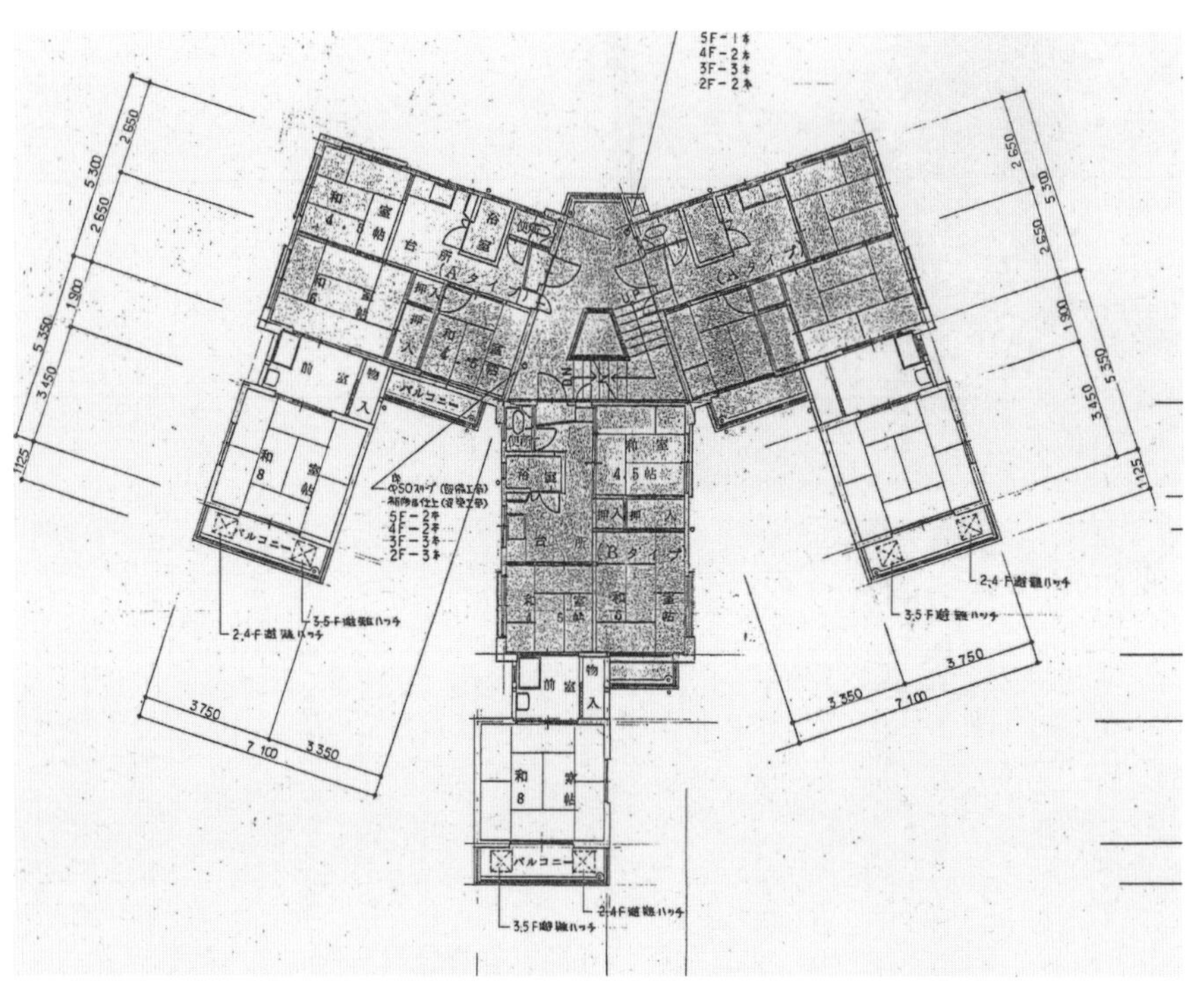

名古屋市の担当職員にヒアリングしたところ、スターハウスを公営住宅として今後も維持していく上での問題点として、エレベーターの設置ができない点があるという。いわゆる外廊下型の板状住棟であれば、エレベーターの増設がしやすく、建築の長寿命化が図れる。事実、名古屋市営住宅ではエレベーターを増築している板状住棟をよく見かける［**図7**］。それに対して螺旋状の階段室をもつスターハウスでは、階段室の開口部が階の中間の踊り場にあり、しかも幅も狭いため、エレベーターの設置が難しい。居住者の高齢化が進む公営住宅では、この点は重要なポイントのようだ。

名古屋市営住宅と同じようにバルコニー側に増築を行っている例として、大阪府の箕面市営桜ヶ丘住宅（一九六四年）がある。ただしこの団地では名古屋市のように居室を増築するのではなく、浴室のみを増築するものであった。結果、南側の最も日当たりのよい場所に閉じた浴室が新たに増設され、そのために南側のバルコニーが半分ふさがれ、南面する室内の面積も狭まってしまっている［**図8**］。浴室の増設により居住性が向上した半面、日照・通風環境は

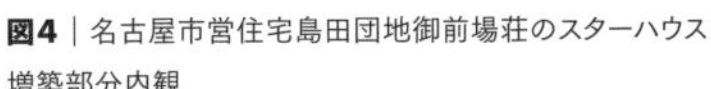

図6｜名古屋市営住宅戸田荘
左（西）側の住戸のみ増築されていないスターハウス

図7｜名古屋市営住宅梅森荘
板状住棟におけるエレベーターの増設（写真中央の増築部分）

図4｜名古屋市営住宅島田団地御前場荘のスターハウス
増築部分内観

図5｜名古屋市営住宅緑ケ丘荘のスターハウス

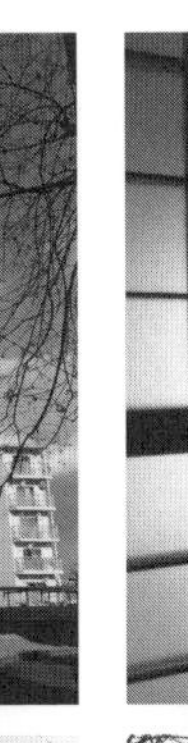

やや犠牲にされているようにみえる。この増築でもバルコニー側に新たなシャフトが建つことで、建築の外観はスターハウスとは別物になっている。

　スターハウスで住宅面積を拡張するもう一つの例として、香川県営住宅におけるメゾネット化がある［図9］。第2章で紹介したように香川県は数多くのスターハウスが建設され、その大半が現存する場所として注目される。その多くの住棟で一九八〇年代にメゾネット化による住戸改善が行われている。五階建てのスターハウスの二・三階と四・五階の二層ずつを一住戸にまとめるものであり、第2章の図60と比べてみるとわかるが、三階と五階の一部の床を抜いて住戸内に階段を設けている［図10・11］。メゾネット化による間取りの変化により、外から見ると一部の窓がふさがれているのがわかる［図9］。住戸内階段を設けて二層の住まいとすることで、各住戸はテラスハウスと似て一戸建てのような感覚を得ることができ、加えて居住面積の倍増のおかげで居住性は高められたと考えられる。筆者が調べた公団・公営のスターハウスにおいて、他にメゾネット化された事例は見当たらず、香川県独自の試みとして注目

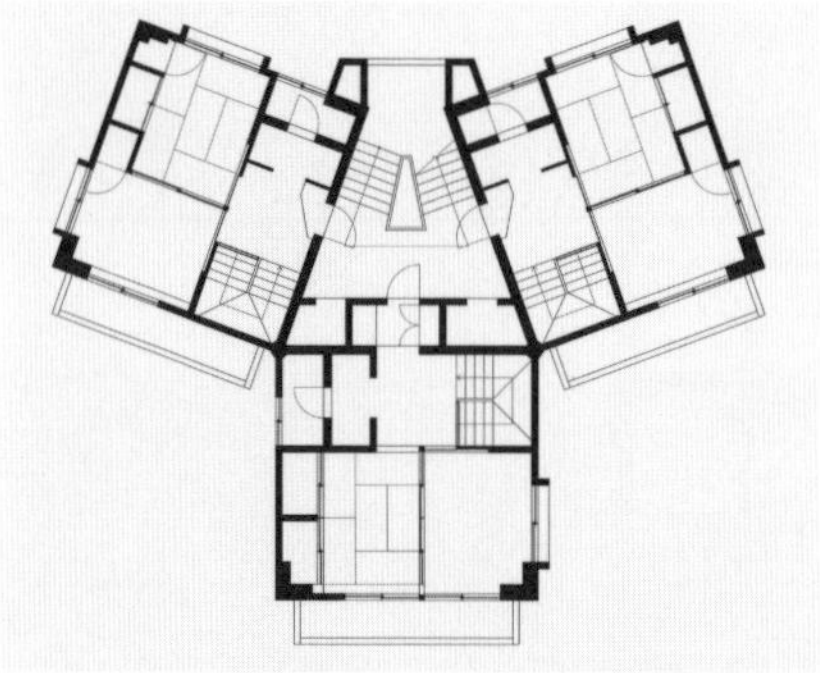

図8｜箕面市営桜ヶ丘住宅の増築されたスターハウス（南側からの眺め）

図9｜香川県営一宮団地のスターハウス（メゾネット化後）中間の階の開口部が変えられている

図10｜香川県営一宮団地のスターハウス（メゾネット化後）上階（3・5階）平面図

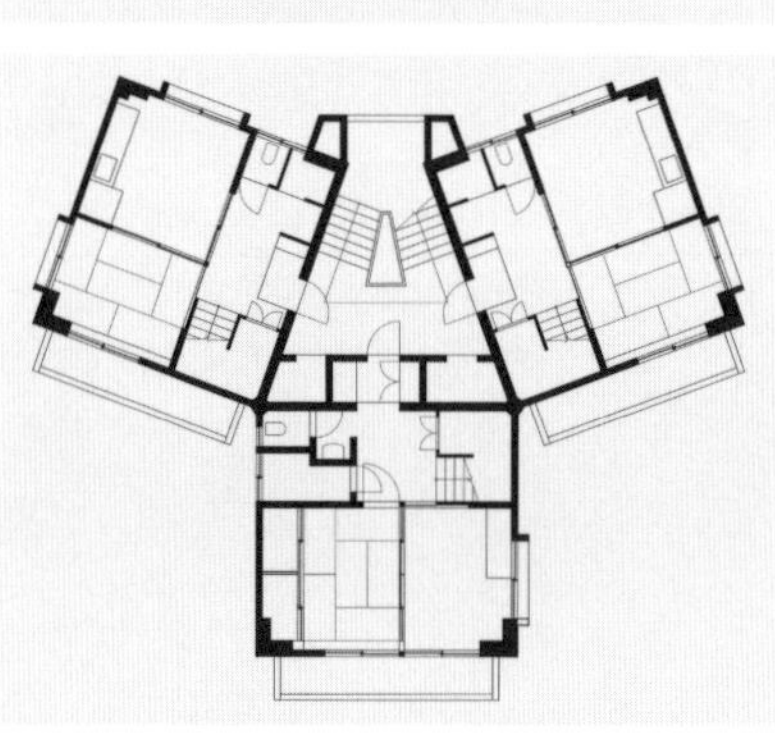

図11｜香川県営一宮団地のスターハウス（メゾネット化後）下階（2・4階）平面図

してよいだろう。しかし老朽化などの問題により、香川県営住宅では全てのスターハウスが用途廃止に向かっているという。

住棟の強度を高める試み——耐震改修

半世紀前のRC造住棟を継続活用していく上でポイントとなるのが構造上の問題、すなわち耐震性である。第1章で紹介した初期54C-2型の現存例である福島県営野田町団地の二棟は耐震性に大きな問題はないと聞くから、実際には壁の量や施工の精度などさまざまな条件によってその強度は変わってくると思われる。

　耐震性を高める方法として一般的なのは、集合住宅に限らず多くのRC造の建物で実施されているような、建築の外側に鉄骨製の筋交いをつける方法である。公営住宅のスターハウスでは、山梨県営住宅や岡山県営住宅において、鉄骨製のブレース（筋交い）を住棟低層部の一部の外壁に設置し、耐震性を高めている例がみられた［図12］。スターハウスを現役の住宅として長期的に維持するための処置であり、この二つの県に確認したところ、いずれもスターハ

図12｜山梨県営貢川団地のスターハウスへの耐震補強
図13｜静岡県営伝馬町新田団地のスターハウスにおける避難用バルコニーの増設

ウスを当面維持管理する予定との回答が得られた。

一方でスターハウスに独自の耐震補強を実施した例として、静岡県営伝馬町新田団地（一九六八年）で試みられた外付け間柱型制震機構による補強がある。この団地にはもともとスターハウスが一棟のみ建てられており、静岡県の所有する唯一のスターハウスを維持活用するための継続的な取り組みが行われた例として注目される。具体的には、まず一九九六年に全ての住戸に対して避難用のバルコニー（第二のバルコニー）が増設された［図13］。同時期に県内の他の集合住宅で住戸からの避難に際して問題が生じ、その予防のためにこの措置がなされたという。確かにスターハウスの場合、板状住棟とは違って住戸間でバルコニーが連続していないため、バルコニーを伝っての隣接住戸への避難ができない。建築基準法上、この建築では二方向避難は求められていないが、静岡県では上記の事故があったためにバルコニーの増設という特別な措置をとったという。他の公営住宅のスターハウスで同様の増築を行っている例はなく、注目される。

そして二〇〇六〜〇七年度には最初に述べた構造補強が行われている。静岡県の説明［＊3］によれば、当初は袖壁増設や鉄骨ブレースを用いた一般的な耐震補強が検討されたという。だが建物の形状の複雑さを考慮した解析の必要性が検討され、次にRC外付けフレーム工法が提案された。さらに住民が住みながら工事できることや、予算面を考慮した結果、以上の方法は見送られ、最終的にブレーキダンパーを用いた制震工法が採用されることになった

図14｜静岡県営伝馬町新田団地のスターハウス
外づけ間柱型制震機構

という。それはどういうものかというと、スターハウスの三つの妻面の中央（窓と窓の間）に一階から五階までを貫く間柱状の制振装置「ブレーキダンパー」を外付けするというものである［**図14**］。このような外付け方法であれば、居住者を退去させることなく工事ができる（工期は四〇日間）。さらに鉄骨ブレースのように窓をふさぐこともなく、採光・換気に関して住戸への影響が少ないという居住環境面でのメリットもある。通常の直方体状の住棟とは異なる、スターハウスの特別な形と構造を考慮した上での実験的な耐震化の提案であった点も注目したい。この補強工事は、二〇一四年の東京都都市整備局による『ビル・マンションの耐震化読本（改訂第4版）』に推薦事例の一つとして取り上げられている［＊4］。

現地でこの住棟を確認したところ、西側の一階部分のみ制振機構が透明のアクリル板で覆われ、外から見えるようになっていた。その仕上げにどのような意図があったかについては、現在の県の担当者もはっきりとはわからないというが、おそらく装置をディスプレイするためのものだと思われる。この点からも工事の実験的な意味合いがうかがわれる。この住棟ではさらに二〇一一年に風呂・便所などの居住改善工事が実施され、住棟を長く維持するための取り組みが継続的に行われている。

時代に合わせた間取りの変更

公営住宅のスターハウスでは、水まわりなどの住戸内の設備を更新する例は多くみられるものの、

図15｜滋賀県営今堀団地のスターハウス（改修後）。
3・4階の窓に縦格子がついているのは避難設備設置のため

改修により間取りを大きく変更する例はあまりみられない。だが近年の例として、滋賀県営住宅で、住棟のスケルトン改修を行い、住戸の間取りと設備を刷新し、住宅として長寿命化を図った例がみられる。

滋賀県では大津市、東近江市、草津市の四つの県営団地に計一四棟のスターハウスが建設された。そのうち近年まで残っていたのは東近江市の滋賀県営今堀団地の三棟（一九六七年建設）だけであった。滋賀県はそのうちの一棟のみを残し、大規模改善（スケルトン改修）を実施して住宅として使用し続けることを決めた。この住棟は、もともとは標準的な2DKの間取りであるが、第2章で触れたようにスターハウスでは珍しくバルコニーがない形式である。そのため掃き出し窓がなく、開口部の面積は全体に小さめになる［**図15**］。住戸の床面積は三三・五五平方メートルと、最小規模であった。二〇二一〜二二年度に実施された改修では、かつての2DKの間取りを大きめのDKと個室一つをもつ1DKに変更した。さらにもともと設けられていなかった浴室を新たに設置し、便所を洋式に変えた。規模や設備から二人以下の世帯を想定した住戸改善を目指していたことがわかる［**図16・17**］。

このような間取りの変更は、常盤平団地などUR都市機構のスターハウスでは行われているが、公営住宅では珍しい。滋賀県住宅課に改修の経緯を確認したところ、以下のような回答が得られた。

結論からいうと、この改修は、スターハウスの改修のモデルケースを追求したものというわけでは必ずしもなく、団地の縮小整備という前提の下で、改修後の住戸規模や団地全体の整備戸数を勘案した上で選択されたものであったという。スターハウス三棟と低層のテラスハウス群から構成される今堀団地はもともと一一四戸の団地であったが、県の計画では、それを建て替えて、五八戸の団地に縮小することと

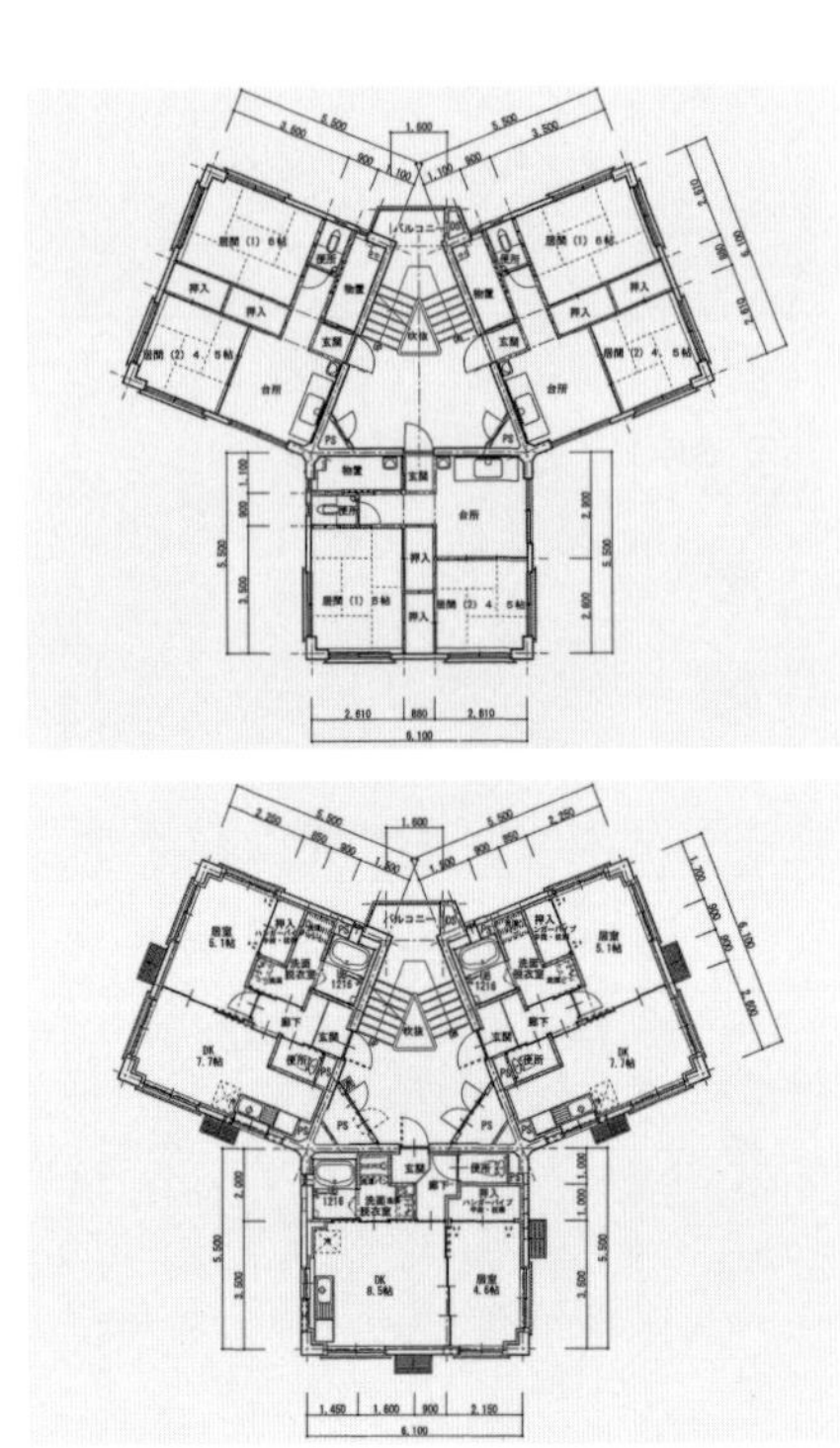

図16｜滋賀県営今堀団地のスターハウス2階平面図（改修前）
図17｜滋賀県営今堀団地のスターハウス2階平面図（改修後）
（いずれも提供：滋賀県）

なっていた。その際、テラスハウスは全て耐用年数を超過していたため建て替えることとし、スターハウス三棟（三六戸）は耐用年数を経過していなかったため、ライフサイクルコストを検討した上で、一棟のみ改修して維持されることになった。三棟のうち一棟だけが残された理由は次のとおりである。

そもそもスターハウスは、その形状ゆえに「二戸一化」のような複数住戸の一体化改善ができず、改修後も住戸の規模は三五平方メートル前後にとどまってしまう（先述した香川県のメゾネット化の例はあるが、ここでは選択肢にならなかったようである）。国土交通省が近年策定した住生活基本計画における最低居住面積水準に従うと、その規模の住戸は三人以上を収容できず、二人以下の世帯用の住戸となってしまう。仮に三棟のスターハウスを全て改修して維持する場合、新しい団地の中の三六戸が二人世帯向けの住戸となる[＊5]。この時点で今堀団地の建て替え後の住戸数の計画は、当初の五八戸から四〇戸へとさらに縮小されていた。そのため、もしもスターハウス三棟を全て残すと、建て替え後の団地内住戸の九割が二人世帯向けとなり、三人以上の世帯向けの住戸が極端に少なくなってしまう。加えてスターハウスにはエレベーターが設置できないという問題もあり、結局スターハウスは一棟（一二戸）のみを残し、残りの二八戸を新規建設する選択がなされたとのことであった。

また、「浴室つき」「トイレの洋式化」など既存と異なる間取りへと改修することになったのは、近年の居住水準にできる限り近づけるためだという。

図18｜滋賀県営今堀団地のスターハウス（改修後）
3・4階に設置された避難設備
図19｜滋賀県営今堀団地のスターハウス（改修後）
バリアフリー対応した1階角部屋

スターハウス再生のモデルケースではないかと、筆者は勝手な推測をしていたが、実際は自治体の公営住宅政策における制度や現状を考慮した上での現実的な判断だったということである。ただ、滋賀県住宅課の担当者が余談として添えてくれた次の言葉は筆者の興味を引いた。

「上記のような経緯がある中で、全てを解体し建て替えるといった意見がなかったわけではありません。しかし、滋賀県内最後のスターハウスということもあり、一棟は計画どおり存置しようという結果に落ち着きました」。

数ある古い住棟の中でもスターハウスが特別なものと思われていたことを示唆する言葉である。これまでも触れてきたように、筆者はいくつかの自治体を訪問し、スターハウスを視察して市や県の担当者と話をしてきた。基本的に自治体の担当者は、スターハウスであっても管理する上では公営住宅の一つの住棟（住宅ストック）に過ぎないというスタンスであった。だがそうはいっても内心スターハウスが気になっているといってくれる人も多かった。滋賀県でもそういう議論があったようだ。後で話を聞いたところでは、この改修計画を検討する際に、UR都市機構の旧赤羽台団地の文化財登録も話に上ったという。

この改修された今堀団地のスターハウスを現地で見学する機会を得た。平面図だけからはわからない、さまざまな取り組みがみられたので補足したい。例えば、住棟にバルコニーがついていないため、避難動線を確保するために三、四階には特別な避難設備を設置していた［図18］。また、一階の東側住戸は車椅子利用者用のスロープが設けられ、庭側からもアクセスできるバリアフリー仕様となっていた［**図19**］。外観ではアクセントカラーが用いられ、階段室上部にあったトップライトは新しい形に更新されている。室内の設えはシンプルであるが、全面フローリングとして現代的な機能を備え、新築の住宅と比べて遜色はなかった。この滋賀県営住宅の改修例は、公営住宅においてスターハウスを住居として維持していく上での一つのモデルケースになっていくだろう。

公営住宅におけるスターハウスの現存状況

最後に公営住宅のスターハウスが置かれている現在の状況をまとめておこう。

　公営住宅の場合、筆者が確認した限りでは、先に述べたとおり、スターハウスに歴史的な価値を認めて維持するという考えは表立ってはみられず、基本的に住宅ストックとして使えるかどうかという観点から、住棟を維持するか否かの判断をしている。現在活用されているスターハウスの住棟は比較的新しいものが多く、まだ築年数が浅いから、あるいは改修されてから時間が経っていないから残すという例が多かったように思われる。もちろん自治体ごとに差はあり、一九六〇年代にスターハウスが建設された複数の団地をもつ自治体であっても、岡山県や防府市のように全て現状維持と考えているところもあれば、香川県のように老朽化のために四団地全てのスターハウスの用途廃止を前提に移転促進中としている自治体もある。当面維持管理とされる団地であっても、永久的に残すわけではなく、「ＲＣ造の公営住宅の耐用年限である建設後七〇年までは維持する」という考え方が基本路線だ。

　ただ、耐用年数七〇年といっても実際にはその前に老朽化や設備の劣化は進んでいる。現在はスターハウスの建設からおよそ半世紀以上が経過し、多くの自治体において建て替えが検討される時期になっている。ここ数年に全国で解体されたスターハウスも少なくなく、今後の用途廃

図20｜解体工事中の足利市営春日団地のスターハウス
図21｜京都新聞に掲載されたスターハウス解体の記事
（出典：「京都新聞」2022年10月30日）

左京・養正市営住宅 再整備へ解体

10棟→4棟に 変わる街の姿

姿消すスターハウス 昭和30年代団地で採用

教育尽力の先人 顕彰

止や建て替えが予定されている例もかなりの数にのぼる。例えば、栃木県足利市営の春日団地は、まさに筆者の調査中の二〇二二年一二月にスターハウスの解体作業を目の当たりにした例である［**図20**］。

筆者が確認できた限りでは、公営住宅（公社は除く）で二〇二三年二月時点においてスターハウスが残っている団地は四一団地であり、棟数は一一二棟であった（巻末の表2参照）（筆者の調査から漏れている事例もあると考えられるため、これが全てではない）。そのうちの一六団地ですでに建て替えを具体的に計画もしくは検討していたり、用途廃止を前提とした移転事業中であったりするとの回答があった。さらにこの原稿を書いていた二〇二二年末の時点でも、京都市営住宅においてスターハウスが解体されるという新聞記事［**図21**］をインターネットで目にした［＊6］。第2章で言及した京都の養正市営住宅の解体を報じる記事であり、「姿消すスターハウス」と題している。スターハウスそのものよりは地域の歴史に焦点を当てた記事であったが、見出しに「スターハウス」が掲げられるのは、この住棟の形が特徴的であり、地域の記憶の一部になっていたがゆえだろう。記事を執筆した京都新聞の記者にその点を問い合わせたところ、記者自身はそれまでスターハウスを知らなかったが、取材対象の住民から特徴的な建物だと教えてもらい、興味をもったとのことであった。このようにスターハウスは人を惹きつけるものをもっているように思う。

そしてこの原稿をまさに書き終えようとしてい

た二〇二三年三月末に、福島県庁建築住宅課の綿谷彰夫さんより嬉しい知らせが届いた。同氏は第1章で紹介した「54C-2型」の現存例である福島県営野田町団地の視察に対応してくださった県庁の専門建築技師であり、同団地のスターハウスの価値を認めて、保存への興味をもっておられたことから、筆者も継続的にコンタクトをとってきた。綿谷さんによれば、それまで二〇年ほど「用途廃止」の対象とされていた野田町団地のスターハウス二棟の活用方針が、「当面維持管理」に変更されたという。そこには彼らの取り組みも関わっており、この変更の判断材料となった、「福島県スターハウス型県営住宅の動態保存に関する考察」と題する詳細な報告書も同封されていた。もちろん「当面維持管理」になったからといって直接保存につながるわけではない。だがやはり、公営住宅において自治体職員の尽力により「用途廃止」から「当面維持管理」へと戻されたことは画期的なことのように思われる。野田町団地の54C-2型と同じように歴史的な価値のある住棟は全国に残っている。その価値を認識し、記録に残すとともに、可能な限り次代に残していくことが望まれる。

2 日本住宅公団（現UR都市機構）におけるスターハウスの保存活用

続いて日本住宅公団、すなわち現在のUR都市機構におけるスターハウスの保存活用の状況をみていこう。

第2章で述べたように、日本住宅公団では初期の一〇年間に六三団地で二八六棟（推定）のスターハウスが建設された（ダブルスターハウスは除く）。そのうち二〇二三年二月時点で現存するのは八団地三三棟である（転用保存を含む）。このうち、仁川団地の八棟は建て替え予定であり、他の用途に転用された事例もあるため、現役の住宅として使われているのは、四団地二〇棟である（分譲住宅の名和団地を含む）。

UR都市機構はスターハウスが建設された時代の公団設立初期の古い住宅に対しては、基本的に建て替えの方針をとってきた。一九五五年に設立された日本住宅公団は、一九八一年に宅地開発公団と統合して住宅・都市整備公団（住都公団）となった。一九九九年には都市基盤整備公団に改組され、二〇〇四年に都市再生機構（UR都市機構）となり現在に至る。住宅・都市整備公団時代の一九八六（昭和六一）年、「公団賃貸住宅の建替え」を発表し、昭和三〇年代に供給した団地の建て替えの方針を示した［*7］。

その際の記者発表資料を参照すると、当時の住都公団の賃貸住宅ストックは約六六万戸あり、その内昭和三〇年代のものは約一七万戸で二六パーセントを占めていた。それらは立地条件に優れるものの、全般に法定容積率（大部分が二〇〇パーセント）より低い容積率（おおむね六〇パーセント）で建設されており、敷地の適正な利用がなされていなかった。また住宅規模に関しても2DK、3DKが約九三パーセントを占め、平均住宅面積が三八平方メートルと小さく、設備水準も劣っていた。ゆえに敷地の適正利用と居住水準の向上を目的として、建て替えを実施することになった。具体的には昭和三〇年代に供給された低・中層住宅を対象に、立地特性、土地利用の状況、住宅需要の動向などを総合的に勘案し、原則として古いものから順次建て替えを実施していくことになった。スターハウスが建つ団地はまさに昭和三〇年代団地にあたるから、この建て替えの対象となった。

筆者の地元である神奈川県に関しても、日本住宅公団によってスターハウスが建設された一〇団地は、平成の時代に順次建て替えられている［＊8］。この一〇団地の現状を学生と共に訪ねたことがある。その多くは高層住棟に建て替えられ、スターハウスが建っていた昭和三〇年代の中層団地の面影はなかった。高層化により建物が集約され、団地内の空地は広くなり、住戸設備が更新されたことで、居住性が向上したとみることができる。量から質の時代に移り、新しい時代の居住水準に応えるために、建て替えが進められたことは必然であったといえるだろう。

一方でURの中でもスターハウスが残された団地もある。現在も住宅として活用されている団地では、例えば香里団地や野方団地のように住棟番号や団地名称を表現したロゴを刷新し、現代風のソフトなイメージを付与することで団地の価値を高めようとしている例がある［図22］。常盤平団地のように、恵まれた自然環境の中に残るスターハウスの住戸内部を現代風に改修することで、より広い年齢層が使用できるように更新している例もある。これらは公営や公社のスターハウスの改修でも参考になると思われる。

以上を踏まえてここで注目したいのは、スターハウスの保存活用というUR都市機構の独自の試みである。繰り返しになるが、公営住宅ではスターハウスを維持する場合、あくまで住宅ストックとして寿命を延ばすことが目的だった。その建物に歴史的価値を認めて残すという意識は基本的にはなく、公営住宅における耐用年数である築後七〇年までは住棟を維持しようというス

図22｜香里団地のスターハウスの新しい住棟表示

図23｜1959年のひばりが丘団地鳥瞰写真
（出典:『朝日新聞』2009年3月22日（日曜版））

タンスであった。それに対して、URにおいてスターハウスに歴史的な価値を見いだし、保存活用を試みてきたことはやはり注目される。それは今後、日本が歴史的な集合住宅という建築遺産と取り組んでいく上でのモデルとなるだろう。

転用保存

公団（UR都市機構）ならではの興味深いスターハウスの保存のかたちとして転用保存がある。その例として、管理棟に転用されたひばりが丘団地と受水槽・ポンプ室として使われている春日ヶ丘団地の二例が挙げられる。

ひばりが丘団地は、日本住宅公団がかつての中島航空金属の工場跡地に一九五九年に建設した団地であり、公団にとって東京近郊に開発した最初の郊外型大規模団地であった。スターハウスは、団地中央部の空地を伴うシンボリックなゾーンに四棟建設された［図23］。第2章でみたように、公団団地においてスターハウスは団地中央のオープンスペースに空間的な余裕をもって建設されることが多かった。ひばりが丘団地はその代表例である。四棟のスターハウスのうちの一棟が管理棟に転用され保存されている［図24］。現在は大きな空地（広場）の中にこのスターハウスがかつての古きよき団地の記憶をとどめるかのように建っている。最初は同団地で進む建設工事のための事務所として使われていたという［＊9］。

時代が変わり、集合住宅に求められるものも変わってきている。全ての住宅を未来永劫残すことは不可能だから、このように一部の住棟を転用しつつ残すことは、今後目指すべき現実的な方策なのかもしれない。ちな

図26｜春日ヶ丘団地の受水槽・ポンプ室に転用されたスターハウス

図24｜ひばりが丘団地のスターハウス保存住棟
手前はメモリアルとして保存されたバルコニー

図25｜ひばりが丘団地の保存されたスターハウス前に設置されたメモリアル

みにひばりが丘団地は、一九六〇年九月六日に当時の皇太子ご夫妻（現在の上皇ご夫妻）が訪問されたことで知られるが、そのときに立たれた旧七四号棟二〇八号室のベランダが、現在、このスターハウスの前に「ひばりが丘団地メモリアル」として保存されている［図25］。これもまた、UR都市機構が団地の歴史を重視する姿勢の表れといえるだろう。

　大阪府藤井寺市の春日ヶ丘団地（現サンヴァリエ春日丘）での転用保存はもっとユニークである。この団地はかつての藤井寺球場の南に位置する。スターハウスは敷地の西側のなだらかな傾斜地に沿って三棟建設された。かつての写真をみると、樹木の残る自然の地形とスターハウスを組み合わせて特徴的な景観をつくり出していたことがわかる。現在は北側の一棟のみ残され、外観はそのままに建物全てを受水槽やポンプ室として再利用している。塔状の求心的な形をした建物だから、確かに受水槽にはマッチしているのかもしれない。外壁が茶色に塗られ、松の木々の間にひっそりと建っている［図26］。窓の形は残しているが、盲窓のように埋められているようだ［図27］。スターハウスとは別物になってしまっている感もあるが、このような構造物が建て替えられた団地の中に残ることで、かつての記憶を呼び起こす要素になる。ちなみにひばりが丘、春日ヶ丘団地の二例とも二〇〇〇年代に転用保存が行われた［*10］。

　この二例にみられるように、日本住宅公団（現UR都市機構）では、スターハウスを

図27｜春日ヶ丘団地の受水槽・ポンプ室に転用されたスターハウス
図28｜金岡団地のスターハウスメモリアル

数ある住棟の中でも特別なものとみなし、その記憶を伝えようとする試みがこれまでもときどき行われてきた。最初期のスターハウスが建てられたかつての金岡団地（ただし第2章で触れた最初に建てられた住棟ではなく、続いて建設された金岡第二団地の住棟）でも、「スターハウスメモリアル」と称するスターハウスの一階部分の住戸の外形をフレームで残し、その中にかつての間取りを再現したモニュメントが展示されている［図28］。

文化財としての保存活用

以上のようなスターハウスを残す試みがより広い社会的意味をもつかたちで実を結んだのが、旧赤羽台団地のスターハウス三棟を含む既存住棟四棟の登録有形文化財としての保存活用である。それは二〇一八年七月に日本建築学会からUR都市機構へ提出された保存活用要望書［＊11］に端を発する。筆者もその準備に関わった一人として、経緯について簡単に触れておきたい。

二〇一七年末、日本建築学会の中で赤羽台団地の既存住棟［図29］に関する保存の話がもち上がったとき、筆者は同会関東支部の建築歴史・意匠専門研究委員会の主査を務めていたことから、保存活用要望書の準備を進めることとなった。この要望書に添える「見解」を準備する際に、関連する歴史研究が十分なされていないことを知ったのが、筆者がスターハウスに関する研究を始めたきっかけであった。

スターハウスに関する保存活用要望書をまと

図29｜赤羽台団地のスターハウス(保存改修前)

めていく過程において委員会内で数度の議論を行った。スターハウスのような戦後の量産的な建築物に関する保存要望の例は過去になかった。一般に歴史的建築の保存を求める際にまず強調されるのは、その建築の古さや稀少性である。一方で第二次世界大戦後の比較的新しい建築であれば、著名な建築家の作品であったり、顕著な意匠性をもつといった作家性・意匠性が主張されることが多い。スターハウスは上記のいずれにも当てはまらない。団地住棟という戦後の量産的で匿名的な建築の価値をどのように指摘するかがテーマとなった。

委員会内での議論を経て、最終的に「見解」の中で主張するスターハウスの建築の価値として、「日本住宅公団初期の団地計画の成果」と「景観形成における役割」の二点に絞ることとした。前者では、戦後初期の団地における新しい住棟形式としてのスターハウスの価値、そして数あるスターハウスの中でも発案者の市浦健自身が成功例と認めている赤羽台団地のスターハウスの重要さを指摘した[＊12]。後者では、そのスターハウスが赤羽台の崖線上に建ち並びこの街の一つの景観をつくり出してきたこと、そしてそれが現在まで団地空間の中で受け継がれてきたことの価値を主張した。

二〇一八年七月二五日には学会の代表の一人として筆者もURの横浜本社を訪問し、保存活用要望書を提出した。この要望書の提出がUR都市機構内でのスターハウス保存活用への後押しとなったと聞く。二〇一九年七月には登録有形文化財にするための答申がなされ、同年一二月に戦後の住宅団地の建築としては初の登録有形文化財になった。

日本建築学会から保存活用要望書が提出されても、その結果として保存に結びつく例は実は多くない。筆者が二〇二一年七月に調査したところでは[＊13]、その時点までに日本建築学会から歴史的建築のための保存要望書(二〇一二年度から保存活用要望書になった)が提出された件数は二〇七件あり、そのうち一四九件が第二次世界大戦以前の建築に対して出されたもので、五八件が戦後の建築に対するものであった[表1]。その中で二〇二一年七月の時点で保存要望した建築が残っていた数は、戦前の事例については五七件(三八・三パーセント)にすぎなかった。その他には一部のみ保存された例(二九件)もあるが、四割以上(六三件)はすでに解体されていた。

一方で上記の戦後の建築五八件のうち、調査時点で現存していたのは三〇件(五一・七パーセント)で、解体は二四件(四一・四パーセント)であった(残りの四件は一部保存)。一見、戦後建築の方が保存の成功率が高いようにみえるが、これはあくまで調査時点の暫定的な数値であり、必ずしも実態を表しているわけではない。というのも戦後建築には比較的最近に要望書が提出されたものが多く、その中には要望書を出したものの解体がすでに決まっていたり、解体を前提に検討中であったりするものも少なくなく、実際の保存の成功率はさらに低くなるからだ。やはりその割合は半数を下回ることになる。

建築を残す上で決定的なのは所有者の意向である。その点で赤羽台団地のスターハウスに関しては、所有者であるUR都市機構が文化財としての保存活用という方針を決めたことが幸運なかたちへとつながった。二〇一九年六月には、UR都市機構は赤羽台団地のスターハウスを中心とする保存地区に「都市の暮らしの歴史を学び、未来を志向する情報発信施設を整備」することを発表した[*14]。その計画では、保存住棟の隣地に新たな展示棟を建設し、八王子の集合住宅歴史館に保存されている同潤会アパート以降の歴史的な住戸を移設・展示することも

表1|日本建築学会の保存(活用)要望書の提出とその後の状況(2021年7月時点)

要望書提出年	戦前の建築			戦後の建築		
	現存	一部保存	解体	現存	一部保存	解体
1961–1965	1					
1966–1970	1	1	1			
1971–1975	1	3				
1976–1980	2					
1981–1985	3	2	4			
1986–1990	7	8	5			2
1991–1995	7	3	2	2		1
1996–2000	6	3	7			
2001–2005	5	2	9	3		
2006–2010	7	2	11	5	1	9
2011–2015	6	3	15	7	2	8
2016– 2021	11	2	9	13	1	4
計	57	29	63	30	4	24
%	38.3	19.5	42.3	51.7	6.9	41.4

決められた。二〇二二年一〇月には、この情報発信施設を「URまちとくらしのミュージアム」とすることが公表された[*15]。開館は二〇二三年九月となった。

その間に日本建築学会はUR都市機構に対して保存活用要望書に基づく新たな学術協力を始めた。二〇一九年一〇月には学会内にUR集合住宅団地・保存活用小委員会（主査：松村秀一東京大学特任教授（当時））が設立され、筆者もそのメンバーに加わった。二〇二一年にはURと日本建築学会の共催で、赤羽台団地のスターハウスを題材としたURまちの暮らしコンペティション「スターハウスの未来（さき）にある暮らし」が開催され、国内外から多数の応募を集めた。さらに小委員会では、二〇二二年にスターハウスに関連したシンポジウム[*16]を開催し、東京文化財ウィークに合わせた赤羽台団地の公開にも協力するなど、スターハウスの歴史的な価値を啓発する活動を続けている。本書の執筆は、この小委員会の活動やUR都市機構からは独立したものだが、一連の取り組みからも多くの示唆を得ていることを記しておきたい。

このような啓発的な活動と並行して、文化財としての側面を考慮した赤羽台団地のスターハウス三棟と板状住棟一棟の修復が二〇二一年より進められている。このスターハウスの修復については、続くコラムを参照いただきたい。

このようにスターハウスを歴史的なモニュメントとみなした集合住宅の残し方は、現時点では公営や公社などには見られないUR都市機構の独自の取り組みである。これがURのみならず公営住宅を始めとした全国の歴史的な集合住宅にとっての一つのモデルケースとなることを願ってやまない。

註

*1——各自治体の担当者の話では、耐用年数の半分の三五年を経過していれば、「建て替え」は可能とのことである。

*2——前田亮「公営住宅50年の歩み」『住宅』日本住宅協会、50巻10号、二〇〇一年一〇月、一六—二八頁。該当箇所は一九頁

*3——二〇二一年一一月と二〇二二年一二月に静岡県建築住宅局公営住宅課より電子メールで情報をいただいた。

*4——東京都都市整備局『ビル・マンションの耐震化読本（改訂第4版）』平成二六年度

*5——滋賀県庁の担当者の説明では、この住棟は、公営住宅であるため、単身者は対象としておらず、二人世帯用とのことである。ただし、もともと二人以上の世帯が、死別などにより単身世帯になり暮らす例はあるという。

*6——「姿消すスターハウス——昭和30年代団地で採用」『京都新聞』二〇二二年一〇月三〇日、二六面（市民版）

*7——住宅・都市整備公団による「公団賃貸住宅の建替えについて」と題する一九八六（昭和六一）年五月一日付の記者発表資料

*8——神奈川県でスターハウスが建てられた日本住宅公団の団地は、横浜市の野毛山団地（一九五六年、二棟）、清水ヶ丘団地（一九五七年、三棟）、篠原団地（一九五七年、五棟）、日吉団地（一九五七年、三棟）、滝ノ上団地（一九五八～五九年、二棟）、明神台団地（一九五九年、二棟）、矢部団地（一九六〇年、四棟）、川崎市の川崎大宮団地（一九五七～五八年、一棟）、百合ヶ丘団地（一九六〇～六一年、八棟）、藤沢市の藤沢団地（一九六二年、二棟）（括弧内の棟数はスターハウスの建設数）の一〇団地三二棟であるが、一九九〇～二〇〇〇年代に建て替えられている。

*9——川西泰一郎「星型住宅　スターハウス」『コンクリート工学』日本コンクリート工学会、四六巻九号、二〇〇八年九月、一二〇—一二四頁

*10——同論文、一二三頁

*11——「UR都市機構赤羽台団地の既存住棟（41、42、43、44号棟）の保存活用に関する要望書」（二〇一八年七月二五日提出）。要望書は、日本建築学会のホームページでダウンロードすることができる（https://www.aij.or.jp/scripts/request/document/20180725.pdf）。なお、もともと日本建築学会では、「保存要望書」（もしくは「保存に関する要望書」）という名称を用いていたが、二〇一二年度から「保存活用要望書」（もしくは「保存活用に関する要望書」）に名称が変えられた。

*12——市浦健は一九七九年の回想録で、「公団の標準設計になってから最もうまく使われているのは赤羽の団地かも知れない」と赤羽台団地のスターハウスを評価している（神代雄一郎、佐藤由巳子編『日本住宅開発史——市浦健遺稿集』井上書院、一九八四年、一四一頁）。

*13——海老澤模奈人「日本建築学会提出の保存要望書に関するリスト」『戦後昭和の建築——その価値づけをめぐって（二〇二一年度日本建築学会大会（東海）建築歴史・意匠部門研究協議会資料）』日本建築学会建築歴史・意匠委員会、二〇二一年、一五四—一六〇頁。ここでの要望書提出件数は以下のように数えている。一つの建築に対して同年中に複数回要望書が提出された場合はまとめて一件とした。ただし別の年に同じ建築に対して再度提出された場合は新たに一件として数えた。また一つの要望書において関連する複数の建築を扱っている場合でもまとめて一件とした。ただし二〇〇五年と二〇〇八年の東京、大阪の二つの中央郵便局に対する保存要望は一つの要望書の中でなされているが、地域が異なるため二つの事例とカウントしている。詳しくは、上記の解説を参照いただきたい。

*14——二〇一九（令和元）年六月一九日の記者発表資料（https://www.ur-net.go.jp/aboutus/press/lrmhph000000y84c-att/ur2019_press_0625_akabanedai.pdf）

*15——二〇二二（令和四）年一〇月二七日の記者発表資料（https://www.ur-net.go.jp/aboutus/press/hndcds000000b1va-att/ur2022_press_1027_museum.pdf）

*16——二〇二二年一〇月一五日に「戦後昭和の団地遺産　スターハウスを語る」と題

し、Zoomウェビナーで日本建築学会UR集合住宅団地・保存活用小委員会主催のシンポジウムを行い、筆者らが講演した。

[コラム]――スターハウスの保存改修 旧赤羽台団地保存住棟の色彩復元の試み

古林眞哉

赤羽台団地のスターハウスの配置

赤羽台団地[*1]は、日本住宅公団が建設し一九六二(昭和三七)年に入居の始まった、三三七三戸の賃貸住宅による団地であり、JR赤羽駅から徒歩一〇分圏内の台地上に立地していた。

この団地敷地は、一八八五(明治一八)年に赤羽駅が開業したことに伴い、陸軍施設として利用されていた場所である。戦後に軍用地は払い下げられ、赤羽台団地や都営桐ヶ丘団地など、戦後の住宅不足に対応する大規模な住宅団地の建設地となった。

赤羽台団地は、日本住宅公団にとって東京二三区内初の大規模団地だったことから、モデル的な都市型団地として意欲的な設計が行われた[*2]。駅至近の好立地を活かすことが設計条件であり、幹線道路の団地内縦断や、敷地の四周への施設配置(小中学校、幼児施設、商店街)など、地域に開かれた団地計画に特徴があった。また、団地建設以前の陸軍被服本廠時代のグリッド状の道路構成を活かして住棟の直交配置や囲み配置が行われており、昭和三〇年代にはまだ珍しかった高層住棟も少数交え、当時としては高密度で都市的な空間づくりが試みられている(第1章図7参照)。住戸も1Kから4DKまでの多様なタイプを準備し、さまざまな家族構成の都市住民による生活の舞台として計画されていた。

低地にある赤羽駅から北西を見ると、崖線上に赤羽台団地を目にすることができた。武蔵野台地東端に位置する高台地形を活かすこともまた設計の主要テーマであり、崖線緑地に沿って八棟のスターハウスを配置することで、団地を象徴する風景をつくり出していた。団地の入り口にあたる崖線沿いの道路からは、スターハウスの間に延びる歩行者路を通って団地内に入る。スターハウスの先に並ぶ板状住棟のうち長大なものには、一階を通り抜けられるピロティが設けられ、団地内の動線が有機的に結びつけられていた。

登録有形文化財への登録

赤羽台団地は、二〇〇〇(平成一二)年から建て替えが進められ、ヌーヴェル赤羽台と呼ばれる新たな住宅団地に生まれ変わっている。建て替えにより、当初の住棟の大部分はすでに取り壊されている。

日本建築学会は、取り壊しが目前に迫っていた赤羽台団地のスターハウス（四二〜四四号棟）と板状階段室型住棟（四一号棟）に関する「保存活用要望書」[＊3]を二〇一八年に作成し、所有者のUR都市機構に提出している。この中で対象とした四住棟の歴史的価値として、「日本住宅公団初期の団地計画の成果」と、「景観形成における役割」に言及している。「日本住宅公団初期の団地計画の成果」としては、大規模都市型団地づくりの実験的試みに加え、スターハウス自体について戦後日本で試みられた独特の住棟形式と評価している。また、「景観形成における役割」として、三棟のスターハウスと背景となる板状住棟を群として保存することによる、地域の記憶と昭和時代の生活環境を継承する文化資源としての価値が強調されている。

UR都市機構は、この保存要望書を受けて四棟の保存を決定し、二〇一九年には「旧赤羽台団地四十一〜四十四号棟」として国の登録有形文化財に登録された。

スターハウスの色彩復元

登録有形文化財のうち建造物では、原則として外観の保存が求められるが、古い建物ではどの時点の外観を保存するのかが課題となる。建設当初、建物が使われてきた中で特徴的な年代、または現状の姿、いずれのかたちで保存するのか。旧赤羽台団地のスターハウスも、長年住み継がれる間にさまざまな修繕が行われ、その外観は時代を追うごとに変わってきたが、UR都市機構は保存に際して建設当初の姿の復元を試みている。

保存されたスターハウスは、ラーメン構造と呼ばれる垂直方向の柱と水平方向の梁で建物を支える構造であり、柱と梁が壁から突き出た形状が特徴である。登録有形文化財への登録時点では、柱、梁やバルコニーなど突き出た部分が茶色であり、壁面やバルコニーの手すりが淡いベージュ色だった[口絵13]。突出部分に濃い色を使うことは現在ではよくみられる手法であり、当時は違和感なく周辺景観に溶け込んでいた。しかし、鉄筋コンクリートの建物は、外壁を定期的に塗装することで劣化を防ぐ必要がある。スターハウスもこの時点ですでに複数回の塗装が行われていた。

建設当初の外観に復元された現在のスターハウスは、復元前とは対照的に、柱・梁、バルコニーなど突出部分が淡い色、壁面が濃い茶色と、塗り分けが反転している[口絵14]。建設当初の正確な色彩は資料に残っていなかったことから、複数の調査を元に再現が試みられた。建設当初の写真はモノクロ写真しか残っていなかったため、デジタル的に色彩を再現することで、大まかな色調と塗り分けの手がかりを得た。また、外壁の塗装を削り、最初の塗装面を露出させて色彩を確かめる調査も行われた。外壁以外にバルコニーの手すりについても調査が行われ、ブルーグレーの色彩に復元されている。こうした復元作業により、建設当初のスターハウスのモダンで力強い色彩が蘇ったのである。

註

*1——日本住宅公団による建設時の団地名称は「赤羽台」だが、二〇〇〇年より建て替え事業が開始され、建て替え後の街区は「ヌーヴェル赤羽台」となった。二〇二三年現在、かつての赤羽台団地の住棟で残るのは、保存された四棟である。これら保存住棟の登録文化財への登録名称は、「旧赤羽台団地四十一号棟～四十四号棟」となっている。本稿では、建て替え前の同団地を説明する際には、本書の他の箇所の記述と合わせて「赤羽台団地」とし、保存された住棟を説明する際には、文化財登録の名称に基づき「旧赤羽台団地」と呼んでいる。

*2——野々村宗逸・吉田義明「赤羽台団地計画メモ」『国際建築』美術出版社、第二九巻四号、一九六二年四月、二五—三四頁

*3——日本建築学会「UR都市機構赤羽台団地の既存住棟（四一、四二、四三、四四号棟）の保存活用に関する要望書」二〇一八年七月

［各論4］

スターハウスに住む　地方における保存活用の試み

岡辺重雄

1 はじめに

筆者が福山市伊勢丘のスターハウスに出合ったのは二〇〇〇年頃だったろうか。東京から広島方面に出張した折、新幹線の車窓から見えた城の櫓のような姿が印象的だった［図1］。スターハウスのファン層からはリゾートホテルのようだという感想もあるらしい。次第に失われつつあるスターハウスが地方都市に残っていた。その後、二〇一一年に福山市立大学が設立され、教員として赴任したときに、何やら因縁を感じていた。そして、現在、そのスターハウスを住まいとしている。

本稿では、福山市伊勢丘スターハウスの生い立ちと生き残った理由、学生らとリノベーションに取り組んだこと、そして実際に住んでみて感じているスターハウスという建築形式の可能性について書き留めたい。

図1｜スターハウスと新幹線

2 福山市伊勢丘スターハウスの歩み

福山市は広島県の東端にある人口四七万人の工業都市である。戦後の焼け野原から復興し、一九六〇年代に日本鋼管（現JFEスチール）がわが国有数の製鉄所を建設したのであるが、従業員の住まいを確保するため、伊勢丘に大規模な社宅団地を造成した。当時の団地設計にならい、板状住棟の他、随所にスターハウスが置かれた。一般的にスターハウスは住宅公団や公営の集合住宅として建てられることが多かったし、福山市内にもかつては県営住宅、市営住宅のスターハウスが一〇棟近く建っていたが、伊勢丘では民間企業の社宅として建設された。

硬くて壊れない鉄を扱う製鉄業の矜持であろうか、伊勢丘スターハウスの建築構造は当時の公営住宅等と比べると、目に見えて頑強につくられている。設計、建設を広島県住宅供給公社

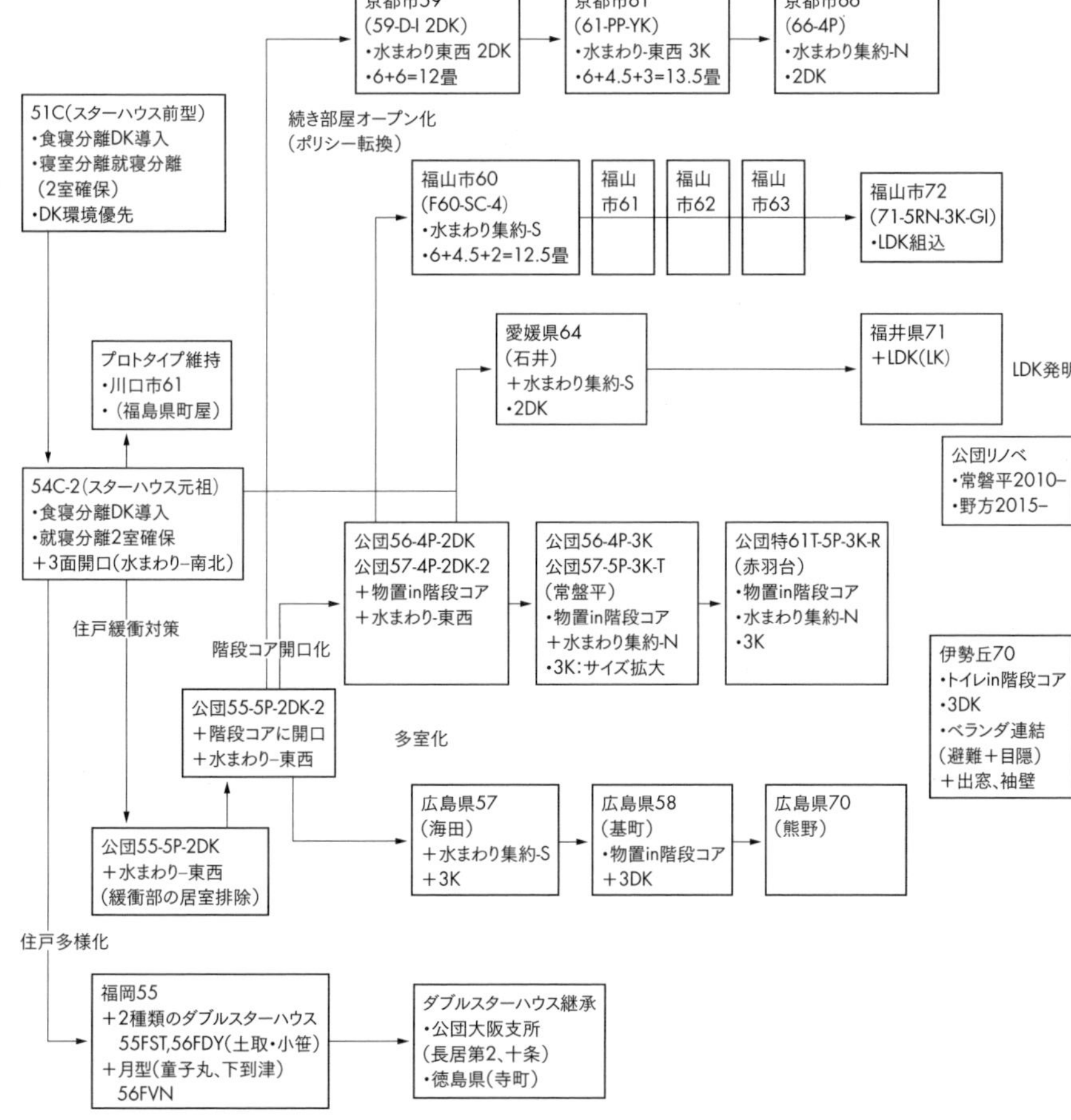

図2｜スターハウスの間取り変遷(作成:筆者、2017年)

に委託したが、施主としての日本鋼管は大規模な製鉄所の建設ノウハウがあり、いわば日本鋼管クオリティの構造設計を求めたのではないかと思う。使われている鉄筋は太いものが贅沢に用いられ(現物支給と推察される)、さらに柱や梁も太い。そのせいか、地震で生じるようなクラックは全くない。

その後、急激な従業員の増加が落ち着いた後、日本鋼管では持ち家を推奨するようになる。社宅団地は福山市所在の不動産デベロッパーである都市環境研究所に一括譲渡され、現在では戸建て住宅団地へと再開発された。社宅団地の時代には一〇棟ほどあったスターハウスは、現在三棟が残存するのみである。最後まで残っているスターハウスは、板状住棟を建てづらい斜面の縁に建っている。スターハウスがランドマークとなっている背景である。今回の話の対象は、残っているスターハウスのうち、「K8棟」と呼ばれているものになる。

二〇一四年度末、福山市立大学に対して、都市環境研究所からスターハウスの活用についての相談が寄せられた。ユニークな形状の建物であるので、安易に取り壊してしまうのは惜しいという審美眼の持ち主だったので、こちらからは単なるアイデア出しにとどまらない活用実験を提案した。後に学生らと一緒にリノベーション案を検討し、学生が内装工事に参画し、そして学生らが実際に住んでみるというプロジェクトにつながっていくこととなった。

3 伊勢丘スターハウスの先進性

プロジェクトの実施にあたり、このスターハウスの魅力を最大限生かしたい。そのため、スターハウスの歴史を探り、間取りの変遷を研究した［図2］。一九五四年に生まれたスターハウスは、住宅公団では一九六〇年代にかけて、公営住宅では一九七〇年代初頭までの短期間に新築建設を終えるが、その間、限られた面積の中で、いくつかの工夫を取り入れ発展してきた。全国各地の公団、公営のスターハウスの図面を収集整理すると、三面開口のＹ字の住戸配置を前提として、例えば、階段室を外気に開放したり、ほんの少しの規模拡大や物置を階段室に移動させたりして２ＤＫから３ＤＫに部屋を増やすことなどに取り組んでいる（詳細は、筆者論文［＊1］参照）。

そこから見えてきたスターハウスの発展過程の最終期である一九七〇年竣工の伊勢丘スターハウスの先進性は、①トイレを階段室に移すことでゆとりある３ＤＫを実現したこと、②風呂と台所の隔壁を耐震壁としたり小梁を導入するなどして余裕ある構造強度を確保したこと、③これまでは住戸ユニットごとにつくられていたベランダを隣接するウイングまでつなぎ、避難性能の向上を図ったこと（隣接住戸間には現代的な目隠し板を設置している）、④出窓、袖壁を設置して、外観をスマートにデザインしたことなどが挙げられる。これらは、伊勢丘スターハウスでのみ見られる特徴である。それらはあたかも一九七〇年以降に急速に普及していく「マンション形式」への接続を感じさせるものであった［図3］。

果たして、マンション建築以前の住まいの器に、今日的な住スタイルが実現できるか。学生たちと共に考えるリノベーションの通底をなす問いがもたらされた。

4 学生たちによるリノベーションとお試し居住

二〇一五年春、学生に呼びかけたところ約三〇人が興味を示し、現地の視察を経て、検討が始まった。学生たちは丘の上という立地のよさと住戸がそれぞれ三面に開口部をもつスターハウスならではの開放性を高く評価した。住戸に入ると、明るく、風通しがよいことに圧倒される。さらに伊勢丘スターハウスでは膝の高さの出窓がアルコーブとなっていて、狭さをカバーする効果を生んでいる。

学生は七つのグループに分かれ、それぞれにユニークな案が生まれた。一室をシェアルームにする案、ワンフロア三室を連結して五室に組み替える案、ライフスタイルを追求した間取りや、一階の最も日当たりがよい部屋を地域のコミュニティ拠点にする案などが発表された。

その年の一二月に所有者の都市環境研究所の方や建築系の先生方にも講評をいただきながら、改修案に選定されたのは「シェアルーム：角のない温かな空間」というプランであった［図4］。女子学生三人が、四四平方メートルの住戸をシェアして住まうために、三室の個室と共用スペースを配置したプランであるが、三面開口を生かしてそれぞれの個室は窓をもち、狭いながらも居心地よくつくられているし、共用スペースにはミニキッチンとちゃぶ台が置かれ、楽しい語らいを予感させた。「三人がギクシャクして角が立つと嫌だから」と部屋の角を丸くしたのだと言う。女子学生のセンスには恐れ入る。

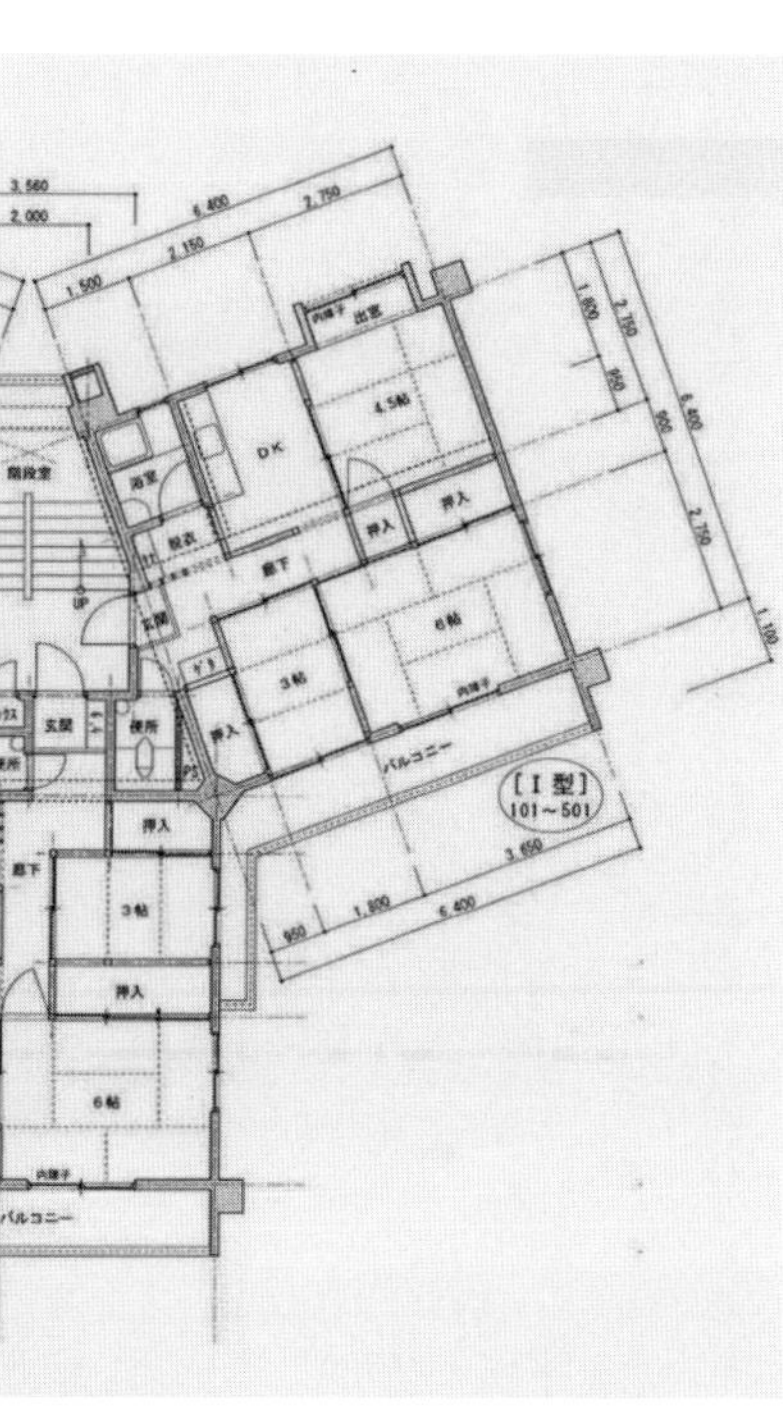

図3｜伊勢丘スターハウスの間取り（提供：都市綜合設計事務所）

実はワンフロア三戸で五階建てのスターハウスには、五世帯ほどの居住者が住まわれている。日本鋼管にルーツのある方々で、スターハウスの居心地を評価されて、継続的にお住まいになっている。スターハウスの新規入居募集は停止されていて次第に高齢化が進む中で、都市環境研究所では、学生らが住まうことによって、ゆるやかな見守り役のような存在になれるのではないかという期待をおもちだったようだ。

二〇一六年度は計画の実施計画と施工を行った。事業費は都市環境研究所が負担することとなったが、経済的に過大な投資をしたのでは、継続性のあるモデルとはならない。そこで、住戸内の造作を撤去し、ワンフロアのフローリングとした上で、間仕切りなどの施工は最大限、学生たちのＤＩＹを導入した。自由な間仕切りは、住戸の四隅の構造柱のみで荷重を支えるＲＣ造ならではの利点である。

一方、間仕切り壁として普通の造作方法でＲ壁（角のない丸い形状の壁）を施工しようとすると、膨大な工事費となる。学生たちと相談し、紙管を丸く並べることとした。建築家の坂茂さんは紙管を建築構造材として使い話題になっていたが、学生たちは内装材、衝立として紙管を使ったのである。

また、平らな壁は、床下地板を再生し、柱の間に落とし込むことにして、手づくり感を出した。さらに、壁に漆喰を塗る作業を学生たちが分担した。個室の扉は、掃き出し窓の障子を再生して使った。結果として、全体的にレトロモダンな雰囲気の部屋になった［図5］。

図4｜学生の提案「角のない温かな空間」模型

なお、個室といっても天井近くはふさがれていない。つまりワンルームに衝立を配したものであって、部屋ごとを防火区画としていないのだが、これは積極的に三人の気配を伝えることで、共同生活を意識し、擬似家族性を生み出すことを狙いとし、結果としてソフトな安全性を担保したものである。

トイレや水まわりも含めた改修費用は約三〇〇万円。六〇か月で採算が合うような目論見で、家賃は月四・八万円としていただいた。三人でシェアすると一人月一・六万円の格安物件である。音漏れすることも気にしない、女子学生三人組が居住することとなり、二〇一七年二月から二〇一八年三月までの約一年間のお試し居住が行われた。

ちょっと狭いのではないかと危惧していたが、大丈夫そうだ。学生たちはバイトを終えて夜に帰宅し交流が始まるが、ほどなく翌日の予習なども始まり、朝は授業に合わせてそれぞれのペースで出かけていた。学生たちによれば、個と集団のバランスがとりやすい間取りであったので、仲のよいままの共同生活だったという。

元からお住まいの居住者の方々と学生たちとを意図的に交流させることは特に行わなかったが、居住者の方々からは、若者が近くに住んでいることでのほどよい刺激がよかったとの感想が聞かれた。

なお、当時、何件かのマスコミ取材を受けたが、広島市の基町高層アパートの横にあった県営基町住宅のスターハウスが撤去される時期でもあり、撤去を惜しむ声と学生たちの取り組みへのエールを対比して扱っていたものもあった。

5 自らの住実践

学生たちのシェアルームというアイデアは、集合住宅の住まい方としては、一般的な想像力を超えた特殊な住まい方である。ひと昔前の住まいの器に現代的な住スタイルの実現というからには、より普遍的、現代的なライフスタイルも実現したい。そこで、自分自身が暮らすＬＤＫスタイルの実現を模索した。

私自身は単身赴任中で、時折妻が訪ねてくる。現在の居住者像は、子育てを終えたご夫婦や独居の高齢者の方々であるので、私のリフォームの事例が、ついのすみかの参考になれば幸いであるとの思いもあった。

筆者が改修費を負担することでもともとの家賃を維持するという了解を得て、新たなプロジェクトが動くことになった。元の家賃に加えて負担できる額は月二・五万円くらいとみて、五年分を積算して改修費は一五〇万円という限られたものとした。元の家賃は高くないので、二・五万円を加えても周辺相場とさほど変わらない。他のスターハウスを畳や塗装だけでないアップグレード再生する際に参

図5｜内装作業風景（左）と丸い壁

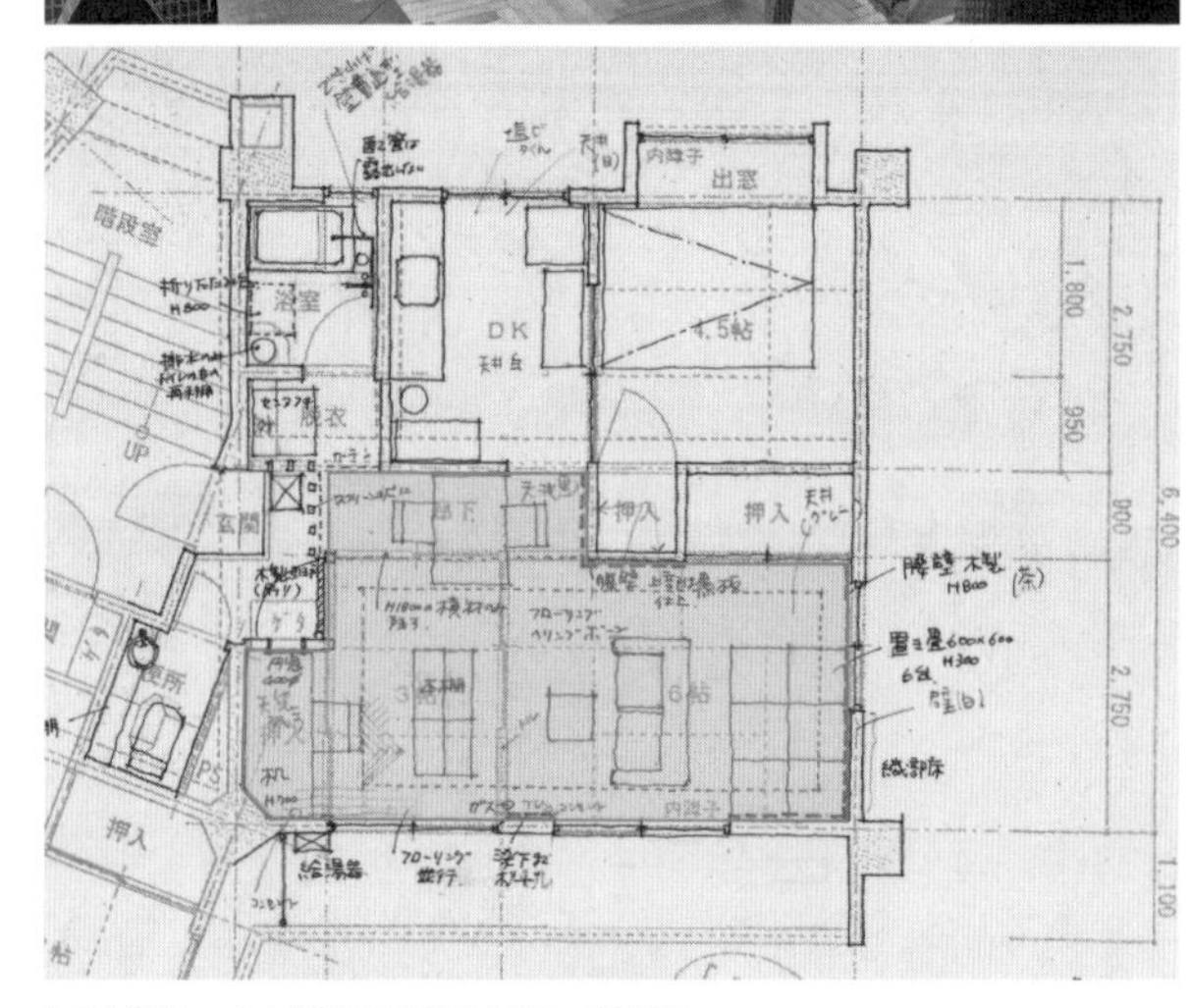

図6｜筆者ルームの検討図と開放的なリビングの写真

考になるようなコスト重視の改修である。なお、学生たちの部屋とは隣接しない部屋を選んでいる。お互いに気になるだろうからだ。

リフォーム計画でやはり気配りしたことは、狭さをどのようにして克服するかである。改修前は部屋数が追求された結果、三畳の小部屋があったり、中廊下でつないだりしていたが、一人で住まうには不要である。それらの境界を撤去してリビング・ダイニングにした。また押入れをやめて書斎コーナーを設置した。その結果、四角い部屋が不定形に膨張した感じとなって、窮屈さが緩和された。さらに床をヘリンボーン貼りにして視線を窓の外に向かうようにしている。キッチンもダイニングの要素をなくしたことで、余裕感が生まれた。スターハウスはY字型に住戸ユニットを配置したために、階段は必要以上に幅があるし、玄関に三角のヘタ地が加わり、さらにトイレも大きめになっている。全体的に見ると狭いのだけど、それぞれの場に何かしら余裕感が感じられるのがおもしろい。

公営住宅のスターハウスではあまり見られない竿縁天井、スチール製のサッシと障子、団地仕様のキッチン戸棚など、昭和レトロな感じは残し、玄関の内扉は昭和期の木製扉の再生品を地域の不動産業者さんからいただいて設置した。

トイレと風呂は新しくした。洗濯機置き場に悩んだのは、一九七〇年の竣工当時はまだ洗濯機が普及しておらず、そもそも当初の設計で想定されていなかったためでもある。

スターハウスの三面開口は開放的ではあるが、かつては家具を置く場所がないという不満があったという。一人で暮らすので家財道具が少ないこともあり、大きくしたリビングは空間をいくつかに分節して使える。アイランド型の本棚や畳の小上がりスペースなどをつくってみた。

住まいながら感じた三面開口の利点として、一日の太陽の移ろいの中で快適な場所が移動することを発見した。逆に表現すると夏にあっては、断熱など考えなかった時代の建物であるために、朝昼夕とどこかの壁が暑い。自然を感じつつ居心地のよい場所を点々としている［図6］。

6 スターハウスの居住ポテンシャル

学生と取り組み、自らも住まうというリノベーションの経験を踏まえて、スターハウスの居住ポテンシャルについて考察する。

まず、住戸規模が四〇平方メートル程度であるので、今日的な水準だと一、二名の居住に適するといえる。かつては、家族用の住戸として部屋を小分けにしたが、少人数だと部屋をつなげて広く使える。四隅に構造柱をもつRC造なので、スケルトン化して間仕切りを再編することは容易である。その際、三面開口という利点を生かした間取りの工夫がしやすい。設計当時の高度成長期とは現在の居住スタイルは異なるので、時代のギャップを感じられ、設計者を刺激するであろう。さまざまな間取り、デザインが工夫できるのではないか。

学生たちと三人のシェアルームという解をつくってみたが、仲のよい友人たちが家族的な関係を前提に住まうなら、かけがえのない経験になるだろう。筆者も大学生の頃、友人とアパートをシェアしながら住んでいた。ただし、不特定の入居者向けの脱法シェアハウス（脱法ハウス、違法貸しルーム。貧困ビジネスの一種）とならないよう、建築基準法、消防法などの遵守が不可欠である。

伊勢丘スターハウスの場合、耐震改修は必要なかった。そのような条件の建物

図7｜スウェーデン、ストックホルムのスターハウス（設計バックストロム＆レイニウス、1943～45年）

であれば、リノベーションにある程度コストをかけても、事業採算性の確保は可能と考えられる。そして、スターハウスをリノベーションしてみたいと発案した者が、今回のケースでは地域に根差した民間事業者であった点も特筆したい。多くの自治体などではスターハウスの老朽化、耐震性能の不安、設備更新などのコスト問題、敷地の利活用などを理由に、スターハウスの解体撤去に流れる中で、スターハウスの保存活用に向けて、新たな切り口により価値向上を訴求していける能力をもつ民間事業者の取り組みが広がることを期待したい。

さて、最後に伊勢丘スターハウスのリノベーションで、十分に実現できなかったことを指摘するとなれば、屋外空間の整備である。スウェーデンのスターハウスは日本より一〇年ほど前に生み出されたが、そこでは星形の住棟を星座のようにつないで、冬の北風から守られた屋外空間をつくることも狙っていて、高木や芝生に覆われた自然な微地形とマッチした佇まいを見せている。日本では、モータリゼーションの結果、駐車スペースが敷地内に強引に組み込まれ、ランドスケープデザインが劣後しているように思う［図7］。

7 スターハウスのその後

二〇一七年度、一年にわたる学生たちのシェア居住実験の後、二〇一八年度は別の学生グループから住みたいという要望があり、地方でもシェア居住のニーズが少なからず存在することがわかった。それも別の大学の学生たちであった。アルバイト先で学生がつながっていて、話を聞いて、興味をもったらしい。さらに、二〇一九年度からは卒業生が一人でゆっくり暮らしたいとして継続的に居住している。若い人の間に、住まいの空間へのこだわりが定着してきているのだろう。

註

*1——岡辺重雄「スターハウスにおける間取りの発展と伊勢丘スターハウスの展開」『日本建築学会大会学術講演梗概集（建築計画）』二〇一七年、一〇八九—一〇九〇頁

おわりに——スターハウスの価値と記憶の継承

最後に本書のまとめとして、改めてスターハウスとは何だったのかを記しておきたい。

スターハウスは第二次世界大戦後の高度成長期に建設された集合住宅の住棟である。Y字形の平面をもつことによって特徴的な外形がつくり出され、画一的とみられがちな住宅団地の中で際立つ存在となった。そして団地景観に変化を与えたり、ときには狭い敷地や斜面地に対応するために採用された。その特徴的な外観ゆえに草創期の住宅団地の中でも象徴的な存在になっていった。当時の団地の設計者もそのような意識の下、創意工夫をもって計画していたことがうかがえる。

それでは、なぜあのような特徴的な形をしているのか。

それは端的にいえば、機能や合理性を重視した結果だった。限られた土地に、日照や通風条件のよい住戸を効率よく建設するために、あの形がつくり出された。その意味でスターハウスはまぎれもなく、合目的的で、合理性を重視したモダニズムの建築であった。

形としてみたとき、スターハウスの建築を特徴づけるのは幾何学性である。正三角形、正方形、正円を基に平面が構成された最初の54C-2型はその典型であった。合理的な建築をつくり出す上で幾何学形態を用いるのは近代建築において常套的な方法である。集合的な住まいという目的に合う建築をつくり出すために、板状住棟もテラスハウスも基本的な幾何学形態を基にしている。だがスターハウスはそこに組み合わせの変化をつけ、全体を求心的な形でまとめた。それが多くの住棟との違いを生み出した。幾何学形態に基づいた合理性への志向は、素朴な機能主義の時代でもあったこの時代の建築の特徴的な側面を表している。

求心性をもつ幾何学形態の建築として、同時代で共通するのが全国各地に建てられた円形校舎[図1]である。円形とY字形という違いはあるが、中央に階段室を配置し、その周りに部屋を配置する構成は共通する。興味深いのは、円形校舎の発案者である坂本鹿名夫（一九一一～八七）が「実用新案 円形校舎」を出願したのが、市浦健がスターハウスの標準設計を発表したのと同じ一九五四年という点である［＊1］。円形校舎の方がピークは早かったものの、ともに高度経済成長期を中心に建てられ、その後は建設されなくなる。これは偶然の一致ではなく、やはり共通の時代性を表しているように筆者は思う。

円形校舎やスターハウスなど、合理性に基づいた近代建築に特徴的なのは普遍性である。つまり、地域の違いを超えて基本的にどこにでも建てることができる。それがつまり標準設計というものであった。本書で示したように、スターハウスも全国的に展開していた。

ただ一方で、スターハウスにはある種の地域性も存在していた。日本住宅公団は都市部に団地を集中的に建設していたから、公団団地におけるスターハウスの実例は首都圏や関西都市部・名古屋・福岡に集中していた。一方で公営住宅のスターハウスは全国に広くみられたが、上記の都市部を除くと、瀬戸内周辺に比較的多くのスターハウスが現存していることもわかった。その理由として、気候との関係が指摘できるかもしれない。そもそもスターハウスは開口部が多く、各住戸の外壁の面積も広いから、寒い土地にはあまり向かない。実際、北海道の事例は確認できなかった。瀬戸内地方に比較的多くのスターハウスが残っているのは、温暖な気候と関係があるのではないか。とはいえ、実際にはそういった気候・風土などの地域性だけではなく、むしろその計画に関わった自治体の担当者の取り組みがそこには反映されていたように思われる。標準設計をベースとした公営住宅であっても意外なほどに自治体ごとの個性が現れていることが本書をとおしてわかったと思う。

そしてスターハウスの展開は、このような国内の標準的な例にとどまらない。第2章で論じ

図1｜円形校舎の例
旧明倫小学校円形校舎（鳥取県倉吉市）

たように、スターハウスは海外にも類例がみられ、日本国内でもさまざまなバリエーションや後継の住棟がつくられている。そのような空間的・時間的な広がりの中で捉えてみると、スターハウスはより広い歴史的な意味をもつはずだ。

以上のような背景をもつスターハウスはまさに戦後昭和の団地遺産といえるものである。団地景観や配置計画に変化をもたらす要素として、スターハウスは単なる一つの住棟ではなく、団地内の一種のシンボルとしての役割を担っていた。その点で戦後まもない時期の団地設計を代表する創造の産物だった。高度成長期に広く建設されたスターハウスは、この時代の団地を特徴づける要素の一つであり、戦後初期の団地建設の記憶を将来に伝える建築遺産としての価値をもつと考える。

建設後半世紀が経過した近年、高度経済成長期の建築物の例にもれず、スターハウスも急速に建て替えが進み、現存例が少なくなってきている。第3章でも述べたように、本書を執筆している時点でも解体が進んでいるものや、今後建て替え予定という事例も多いため、この先数年のうちに現存数はさらに減っていくだろう。本書で現存例として紹介した住棟の中にも、出版の時点ではすでに解体されているものもあるかもしれない。いずれにしても、スターハウスの稀少性はさらに増していくだろう。その全てを残すことは不可能だとしても、できる限り多くの団地で一部の住棟を活用しつつ残していくことを望みたい。昭和の集合住宅を記憶する建築物として、団地空間にこのシンボリックな建築が残ることは、その地域にとっても意味のあることだと思う。

だが一方で、昭和の時代と現在では、日本社会が置かれている状況も大きく変わっている。日本は二〇一〇年頃より明らかな人口減少社会に入り、特に地方ではその傾向が強い。公営住宅を維持管理する地方自治体の財政状況に余裕はなく、解体する予算を用意することも簡単ではないという事情も聞く。全てのスターハウスを残すことは現実的ではないかもしれないが、幸運にして残ったものは、継承していく方法を探っていきたい。

そのモデルとして、第3章で述べたUR都市機構が進めている旧赤羽台団地の住棟保存の試みはやはり重要である。筆者が調査を進める過程でコンタクトをとった公営住宅の担当者の中には、個人の意見と断りつつ、現存するスターハウスを保存活用できないかと考えている方もいた。URの試みが公営や公社の住宅団地のモデルケースとなり、歴史的な集合住宅の保存活用についての情報を共有するネットワークが形成されれば、新たな道が拓けるように思う。

また、見学に対応してくれた自治体や公社の担当者から、スターハウスの歴史的な価値について聞かれることがたびたびあった。スターハウスが何となく一般的な集合住宅と違うと感じていても、それがどの程度価値のあるものなのか、稀少なのかはなかなかうまく説明できるものではない。その際に重要なのは、スターハウスをはじめとした戦後昭和の集合住宅に関する歴史研究が進められることだろう。本書がその一助になることを願っている。

註

＊1——梅宮弘光「一九五〇年代の円形校舎ブームとは何だったのか」『戦後昭和の建築——その価値づけをめぐって（二〇二一年度日本建築学会大会（東海）建築歴史・意匠部門研究協議会資料）』日本建築学会建築歴史・意匠委員会、二〇二一年九月、六六—六九頁。坂本は一九四九年の「鉄筋コンクリート造校舎の標準設計」でまず扇型教室を発案し、一九五四年竣工の金城学園高等学校（金沢）で最初の円形校舎を実現させた。その後評判を呼び、一九五〇年代後半に円形校舎のブームが到来したという。上記の論文によれば、一九五八年に円形校舎の建設はピークを迎え、一九六〇年代までに一二三件が建設された。そこには保育園、幼稚園、小・中学校、高校、大学、専門学校、福祉施設などが含まれていた。

巻末資料

	建設棟数	階数	建設戸数	平面タイプ	現存棟数
	3	5	45	55-5P-2DK(階段室開口あり)	0
	9	5	135	56-5P-2DK-2	0
	4	5	60	56-5P-3K	0
	3	5	45	56-5P-3K	0
	3	5	45	57-5P-2DK	0
	4	5	60	57-5P-3K	0
	1	5	15	東57-5P-2DK	0
	2	4	24	57-4P-3K-T	2
	2	4	24	57-4P-2DK	0
	4	4	48	東57-4P-2DK	1
	10	5	150	58-5P-3K-T	10
	19	5	285	58-5P-3K-T	0
	8	5	120	特61T-5P-3K-R	3
	1	5	15	55-5P-2DK-2	0
	2	5	30	55-5P-2DK-2	0
	1	5	15	56-5P-2DK-2	0
	1	5	15	56-5P-3K	0
	2	5	30	56-5P-3K	0
	3	5	45	55-5P-2DK-2	0
	5	5	75	56-5P-2DK-2	0
	3	5	45	56-5P-2DK-2	0
	1	5	15	56-5P-2DK-2	0
	2	5	30	56-5P-2DK-2	0
	2	5	30	(5P-2DK)	0
	3	5	45	K58-5P-2DK-2	0
	6	5	90	K58-5P-2DK-2	0
	2	5	30	K58-5P-2DK-2	0
	4	5	60	K58-5P-2DK-2	0
	4	5	60	K58-5P-2DK-2	0

表1｜日本住宅公団のスターハウスデータ

日本住宅公団（1955年設立）で建設されたスターハウスの基本データをまとめた。事例の順番（No.）は、まず支所ごと（東京・関東・大阪・福岡・名古屋の順）にまとめ、賃貸と分譲に分かれる場合は賃貸、分譲の順に、それぞれの中では入居年月順（分譲の場合は竣工年月順）に並べた。なお、ここでの賃貸／分譲の区別は各団地の中でもスターハウス住棟に限定してのものである。

記載情報は、団地名称、支所、賃貸／分譲の別、入居年月もしくは竣工年月、住所、建設棟数、階数、建設戸数、平面タイプ、現存棟数である。現存状況は2023年2月時点のものである。賃貸／分譲の別、入居日、建設棟数、階数、平面タイプに関しては、『日本住宅公団10年史』（1965）、UR都市機構所蔵の「団地設計図集原図」および所蔵図面リストなどから特定（もしくは推定）した。

スターハウスが建設された団地数や建設棟数はこれまで入手できた資料を基に精査したものだが、今後の新資料により更新される可能性もある。なお、この表にはダブルスターハウスなど変形型のスターハウスは載せていない。

NO.	団地名称（★:現存）	支所	賃貸／分譲	賃貸–入居日／分譲–竣工年月	住所
1	牟礼団地	東京	賃貸	1956年8–9月	東京都三鷹市牟礼
2	武蔵野緑町団地	東京	賃貸	1957年11月–1958年2月	東京都武蔵野市緑町
3	久米川団地	東京	賃貸	1958年6–11月	東京都東村山市美住町
4	芦花公園団地	東京	賃貸	1958年9月	東京都世田谷区南烏山
5	荻窪団地	東京	賃貸	1958年11月–1959年3月	東京都杉並区荻窪
6	西経堂団地	東京	賃貸	1959年1月	東京都世田谷区船橋
7	桜堤団地	東京	賃貸	1959年3月–6月	東京都武蔵野市桜堤
8	野方団地★	東京	賃貸	1959年4月	東京都中野区野方
9	練馬北町団地	東京	賃貸	1959年4月	東京都練馬区北町
10	ひばりが丘団地★	東京	賃貸	1959年4月–1960年2月	東京都西東京市ひばりが丘
11	常盤平団地★	東京	賃貸	1960年4月–1962年6月	千葉県松戸市常盤平
12	前原団地	東京	賃貸	1960年9月–10月	千葉県船橋市前原西
13	赤羽台団地★	東京	賃貸	1962年2月–1963年1月	東京都北区赤羽台
14	小豆沢団地	東京	分譲	1956年11月	東京都板橋区小豆沢
15	原宿団地	東京	分譲	1957年2月	東京都渋谷区神宮前
16	新井宿団地	東京	分譲	1958年2月	東京都大田区山王
17	白金台町団地	東京	分譲	1958年3月	東京都港区白金
18	北日ヶ窪団地	東京	分譲	1958年4月	東京都港区六本木
19	清水ヶ丘団地	関東	賃貸	1957年1月	神奈川県横浜市南区清水ヶ丘
20	篠原団地	関東	賃貸	1957年11月	神奈川県横浜市港北区篠原町
21	日吉団地	関東	賃貸	1957年11月–12月	神奈川県横浜市港北区下田町
22	川崎大宮団地	関東	賃貸	1957年12月–1958年2月	神奈川県川崎市幸区大宮町
23	大宮桜木団地	関東	賃貸	1957年12月–1958年2月	埼玉県さいたま市大宮区桜木町
24	滝ノ上団地	関東	賃貸	1958年5月–1959年2月	神奈川県横浜市中区滝ノ上
25	新所沢団地	関東	賃貸	1959年4月–1963年6月	埼玉県所沢市緑町
26	霞ヶ丘団地	関東	賃貸	1959年5月–1960年7月	埼玉県ふじみ野市霞ヶ丘
27	明神台団地	関東	賃貸	1959年6月–7月	神奈川県保土ヶ谷区明神台
28	東朝霞団地	関東	賃貸	1960年4月	埼玉県朝霞市仲町
29	矢部団地	関東	賃貸	1960年6月	神奈川県横浜市戸塚区矢部町

	3	5	45	K58-5P-2DK-2	0
	8	5	120	K58-5P-2DK-2	0
	2	5	30	61K-5P-2DK-R	0
	2	5	30	61K-5P-2DK-R	0
	2	5	30	55-5P-2DK-2	0
	8	5	120	55O-5P-2DK(第1), 56O-5P-2DK-3(第2)	0
	3	5	45	55O-5P-2DK	0
	2	5	30	56O-5P-2DK-3	0
	4	5	60	55O-5P-2DK-3	0
	8	5	120	56O-5P-2DK-3	0
	4	5	60	56O-5P-2DK-3	0
	8	5	120	56-5P-2DK-2a	0
	23	5	345	56-5P-2DK-2a, 56O-5P-2DK-3, 57-5P-2DK-2a	4
	3	5	45	56O-5P-2DK-3	0
	3	4	36	(4P-2DK)	0
	4	5	60	56-5P-2DK-2a	0
	3	5	45	56-5P-2DK-2a	0
	6	5	90	56-5P-2DK-2a-S	0
	7	5	105	56-5P-2DK-2a	0
	8	5	120	57-5P-2DK-2a	8
	3	5	45	56-5P-2DK-2a	1
	8	5	120	56-5P-2DK-2a	0
	2	5	30	56-5P-2DK-2a-S	0
	7	5	105	55O-5P-2DK	0
	4	4 or 5	51	56O-4P-3DK, 56O-5P-3DK	0
	4	4	48	55-ST-F	0
	2	5	30	56-5P-2DK-2	0
	2	4	24	56-4P-2DK-2	0
	2	5	30	57-5P-2DK	0
	1	5	15	F60-5P-3K	0
	4	5	60	F60-5P-3K, 特61F-5P-3K-R	0
	8	5	120	志賀5P ?(5P-2DK)	0
	10	5	150	61N-5P-2DK-R	0
	4	5	60	P-5N-3DK	4
	286				33

30	上野台団地	関東	賃貸	1960年7月-1961年6月	埼玉県ふじみ野市上野台
31	百合ヶ丘団地	関東	賃貸	1960年8月-1961年7月	神奈川県川崎市麻生区百合ヶ丘
32	藤沢団地	関東	賃貸	1962年4月-10月	神奈川県藤沢市藤が丘
33	鶴瀬第2団地	関東	賃貸	1962年6月	埼玉県富士見市鶴瀬西
34	野毛山団地	関東	分譲	1956年11月	神奈川県横浜市西区老松町
35	金岡団地(第1・第2)	大阪	賃貸	1956年4月-1957年12月	大阪府堺市北区東三国ケ丘
36	鷹取団地	大阪	賃貸	1956年10月	兵庫県神戸市長田区長尾町
37	伊丹団地	大阪	賃貸	1957年12月	兵庫県伊丹市千僧
38	東長居第2団地	大阪	賃貸	1958年2月-5月	大阪府大阪市住吉区長居東／苅田
39	旭ヶ丘団地	大阪	賃貸	1958年4月-9月	大阪府豊中市旭丘
40	中百舌鳥団地	大阪	賃貸	1958年7月	大阪府堺市金岡町
41	御影団地	大阪	賃貸	1958年9月-1959年3月	兵庫県神戸市東灘区鴨子ヶ原
42	香里団地★	大阪	賃貸	1958年11月-1964年7月	大阪府枚方市香里ヶ丘
43	針中野団地	大阪	賃貸	1958年12月	大阪府大阪市東住吉区湯里
44	学園前団地	大阪	賃貸	1959年3月	奈良県奈良市学園朝日町
45	都島団地	大阪	賃貸	1959年4月	大阪府大阪市都島区大東町
46	東淀川団地	大阪	賃貸	1959年7月	大阪府大阪市淀川区東三国
47	六甲団地	大阪	賃貸	1959年7月	兵庫県神戸市灘区六甲台町
48	五月ヶ丘団地	大阪	賃貸	1959年8月-1962年4月	大阪府池田市五月丘
49	仁川団地★	大阪	賃貸	1959年9月-1961年4月	兵庫県宝塚市仁川清風台
50	春日ヶ丘団地★	大阪	賃貸	1960年2月	大阪府藤井寺市春日丘新町
51	東豊中団地	大阪	賃貸	1960年6月-8月	大阪府豊中市東豊中町
52	東舞子団地	大阪	賃貸	1960年6月-8月	兵庫県神戸市垂水区舞子台
53	千里山団地	大阪	分譲	1957年2月	大阪府吹田市千里山霧が丘他
54	帝塚山団地	大阪	分譲	1958年1月	大阪府大阪市阿倍野区帝塚山
55	曙団地	福岡	賃貸	1956年5月-7月	福岡県福岡市早良区曙
56	貝塚団地	福岡	賃貸	1957年5月-12月	福岡県福岡市東区貝塚団地
57	鳴水団地	福岡	賃貸	1957年11月-12月	福岡県八幡西区西鳴水
58	別府団地	福岡	賃貸	1959年3月-1961年1月	福岡県福岡市城南区別府団地
59	大橋団地	福岡	賃貸	1960年3月-1962年4月	福岡県福岡市南区大橋団地
60	香椎団地	福岡	賃貸	1960年3月-1963年3月	福岡県福岡市東区香椎団地
61	志賀団地	名古屋	賃貸	1956年8月-1958年10月	愛知県名古屋市北区志賀町他
62	鳴子団地	名古屋	賃貸	1962年7月-1964年7月	愛知県名古屋市緑区鳴子町
63	名和団地★	名古屋	分譲	1964年12月	愛知県東海市名和町

建設棟数	階数	建設戸数	住戸平面の特徴もしくは型名称	現存棟数	今後(2023年2月時点)
1	4	12	2K	1	現時点で建替計画なし
2	5	30	2DK	2	退去済み、解体予定
1	4	12	54C-2型,2DK	0	1992年建替
2	4	24	54C-2型,2DK	2	当面維持管理
1	5	15	4RN-2DK-G(57-4P)	0	2004年解体
2	5	30	4RN-2DK-G(57-4P)	0	2013年解体
2	5	30	4RN-2DK-G(57-4P)	2	維持管理
1	4	12	54C-2型	0	2001年解体
3	4	36	2DK(後期の54C-2型)	0	2021–22年解体
1	5	15	2DK	1	調査検討中
3	3	27	54C-2型	0	1984, 86年度に用途廃止・解体
1	5	15	2LK(現状図面より)	0	2018年度に除却
2	5	30	3DK	2	当面維持管理
2	5	30	3DK	2	当面維持管理
1	4	12	3DK	1	当面維持管理
3	4	36	3DK	3	維持管理
1	5	15	3DK	1	維持管理
4	5	60	2DK(54-5PN-2DK-1)	4	建替予定
4	5	60		4	建替等は未定
11	5	154	3K(逆向きY型あり)	4	3棟を建替対象として公表
3	5	42	3K(逆向きY型あり)	3	建替等は未定
4	4	48	54C-2型	0	建替済み
16	4	192		0	建替済み
3	4 or 5	42	2K(1984年度に増築)	0	2009年度除却・建替
4	5	60		4	除却予定
2	5	30	3K(1986年度に増築)	2	維持管理
2	5	30	3K(1985年度に増築)	2	維持管理
2	5	30		2	除却予定
2	5	30	3K(1988年度に増築)	2	維持管理
4	5	60	3K(1988年度に増築)	4	除却予定
2	4	24	2DK	2	退去済み,除却予定
6	3 or 4	66	2K	0	建替済み

表2｜公営住宅のスターハウスデータ

編者(海老澤)が建設を確認できた現存事例を中心に、全国の公営住宅で建設されたスターハウスのデータをまとめた。事例は都道府県番号順に並んでいる。各府県の中での並びは県営、市町村営の順とし、同じ事業主体の中では建設年代順とした。

記載する情報は、都道府県、市町村、団地名称、建設年(竣工年)もしくは建設年度、事業主体、住所、スターハウスの建設棟数、階数、建設戸数、住戸平面の特徴(間取り)もしくは型名称(図面等に記載されている場合)、現存棟数、今後の扱い(もしくは建て替え等の時期)である。現存状況は2023年2月時点のものである。

このリストは現存事例を中心に行った調査の結果であり、現存していない事例については、自治体への照会の結果、確認できたもののみを掲載している。実際にはここに掲載した事例以外にもスターハウスの建設例は相当数あると考えられるが、今回はそれらを網羅的に調査していない。ゆえにこのリストは過去に建設されたスターハウスの全体像を示すものではない。また、この表にはダブルスターハウスなどスターハウスのバリエーションは載せていない。

都道府県	市町村	団地名称(★:現存)	建設年/建設年度	事業主体	住所
秋田県	大館市	市営片山住宅★	1963	大館市	大館市片山町
山形県	山形市	市営天満住宅★	1971–72	山形市	山形市小白川町
福島県	福島市	県営桜木町団地	1957	福島県	福島市桜木町
福島県	福島市	県営野田町団地★	1959	福島県	福島市野田町
福島県	福島市	県営北信団地	1968年度	福島県	福島市宮代
福島県	須賀川市	県営六軒団地	1969–70年度	福島県	須賀川市六軒
福島県	いわき市	県営玉川団地★	1970	福島県	いわき市小名浜玉川町南
茨城県	水戸市	県営釜神町アパート	1956	茨城県	水戸市備前町
栃木県	足利市	市営春日団地	1967–69	足利市	足利市山下町
埼玉県	所沢市	市営愛宕山団地★	1971	所沢市	所沢市大字松郷
神奈川県	横浜市	市営法泉町住宅	1956	横浜市	横浜市保土ヶ谷区法泉
福井県	福井市	県営町屋団地	1972	福井県	福井市松本
山梨県	甲府市	県営貢川団地★	1975	山梨県	甲府市下河原町
山梨県	中央市	県営山王団地★	1975	山梨県	中央市東花輪
山梨県	南アルプス市	県営豊団地★	1976	山梨県	南アルプス市吉田
山梨県	韮崎市	市営北下條団地★	1974–75	韮崎市	韮崎市藤井町北下條
静岡県	静岡市	県営伝馬町新田団地★	1968	静岡県	静岡市葵区桜町
愛知県	名古屋市	県営平針住宅★	1964–65	愛知県	名古屋市天白区平針南・向が丘
愛知県	瀬戸市	県営松ヶ丘住宅★	1965–66	愛知県	瀬戸市東山町
愛知県	瀬戸市	県営菱野団地原山台住宅★	1971–72	愛知県	瀬戸市原山台
愛知県	瀬戸市	県営菱野団地萩山台住宅★	1972–73	愛知県	瀬戸市萩山台
愛知県	名古屋市	市営山口荘	1955	名古屋市	名古屋市東区
愛知県	名古屋市	市営千草台団地	1957	名古屋市	名古屋市千種区
愛知県	名古屋市	市営仲田荘	1960年度	名古屋市	名古屋市千種区若水
愛知県	名古屋市	市営緑ヶ丘荘★	1965–66年度	名古屋市	名古屋市守山区/名東区
愛知県	名古屋市	市営島田団地おおね荘★	1967年度	名古屋市	名古屋市天白区大根町
愛知県	名古屋市	市営島田団地御前場荘★	1967年度	名古屋市	名古屋市天白区御前場町
愛知県	名古屋市	市営猪子石荘★	1968年度	名古屋市	名古屋市名東区つつじが丘
愛知県	名古屋市	市営梅森荘★	1971–	名古屋市	名古屋市名東区梅森坂
愛知県	名古屋市	市営戸田荘★	1969–	名古屋市	名古屋市中川区戸田明正
三重県	鈴鹿市	市営住宅鼓ヶ浦団地★	1965–66	鈴鹿市	鈴鹿市寺家
滋賀県	大津市	県営朝日が丘団地(梅林団地)	1956–59年度	滋賀県	大津市朝日が丘

4	5	60	2K	0	建替済み
1	4	12	2DK	0	建替済み
3	4	36	2DK	3	1棟改修後維持、2棟建替予定
6	4	72	59-D-I型(P), 2DK	6	建替予定(事業着手時期未定)
2	4	24	61-PD-YK型, 66-4P-2DK-YK型, 3K	0	2022年解体
2	4	24	2DK, 3DK(後に増築)	2	建替予定なし
1	4	12	3K	1	退去済み、解体予定
2	4	24	3K	2	当面維持
3	4	36	2DK	3	建替予定なし
1	4	12	2DK	1	建替予定なし
1	4	12	2DK(後期の54C-2型)	1	建替予定なし
6	5	90	3DK	0	2016–17年度解体
2	4	24	F60SC-4	0	2020年度解体
1	5	15		0	2018年度解体
6	4 or 5	87	60-4R-3K, F63-5RN-3K, 71-5RN-3K-GI	1	2008–20年度解体。現存1棟は退去済み
2	4	24	2DK	0	2004年度解体
2	3	18		0	1990年代に建替
7	4	84	2DK(後期の54C-2型)	7	現状維持予定
1	4	12	2DK(後期の54C-2型)	1	現状維持予定
1	4	12	2DK	1	解体中
1	4	12	2DK	1	長寿命化改修工事済、今後も運営
11	5	165	2DK(63-5PN-2DK)、1980年代にメゾネット化	8	移転促進中、用途廃止予定
9	5	135	2DK(64-5PN-2DK)、1980年代にメゾネット化	8	移転促進中、用途廃止予定
7	5	105	2DK、1980年代にメゾネット化	6	移転促進中、用途廃止予定
4	5	60	2DK、1980年代にメゾネット化	0	2004–05年度解体
6	5	90	2DK、1980年代にメゾネット化	6	移転促進中、用途廃止予定
2	4	24	2DK(後期の54C-2型)	2	当面維持管理予定
1	4	12	2DK	1	建替予定
1	5	15	3K	1	検討中

滋賀県	大津市	県営神領団地	1960–63年度	滋賀県	大津市三大寺
滋賀県	草津市	県営陽ノ丘団地	1964年度	滋賀県	草津市木川町
滋賀県	東近江市	県営今堀団地★	1964, 66年度	滋賀県	東近江市今堀町
京都府	京都市	桃陵市営住宅★	1959-61	京都市	京都市伏見区片桐町
京都府	京都市	養正市営住宅	1961, 1966	京都市	京都市左京区田中馬場町
大阪府	箕面市	市営桜ヶ丘団地★	1964	箕面市	箕面市桜ヶ丘
大阪府	東大阪市	市営北蛇草住宅★	1966	東大阪市	東大阪市長瀬町
大阪府	池田市	市営秦野住宅★	1970	池田市	池田市旭丘
岡山県	倉敷市	県営中庄団地★	1963, 1966	岡山県	倉敷市中庄団地
岡山県	総社市	県営総社団地★	1965	岡山県	総社市中央
岡山県	岡山市	県営東岡山団地★	1969	岡山県	岡山市中区長岡
広島県	広島市	県営基町住宅	1959, 1962, 63年度	広島県	広島市中区基町
広島県	福山市	市営北美台住宅	1961,62年度	福山市	福山市北美台
広島県	福山市	市営引野町高屋団地	1970年度	福山市	福山市引野町
広島県	福山市	市営深津住宅★	1960, 64, 71年度	福山市	福山市西深津町
山口県	防府市	県営防府桑山団地	1959	山口県	防府市桑山
山口県	防府市	市営亀塚住宅	1957年度	防府市	防府市車塚町
山口県	防府市	市営松原住宅★	1961–65	防府市	防府市鞠生町
山口県	防府市	市営桑山住宅★	1965	防府市	防府市桑山
徳島県	徳島市	県営津田乾開団地★	1966	徳島県	徳島市津田浜之町
徳島県	石井町	町営城ノ内団地★	1969	石井町	名西郡石井町石井城ノ内
香川県	高松市	県営一宮団地★	1961–64	香川県	高松市寺井町・一宮町
香川県	高松市	県営香川団地★	1964–71	香川県	高松市香川町大野
香川県	高松市	県営国分寺団地(第1)★	1967–68	香川県	高松市国分寺町柏原
香川県	高松市	県営国分寺団地(第2)	1969, 71年度	香川県	高松市国分寺町
香川県	丸亀市	県営飯山団地★	1969–72	香川県	丸亀市飯山町東坂元
愛媛県	松山市	県営石井団地★	1963	愛媛県	松山市東石井
愛媛県	松山市	市営和泉西団地★	1966	松山市	松山市和泉南
宮崎県	宮崎市	県営青葉団地★	1974	宮崎県	宮崎県宮崎市吉村町

建設戸数	住戸平面の特徴もしくは型名称	現存棟数	備考
30		0	大蔵省社宅として建設
48	「スターハウスⅠ型」(市浦建築設計事務所)など	0	展望台付きが1棟
48	3LK, 3DK	0	積立分譲住宅
18	階段室が六角形の(変形)スターハウス	0	2000年に解体。ダブルスターハウスも1棟建設されたが現存せず
12	スターハウス「Y型」(55FST)、3DK	1	現時点で建替予定なし。ダブルスターハウス1棟(1957年)も現存
24	スターハウス「Y型」(56FST)、3DK	2	現時点で建替予定なし。 1フロア4住戸の変形スターハウス(56FDY)(1959年)も4棟現存
96	スターハウス「Y型」(56FST)、3DK	0	ダブルスターハウス1棟(1958年)、変形スターハウス(57FDY)2棟(1959年)も建設されたが現存せず

表3｜公社住宅のスターハウスデータ

全国の公社（住宅公社／住宅協会／住宅供給公社）の住宅で建設されたスターハウスのうち、調査の過程で編者（海老澤）が把握できた事例のデータをまとめた。事例は公営住宅同様に、都道府県番号順に並んでいる。大阪府では府公社、市公社の順とし、同じ組織の中では建設年代順とした。

記載する情報は、事業主体、団地名称、建設年（竣工年）もしくは建設年度、住所、スターハウスの建設棟数、階数、建設戸数、住戸平面の特徴（間取り）もしくは型名称（図面等に記載されている場合）、現存棟数、備考である。現存状況は2023年2月時点のものである。

実際にはここに掲載した事例以外にもスターハウスの建設例はあるものと考えられるが、今回はそれらを網羅的に調査していない。ゆえにこのデータは過去に公社で建設されたスターハウスの全体像を示すものではない。また、この表には第2章で言及した福岡県住宅協会のダブルスターハウスや1フロア4住戸の変形型のスターハウスは載せず、備考に記すのみとした。

事業主体（★：現存）	団地名称	建設年／建設年度	住所	建設棟数	階数
神奈川県住宅公社 （現 神奈川県住宅供給公社）	汐見台団地	1963	神奈川県横浜市磯子区汐見台	2	5
名古屋市住宅公社 （現 名古屋市住宅供給公社）	千種台団地	1957	愛知県名古屋市千種区	4	4
大阪府住宅供給公社	千里J団地	1965	大阪府豊中市新千里東町	4	4
大阪市住宅協会 （現 大阪市住宅供給公社）	共立住宅	1956年度	大阪府大阪市阿倍野区共立通	2	3
福岡県住宅協会 （現 福岡県住宅供給公社）★	土取団地	1957	福岡県北九州市戸畑区土取町	1	4
福岡県住宅協会 （現 福岡県住宅供給公社）★	下到津団地	1958	福岡県北九州市小倉北区下到津	2	4
福岡県住宅協会 （現 福岡県住宅供給公社）	小笹団地	1958	福岡県福岡市中央区小笹	8	4

スターハウスに関する文献

1 日本住宅公団の出版物

- 日本住宅公団『日本住宅公団年報』日本住宅公団、一九五五年〜
- 日本住宅公団総務部『いえなみ』日本住宅公団、一九五六年〜
- 日本住宅公団『昭和34年度公団住宅標準設計平面図集』日本住宅公団、一九五九年
- 日本住宅公団(編)『日本住宅公団10年史』日本住宅公団、一九六五年
- 日本住宅公団20年史刊行委員会(編)『日本住宅公団20年史』日本住宅公団、一九七五年
- 日本住宅公団史刊行委員会(編)『日本住宅公団史』日本住宅公団、一九八一年

2 スターハウスについて記述のある同時代の資料

- 久米権九郎「ヨーロッパの住宅を見て」『住宅』日本住宅協会、一巻三号、一九五二年九月、九頁
- 日本住宅協会「ローコスト住宅特集」『住宅』日本住宅協会、四巻一〇号、一九五五年一〇月、二八—三〇頁
- 市浦健建築設計事務所・建設省住宅局住宅建設課「公営アパート54C-2型」『国際建築』二一巻八号、一九五四年八月、五〇頁
- 住宅金融普及協会(編)『コンクリートアパート設計図集 第3輯』新建築社、一九五五年
- 野々村宗逸「公営アパートのプランの変遷」『建築界』理工図書、四巻一一号、一九五五年一一月、三五—三九頁
- 久米権九郎「住宅団地の計画に就いて」『建築界』理工図書、四巻一一号、一九五五年一一月、六四—七一頁
- 日本住宅公団建築部設計課「日本住宅公団の標準設計」『建築技術』一九五五年一二月、三一—四五頁
- 市浦健建築設計事務所「スターハウスの追求」『建築界』理工図書、五巻一号、一九五六年一月、三頁
- 早川和男「標準設計は岐路に立っている」『国際建築』美術出版社、二三巻七号、一九五六年七月、五五—六三頁
- 建設省住宅局(編)『公営公庫公団住宅総覧 1957年』住宅総覧刊行会、一九五七年
- 建設省住宅局住宅建設課(編)『住宅団地計画図集』日本住宅協会、一九五七年
- 京都大学西山研究室「香里団地計画」『国際建築』美術出版社、二四巻六号、一九五七年六月、三一—四二頁
- 早川和男「標準型設計が直面する問題——日本住宅公団の経験から」『国際建築』美術出版社、二四巻七号、一九五七年七月、五五—六四頁
- 田辺員人「ハウザーの新しい仕事/日本住宅公団・緑町団地　東京都武蔵野市」『国際建築』美術出版社、二五巻八号、一九五八年六月、六六—六八頁
- 大久保昌一・清水一造「丘陵地の自然を生かし得たか 公団旭ヶ丘団地のこと」『国際建築』美術出版社、二五巻一〇号、一九五八年一〇月、五六—五九頁
- 規格住宅研究会(編)『アパートの標準設計』住宅研究所、一九五九年
- 芝渊荘夫「香里団地の設計と建設」『国際建築』美術出版社、二六巻四号、一九五九年四月、五二—七一頁
- 日本建築家協会編『高層アパートの設計』技報堂、一九六〇年
- 市浦健『共同住宅の平面計画』相模書房、一九六二年
- 建設省住宅局(編)『住宅総覧 1962年版』住宅総覧刊行会、一九六二年
- J・M・リチャーズ著、桐敷真次郎訳『近代建築とは何か(邦訳第4版)』彰国社、一九六二年
- 野々村宗逸・吉田義明「赤羽台団地設計計画メモ」『国際建築』美術出版社、二九巻四号、一九六二年四月、二五—三四頁
- 鈴木成文他「建築の性能評価V アパート」『新建築』新建築社、三八巻一〇号、一九六三年一〇月、一七七—一九八頁
- 共同住宅編集委員会(編)『共同住宅』技報堂、一九六六年
- 向井覚『標準設計』みなと出版、一九六七年
- 『電電建築 資料 17』日本電信電話公社建築局、一九六六年、一四—三三頁

3 スターハウスに言及した文献——論文・研究報告

- 花田佳明他『戦後復興期の生活像と住空間の変遷に関する研究』神戸芸術工科大学、二〇〇

二年
・川西泰一郎『星型住宅　スターハウス』『コンクリート工学』二〇〇八年九月、一二〇―一二四頁
・松井渓『昭和20年代における不燃造集合住宅――標準設計の展開に関する研究』東京理科大学二〇〇九年度修士論文、二〇一〇年三月、［資料編］、八九頁
・大月敏雄「住宅計画の1960年代」『都市計画』二八四号、二〇一〇年四月、三四―三七頁
・岡辺重雄「スターハウスにおける間取りの発展と伊勢丘スターハウスの展開」『日本建築学会大会学術講演梗概集（建築計画）』二〇一七年、一〇八九―一〇九〇頁
・橋田竜兵・菊地重朋・左橋直也・沼口悠太「スターハウスの配置計画と建築的特徴――福岡県住宅協会が建設した小笹団地に関する研究　その一」『日本建築学会九州支部研究報告集』第五七号、二〇一八年三月、二三七―二四〇頁
・吉永健一「居住の夢・戦後住宅クロニクル［6］1956――団地草創期の象徴」『建築ジャーナル』一二七九号、二〇一八年六月号、四〇―四三頁
・橋田竜兵・菊地重朋「小笹団地の開発における住棟形式の選択と地形対応」『日本建築学会大会学術講演梗概集（建築計画）』二〇一八年九月、一二三一―一二三二頁
・荒木秀夫「1961年建設のスターハウスから採取したコンクリートの物性」『日本建築学会中国支部研究報告集』四二巻、二〇一九年三月、二九一―二九四頁
・橋田竜兵・菊地重朋・沼口悠太「スターハウスの地方都市における供給と建築的特徴――福岡県住宅協会が建設した「小笹団地」の配置計画に関する研究　その1」『日本建築学会計画系論文集』八四巻、七六一号、二〇一九年七月、一五三一―一五三七頁
・時久賢矢・海老澤模奈人「日本住宅公団におけるスターハウスの建設状況と現状」『日本建築学会大会学術講演梗概集（建築歴史・意匠）』二〇一九年七月、七〇一―七〇二頁
・桜井宏行他「UR赤羽台団地の団地再生に関する取組みについて（その2）―スターハウス住棟他の保存活用の概要」『日本建築学会大会学術講演梗概集（建築計画）』二〇一九年七月、一二七三―一二七四頁
・荻原加穂・阪田弘一「居住実態調査からみるスターハウスの空間特性に関する研究　伏見区桃陵団地を対象として」『日本建築学会近畿支部研究報告集（計画系）』六〇巻、二〇二〇年六月、八九―九二頁
・時久賢矢『1950-1970年代日本の住宅団地におけるスターハウスと配置計画――日本住宅公団を中心として――』東京工芸大学二〇二〇年度修士論文、二〇二一年三月
・時久賢矢・海老澤模奈人・桜井宏行・栗山和也「日本住宅公団におけるスターハウスの配置計画に関する考察」『日本建築学会大会学術講演梗概集（建築歴史・意匠）』二〇二一年七月、六六五―六六六頁
・海老澤模奈人「スターハウスの特徴と歴史的価値を考える」『戦後昭和の建築――その価値づけをめぐって』二〇二一年度日本建築学会大会建築歴史・意匠部門研究協議会資料集、二〇二一年九月、四八―五三頁
・栗山和也他「UR赤羽台団地の団地再生に関する取組みについて（その4）――保存住棟（登録有形文化財）の改修にみる諸課題」『日本建築学会大会学術講演梗概集（建築計画）』二〇二一年七月、二六七―二六八頁
・海老澤模奈人「黒川紀章の「菱野計画1967」と菱野団地（愛知県瀬戸市）のスターハウス」『二〇二一年度日本建築学会関東支部研究報告集II』二〇二二年三月、六二九―六三二頁
・市浦ハウジング&プランニング、佐藤由巳子プランニングオフィス（編）『建築家　市浦　健の生涯　1904-1981』株式会社市浦ハウジング&プランニング叢書、二〇二二年五月
・海老澤模奈人「丹下健三研究室による香川県営一宮団地と香川県におけるスターハウスの展開」『日本建築学会東北支部研究報告集（計画系）』八五号、二〇二二年六月、一六七―一七〇頁
・吉井日向子他「UR赤羽台団地の団地再生に関する取組みについて（その5）――スターハウスの外観色彩再現における課題と対応」『日本建築学会大会学術講演梗概集（建築計画）』二〇二二年七月、八一五―八一六頁

4 スターハウスに言及した文献――建築専門書

・本城和彦『都市住宅地の設計　計画編（建築設計講座）』理工図書、一九七九年
・神代雄一郎、佐藤由巳子（編）『日本住宅開発史――市浦健遺稿集』井上書院、一九八四年
・『日本における集合住宅の普及過程――産業革命期から高度経済成長期まで』日本住宅総合センター、一九九七年
・北区飛鳥山博物館編『団地ライフ――「桐ヶ丘」「赤羽台」団地の住まいと住まい方（北区飛鳥山博物館　平成15年度秋期企画展）』東京都北区教育委員会、二〇〇三年
・渡辺真理、木下庸子『集合住宅をユニットから考える』新建築社、二〇〇六年
・三浦展編著、大月敏雄、志岐祐一、松本真澄『奇跡の団地　阿佐ヶ谷住宅』王国社、二〇一〇年
・志岐祐一編著、内田青蔵、安野彰、渡邉裕子『世界一美しい団地図鑑』エクスナレッジ、二〇一一

二年

・木下庸子、植田実『いえ 団地 まち――公団住宅 設計計画史』住まいの図書館出版局、二〇一四年

・篠沢健太、吉永健一『団地図解――地形・造成・ランドスケープ・住棟・間取りから読み解く設計思考』学芸出版社、二〇一七年

5 スターハウスに言及した文献――建築専門書以外

・『僕たちの大好きな団地――あのころ、団地はピカピカ新しかった!(洋泉社Mook シリーズStartLine13)』洋泉社、二〇〇七年

・長谷聰、照井啓太『団地ノ記憶』洋泉社、二〇〇八年

・大山顕『団地さん』エンターブレイン、二〇〇八年

・石本馨『団地巡礼――日本の生んだ奇跡の住宅様式』二見書房、二〇〇八年

・原武史『レッドアローとスターハウス――もうひとつの戦後思想史』新潮社、二〇一二年

・『東京人(特集 東京なつかしの団地)』都市出版、二〇一六年六月号

・照井啓太『日本懐かし団地大全』辰巳出版、二〇一八年

・『東京人(特集 赤羽台を歩いて学ぶ 団地の設計史)』都市出版、二〇二三年一〇月号

あとがき

本書の出発点になったのは、東京工芸大学建築史研究室がＵＲ都市機構と行った共同研究「スターハウスの建設状況と現状」の調査研究である。研究を支援してくださったＵＲ都市機構と、同機構の桜井宏行、栗山和也、渡辺直の各氏に感謝申し上げたい。さらに調査に参加した研究室の学生たちにも感謝している。特に二〇一八～二〇二〇年度に卒業論文と修士論文に取り組んだ時久賢矢君は、スターハウスの概要や現存状況を調査する上で多大な貢献をしてくれた。研究室は違うが、修士課程（二〇二二年度修了）の高田勇哉君は本書に掲載したスターハウスのＣＡＤ図面を作成してくれた。

日本建築学会からの保存活用要望書の提出を機に学会内に設置された「ＵＲ集合住宅団地・保存活用小委員会」の活動も、本書の構想に多くの示唆を与えてくれた。共著者の古林眞哉氏と志岐祐一氏はその仲間である。さらに企画に賛同いただき、スターハウスを多角的に理解するための論文を寄せてくださった市浦ハウジング＆プランニングの川崎直宏社長と福山市立大学の岡辺重雄先生にもお礼申し上げたい。

そして何といっても、筆者の調査に快く協力してくださった自治体や公社の担当者の皆さまに感謝したい。日々の業務がお忙しい中で、多くの自治体が筆者の問い合わせに回答してくださり、図面や資料を提供してくれた。香川県、足利市、山梨県、福島県、防府市、名古屋市、愛媛県、松山市、滋賀県、山形市（訪問順）の各自治体および福岡県住宅供給公社のご担当者には、コロナ禍にもかかわらず筆者の現地調査に対応いただき、中には長時間かけて自動車で案内してくださることもあった。公営住宅に日々かかわる皆さまとスターハウスについての意見交換ができたことは、住宅行政の現場を知らない筆者にとって貴重な経験になった。ご担当者の皆さんは多かれ少なかれスターハウスの存在に興味を持ちつつ、それが公営（公社）住宅として残っていることに誇りを持っているように感じた。このように好意的に対応していただけたのもスターハウスの魅力によるのではないかと思っている。標準的な集合住宅の型を求めての視察であったが、同時に筆者にとっては日本の各地域の現状を知る貴重な機会となった。

最後に、出版助成を通してご支援いただいた公益財団法人窓研究所と、出版をご快諾いただいた鹿島出版会に感謝したい。編集の渡辺奈美さんには前著『ジードルンク』からの縁で本書でも大変お世話になった。図版掲載許諾確認の労をとってくれた江尻悠介さんにも感謝したい。

本書は現時点でのスターハウスに関する調査報告であり、数年後にはこの建築をとりまく状況もまた変わっているだろう。本書を機に日本における集合住宅の建築史研究がさらに進展することを願っている。私自身は、今回の研究で得られた知見を活かしつつ、今後しばらくは近代の住宅建設におけるドイツと日本の関係を探っていきたいと思う。

二〇二三年七月　海老澤模奈人

図版クレジット

巻頭口絵　11〜14、18〜27：海老澤模奈人―15〜17、28〜33：志岐祐一
出典元がある図版は各図版キャプションに明記
特記なき図版は各執筆者提供

本書は公益財団法人窓研究所二〇二二年度出版助成を受け出版されたものである。

編著者

海老澤模奈人 Monado Ebisawa ［まえがき、第1〜3章本論、おわりに、巻末資料］

東京工芸大学教授。一九七一年京都生まれ。一九九五年東京大学工学部建築学科卒業、ウィーン工科大学、ミュンヘン工科大学留学を経て、二〇〇三年東京大学大学院博士課程修了。二〇〇五年東京工芸大学助手に着任し、助教、准教授を経て、二〇一五年より現職。博士（工学）。専門はドイツ・オーストリアを中心とした近代建築史。著書に『ジードルンク——住宅団地と近代建築家』（鹿島出版会、二〇二〇、二〇二一年日本建築学会著作賞）。共著書に『西洋の名建築 解剖図鑑』（エクスナレッジ、二〇二三）、『西洋近代の都市と芸術4・ウィーン』（竹林舎、二〇一六）、訳書にヴィンフリート・ネルディンガー著『建築・権力・記憶』（鹿島出版会、二〇〇九）など。

著者

岡辺重雄 Shigeo Okabe ［各論4］

福山市立大学教授。一九五九年京都生まれ。一九八三年東京大学工学部建築学科卒業。都市計画コンサルタントを経て、二〇一一年福山市立大学に着任、准教授を経て、二〇一五年より現職。博士（工学）。専門は都市計画制度、建築法制史。共著書に『日本近代建築法制の100年』（日本建築センター、二〇一九）、『建築法制の制度展開の検証と再構築への展望』（技法堂出版、二〇二二）など。

川崎直宏 Naohiro Kawasaki ［各論2］

（株）市浦ハウジング&プランニング 代表取締役社長。一九五三年愛知県生まれ。一九七九年京都大学大学院工学研究科卒。同年（株）市浦都市開発建築コンサルタンツ（現（株）市浦ハウジング&プランニング）入社。一九八六年建築計画室長を経て、二〇〇〇年常務取締役、二〇〇八年専務取締役・東京事務所長、二〇一六年代表取締役社長となる。国の住宅政策や自治体の住宅計画の策定を手掛けるほか、世田谷環境共生住宅の計画、兵庫コレクティブハウジングの計画、既存住宅団地再生業務、種々の高齢者住宅計画調査、ストック活用計画調査等の住宅計画に関する調査研究に携わる。技術士。工学博士（京都大学）。現在日本大学非常勤講師。著書に『現代社会とハウジング』（共著、彰国社、一九九四）、『地域からの住まいづくり』（共著、ドメス出版、二〇〇四）、『地域再生』（共著、日本評論社、二〇一四）、『人口減少時代の住宅政策』（共著、鹿島出版会、二〇一五）、『これからの住まい——ハウジングスモールネスの時代へ』（岩波書店、二〇二二）など。

古林眞哉 Shinya Kobayashi ［各論3、コラム］

株式会社ディーワーク代表。一九七五年千葉生まれ。二〇〇一年千葉大学工学部建築学科卒業、二〇〇五年千葉大学大学院博士前期課程修了。二〇〇三年株式会社ディーワーク入社、二〇一七年より現職。修士（工学）。UR賃貸住宅を中心に団地、まちづくりに関する調査、企画、計画、設計に従事。

志岐祐一 Yuichi Shiki ［各論1］

日東設計事務所。埼玉大学非常勤講師。一九六六年鹿児島生まれ。一九九〇年東京都立大学工学部建築工学科卒業。スペック、ベル・コムーネ研究所を経て現職。近代建築の調査、保存修復、移築、展示などを行う。主な業務にUR集合住宅歴史館、URまちとくらしのミュージアムにおける展示、同潤会代官山アパート、晴海高層アパート等の住戸移築復元。江戸東京博物館、花王ミュージアムでの公団住宅再現展示など。編著に『世界一美しい団地図鑑』（エクスナレッジ、二〇一二）、共著に『奇跡の団地 阿佐ヶ谷住宅』（王国社、二〇一〇）、『四谷コーポラス——日本初の民間分乗マンション 1956–2017』（鹿島出版会、二〇一七）など。

スターハウス　戦後昭和の団地遺産

二〇二三年一一月一〇日　第一刷発行

編著者　海老澤模奈人
著者　岡辺重雄、川崎直宏、古林眞哉、志岐祐一
発行者　新妻 充
発行所　鹿島出版会
〒一〇四―〇〇六一　東京都中央区銀座六―一七―一　銀座6丁目-SQUARE7階
電話〇三―六二六四―二三〇一　振替〇〇一六〇―二―一八〇八三
印刷・製本　壮光舎印刷
ブックデザイン　中野豪雄＋西垣由紀子＋李 敏楽（中野デザイン事務所）

ISBN 978-4-306-04704-4 C3052

本書の内容に関するご意見・ご感想は下記までお寄せ下さい。
URL: http://www.kajima-publishing.co.jp/
e-mail: info@kajima-publishing.co.jp